张九龄研究

长安二年科举及开凿大庾岭路考辨

张效民 ◎ 著

Studies on Zhang Jiuling

序

徐希平*

效民兄新近完成的大著《张九龄研究》即将出版，一定要让我写几句话，却之不恭，只好从命，因而有机会成为该书最早的读者。与效民兄认识多年，不可谓不相知。早年大学读书和蜀中高校任教期间，他便以才华与热情著称，同时亦十分勤奋，所著《艾芜评传》及鲁迅研究等相关著述皆展现其在现代文学研究领域的功力。20世纪90年代中期，孔雀东南飞，仍不舍对文学的热情和爱好，尤其是坚持旧体诗词的创作，曾出版过诗集，但在我的印象中效民兄还是主要是做现代文学研究的。因此当他将一部厚重的《张九龄研究》寄给我，确实让我略微吃惊，认真拜读之后，不由得对效民兄有了更新的认识，更生敬重与感佩。

作为具有远见卓识的著名政治家，张九龄对开元盛世繁荣局面具有重大的贡献和影响，被誉为盛唐时期最后一位贤相。张九龄同时也是一位著名的诗人，其《感遇》诗被刘禹锡评价为"托讽禽鸟，寄词草树，郁然与骚人同风。"刘熙载更称其诗"独能超出一格，为李杜之先河。"在中国文化史和文学史上都留下浓墨重彩的一笔。此外，张九龄还是唐代唯一一个出生于岭南而至宰相者，主持开掘大庾岭路，梅关古道，对于沟通南北交通，促进岭南文化发展影响巨大。在张九龄家乡广东韶关，曾组织召开过几次全国性的学术研讨会，但总的来说对于这样一位具有重要贡献的历史人物，有关研究还很不够，其中许多涉及其生平大事的重要问题均多有疑问和争议，值得深入的研究。效民兄有感于此，对张九龄生平相关问题进行深入的研究探讨。如效民兄所言，其研究意在破解长安二年科举疑案。这确实是一个十分重大的课题，因为科举制度与唐代文士的关系十分密切。20世纪80年代初，首先就是程千帆、傅璇琮两位先生从唐代文学与科举制度关系研究开始突破，进而推动整个唐代文学与文化研究的深入开展与全面繁荣，当然还是有许多问题需要进一步研究。效民兄查阅大量相关研究资料，认真梳理，深入考察，细加比较，得出新论，堪称一部文史互证、用功甚深的力作。本书从书名上看是张九龄研究，实际上是一系列涉及面广泛而又相对集中的专题论文，紧紧围绕张九龄中举时间和相关纷争进行考订。包括张九龄是否在长安二年中举，赴京应考路线，大庾岭道路开凿，主考官沈佺期"考功受赇""浮议上闻"案真相，沈佺期与武则天亲信之关系，沈佺期下狱与后武则天时期复杂的政治斗争等一系列问题，各自成章又彼此关联，相互映照，共同呈现出张九龄登第前后唐王朝错综复杂的政坛斗争和发展态势，厘清了许多历史疑点和悬案，这是本书最大的特色和贡献。不乏真知灼见，令人受益匪浅。

该书资料十分丰富，考证翔实具体，从经史子集传统文献到20世纪以来积累的各类有关张九龄的研究成果，均予以收罗，爬梳比勘，近于竭泽而渔。仅有关张九龄及第时间这一个问题，作者就分别于最早晁公武《郡斋读书志》首倡的长安二年说，《四部备要》本《曲江集》所附《本传》景龙元年说，后起的神功二年说，以及回避时间的观点等几种主要说法之后列举相关著述近四十种，皆非常有代表性，作者治学之严谨由此可见一斑。中举时间众说纷纭，名家之争难分难解。作者对几十种材料全面排列梳理之后，找到差异的关键，从与张九龄有关的主持贡举主考官考订入手，另辟蹊径。诸说时间各不相同，但都认为主考官为考功员外郎沈佺期。作者根据唐代科举制度及相关规定，对历代文献中所载沈佺期与张九龄关系予以深入探析，多方对比，排除矛盾抵牾之处而加以取舍，由此考订沈佺期唯有在长安二年有条件主持贡举，同时再结合各种材料，对两唐书《沈佺期传》及其所沿袭徐浩《张九龄神道碑》中"时有下等，谤议上闻""坐赃""考功受赇"的具体内容进行考辨，结合当时天官侍郎崔玄暐的短暂改迁和复职，考察当时武则天时期复杂的政局，指出"下等"非进士落第者，"谤议"指的就是对于官吏政绩的考核的"考功"，而非"知贡举"的考功。长安二年的考试结果真实有效，进而肯定得出张九龄长安二年中举之说。可谓论从史出，丝丝入扣，平实客观。类似于此之处比比皆是，不胜枚举，每涉一具体问题，作者对其相关的文化背景、典章制度皆信手拈来，集合众多材料，不迷信名家陈说，质疑发微，条分缕析，互相参照而印证可信，作者深厚的学术积淀和功力亦由此显现。正因为作者功夫扎实，视野广阔，因而思维深邃，新见迭出，如关于张九龄为何进士及第后未及时任职，武则天任用张易之、张宗昌兄弟相关措施具有培育新生政治力量用意和眼光等，皆可给人启发。

作者还充分利用在广东工作之便，亲自进行深入细致的田野调查调研，得到许多第一手资料，多次踏察张九龄出入中原和岭南路线，收集韶关当地的民间传说，与传世书面文献予以互参。这也是该书的一个突出特点。总之，全书不仅有助于张九龄研究有关问题的重新认识，同时对于唐代历史与文学研究以及地方文化研究的进一步深化也有着极大的推动作用和启迪意义，有关唐代岭南路线的相关考察还可为近些年方兴未艾的唐诗之路相关研究提供资料和参考，具有较大的学术价值。

当然，全书的长处远不止此，讨论的问题涉及面广，有的质疑让人耳目一新，却还需要进一步补正落实，也可以引起学术争鸣。在此只能简单地谈一点自己的初步感受，挂一漏万，不一而足。不当之处，还望方家和效民兄批评指正，谨对大作的出版表示热烈的祝贺，对作者的创获表示由衷的敬意！

　　是为序！

庚子人日避疫毒于青城山中

　　＊序文作者是西南民族大学文学院原院长、教授、著名唐宋文学研究专家。

目　录

第一章　近年来张九龄生平研究概述（2005—2020）…………1
　一　张九龄相关研究著作综述……………………………………2
　二　张九龄生平事迹及其交游情况研究述评……………………21

第二章　张九龄父母生平事迹略考………………………………59
　一　张九龄之父张弘愈生平事迹考………………………………60
　二　张弘愈的逝年：张九龄"丁父忧"准确时间考辨——兼及初唐授官泛滥问题……………………………………………75

第三章　张九龄与科举考试………………………………………91
　一　张九龄进士中举时间考辨……………………………………92
　二　张九龄赴举翻越大庾岭路线考………………………………101
　三　张九龄长安元年赴举路线考——兼及对于张九龄几首诗的理解问题……………………………………………………113

第四章　长安二年科举疑案考辨…………………………………133
　一　张九龄进士及第"重试"问题正误…………………………135
　二　张九龄及第与沈佺期"考功受赇"问题辨正………………147

三　沈佺期"考功受赇"谤议案真相探源 …………… 159

　　四　"考功受赇""谤议上闻"案的政治背景和性质考辨…… 171

第五章　张九龄开凿大庾岭路问题考辨 ……………… 188

　　一　张九龄开凿大庾岭路若干问题考辨 ……………… 190

　　二　张九龄开凿大庾岭路若干问题再考 ……………… 205

　　三　论张九龄《开凿大庾岭路序》的政治内涵 ……… 222

　　四　张九龄开凿大庾岭路时间诸误说探微 …………… 231

附录 ………………………………………………………… 257

　　张九龄像 ………………………………………………… 257

　　唐故尚书右丞相、赠荆州大都督、始兴公阴堂志铭并序…… 258

　　张文献公本传 …………………………………………… 259

　　吕温：张荆州画赞并序 ………………………………… 263

　　明韶州府、始兴县方志所见张九龄及其亲族资料汇集…… 265

　　张九龄研究的几点感受 ………………………………… 284

主要参考征引书目 ……………………………………… 302

后记 ………………………………………………………… 309

第一章

近年来张九龄生平研究概述
（2005—2020）

提要

本卷包含《张九龄相关研究著作综述》《张九龄生平事迹及其交游研究述评》两个部分。第一部分，对 2005 年至 2020 年期间出版的十余部有关张九龄研究的年谱、专题研究著作、评传、传记以及研究论文、资料汇编的情况进行综合评述，使研究者能够以较少时间对于此期张九龄研究的情况有一个大致的了解。第二部分是对此期著作中所涉及的问题、取得的成果，存在的不足，分七个专题进行梳理。分别是：关于张九龄的家世问题；关于张九龄与参与科举的准备与赴举路线问题；张九龄中举与沈佺期"考功受贿"案的关系问题；关于张九龄开凿大庾岭路的时间问题；关于张九龄任职洪州、荆州的研究情况；张九龄与《唐六典》的署名问题；张九龄官场和诗文交游人物考证问题。每个专题之下，又以若干小专题进行叙述，述评力图反映此期每个专题研究的全面情况。为体现述评的客观性和准确性，较多直接引用作者原文考证文字，希望能够有益于读者。

一 张九龄相关研究著作综述

张九龄是唐玄宗开元年间的著名宰相，也是我国诗歌史上由初唐转向盛唐时期的著名诗人。但长期以来，除清人温汝适《曲江集考证》二卷、《张曲江年谱》[1]和何格恩《张九龄年谱》[2]汇集资料、辨别异说，足资参阅、嘉惠学人之外，学界对于他的生平事迹和诗歌创作研究较少，对于除《望月怀远》为代表的少数几首诗之外的其他作品也更少涉及。这种情况到1978年改革开放后有所改变，尤其是在张九龄家乡的韶关市于1989年3月和2008年11月分别召开的"张九龄诞辰1310周年纪念大会暨学术研讨会和"张九龄诞辰1310周年纪念大会暨学术研讨会"，使张九龄研究形成一个小高潮。两次会议后分别出版了《张九龄研究论文选集》[3]《张九龄学术研究论文集》上下册[4]，集中展示了两次会议的研究成果。唐诗研究界有不少学者在此前后也在各类刊物上相继发表了一些论文，对于张九龄生平事迹有一定涉及，但整体的深入研究成果并不多。如陈友冰主编的下限定于2004年的《新时期中国古典文学研究述论》[5]中，仅在极少论文中有所提及。然郭预衡主编的《中国古代文学史长编（隋唐五代卷）》[6]中，则在第四章"盛唐文学"的第一节"张说、张九龄等诗人"中较多介绍了张九龄生平及创作

---

[1] 温汝适：《曲江集考证》《张曲江年谱》，徐氏南州书楼藏本。
[2] 何格恩：《张九龄年谱》，见《岭南学报》1935年第四卷第1期。
[3] 王镝非主编：《张九龄研究论文集》，广东高等教育出版社1990年版。
[4] 巫育明主编：《张九龄学术研究论文集》上下册，珠海出版社2009年版。
[5] 陈友冰主编：《新时期中国古典文学研究述论》，商务印书馆2008年版。
[6] 郭预衡主编：《中国古代文学史长编》"隋唐五代卷"，首都师范大学出版社2000年版，第106—108页。

情况。

　　近年来，即2005年以来，这种状况有了较大改变。学界产生了一批关于张九龄的评传和传记作品，对张九龄文集进行了深入、全面的整理和注释，尤以李世亮、熊飞、顾建国等先生，着力甚深，产生了一批重要成果。由此，本文以2005年为起点，对这以后的张九龄生平事迹研究的情况做一个梳理评述，以此作为本课题研究的基础。因为对2005年前包括张九龄生平事迹研究在内的张九龄研究情况，熊飞先生《近十年张九龄研究的新进展》[①]一文、顾建国先生《张九龄研究》[②]一书均做了较为全面的叙述；还有两篇比较全面梳理改革开放以来二十年张九龄研究情况的评述性文章，即王镝非、黄志辉《近二十年张九龄研究之我见》[③]和杜晓勤《二十世纪张九龄研究历程回顾》[④]，都对这个时期张九龄研究的情况作了概括，可以参考。因此，本文不再重复前人、时贤的工作，仅对2005年之后的研究情况做出一个回顾。

　　笔者之所以把自己张九龄研究综述的起点定为2005年，还因为本年可谓张九龄生平事迹研究成果的爆发年，把张九龄研究推向一个新的高度。顾建国先生和熊飞先生分别出版的《张九龄年谱》[⑤]和《张九龄年谱新编》[⑥]，是2005年出版的张九龄生平研究的扛鼎之作，贡献至巨。其后出现的研究成果有专题研究、传记、评传等。其中，尤以熊飞、顾建国先生贡献为大，熊先生出版了具有集大成意义的

[①] 熊飞：《近十年张九龄研究的新进展》，《咸宁学院学报》2006年第26卷第2期。
[②] 顾建国：《张九龄研究》，中华书局2007年版。
[③] 王镝非、黄志辉：《张九龄评传》，珠海出版社2008年版。
[④] 杜晓勤：《二十世纪张九龄研究历程回顾》，见《张九龄学术研究论文集》下册，第485—490页，珠海出版社2009年版；亦见杜晓勤：《隋唐五代文学研究》第四章第五节"二张和吴中四士研究"，北京出版社2001年版，第331—340页。
[⑤] 顾建国：《张九龄年谱》，中国社会科学出版社2005年版，第3—5页。
[⑥] 熊飞：《张九龄年谱新编》，香港教育出版社2005年版。

《张九龄集校注》[1]、《张九龄大传》[2];顾建国先生出版了《张九龄年谱》后,又出版了《张九龄研究》[3],嘉惠后人,实堪赞扬。本文将张九龄生平事迹研究概述之上限定于2005年,就是在综合考虑以上各方面情况后确定的。

梳理此期对张九龄生平事迹的研究情况,也会在一定程度上涉及此前的研究成果,这是为了在对比中更好说明2005年后的研究进展和取得的新成绩。但近几年来张九龄研究又陷入沉寂。笔者所见之广西师范大学出版社出版《唐代文学研究年鉴》(2015)[4]、《唐代文学研究年鉴》[5]、《唐代文学研究》(2016)[6]中很少见到关于张九龄的研究论文了。以下对2005年至2020年间张九龄研究相关著作,分为六类进行回顾。

(一)年谱类著作

编撰年谱是人物生平事迹研究十分重要的基础性工作。年谱之作,贵真、贵实、贵全、贵精,对人物终身事迹,做出全面、真实、精准的钩稽、辨别和记载。年谱编撰过程中,必然会对世间现存的谱主家世及记载个人生平事迹的文字材料做出考证辨析,以查漏补缺、探幽烛微、去伪存真,为研究者知人论世提供最为翔实的事实依据。这不仅要求占有大量的史料,也要求作者具有广博的知识储备和见微知著、考证辨析的深厚功底。就张九龄年谱的编撰而言,清人温汝适《张曲江年谱》奠其基、近人何格恩继其踵。何格恩有

---

[1] 熊飞:《张九龄集校注》,中华书局2008年版。
[2] 熊飞:《张九龄大传》,暨南大学出版社2013年版。
[3] 顾建国:《张九龄研究》,中华书局2007年版。
[4] 中国唐代文学学会等编:《唐代文学研究年鉴》(2015),广西师范大学出版社2015年版。
[5] 中国唐代文学学会等编:《唐代文学研究年鉴》(2016),广西师范大学出版社2016年版。
[6] 中国唐代文学学会主编:《唐代文学研究》第十六辑,广西师范大学出版社2016年版。

1935年在《岭南学报》第4卷第1期发表的《张九龄年谱》一稿以及其后的《张九龄年谱补正》《张曲江诗文事迹编年考》[①]。温、何二位之作，均是张九龄生平研究十分重要的著作。尤以温汝适不唯于年谱编撰有开创之功，对于其生平事迹、交游往来、诗文考证及历代名人纪念性碑文诗歌之收集，用功数十年，功莫大焉。惜乎传世不广，未能发挥更大的嘉惠学林之作用。

改革开放以来，大陆内地张九龄年谱的编撰，始于李世亮先生。他的《张九龄年谱》最早发表于《韶关师专学报》1982年第1期，略作修订后以《张九龄年谱》为题由《始兴文史》第8辑刊载。这是一期张九龄研究的专辑，内部刊行于1988年12月5日。[②]另有《张九龄年谱简编》，收录于《韶关文史资料》（第8辑，1988年内部印行），作者未知，或亦是李先生所著。李世亮有《张九龄年谱简编》，收录于王镝非主编《张九龄研究论文选集》。[③]李世亮先生还有《张九龄年谱》，由广东高等教育出版社1994年4月出版。这部年谱首开张九龄生平事迹全面研究的风气，开拓了视野，把张九龄生平事迹研究从泛泛而论引向求真求实，值得赞赏。但是也存在或因成文较为匆促，材料占有不足、篇幅较短等问题，虽然存在需要完善的地方，但瑕不掩瑜，仍当高度评价。

大陆之外，台湾研究张九龄生平的著作，最为重要的是杨承祖所著、由台湾商务印书馆于1980年出版的《唐张子寿先生九龄年谱》，该谱是杨先生1956年考入台湾大学中国文学研究所攻读硕士研究生时的硕士论文，为"新编中国名人年谱集成"第11辑。2017

---

① 何格恩：《张九龄年谱补正》，《岭南学报》1937年第6卷第1期。何格恩：《张曲江诗文事迹编年考》，《广东文物》（中册），1940年第7卷。

② 李世亮：《张九龄年谱》，收录于《始兴文史：纪念张九龄诞辰1310周年专辑（第8辑）》，1988年，第87—123页。

③ 王镝非主编：《张九龄研究论文选集》，广东高等教育出版社1990年版，第247—263页。

年11月华东师范大学出版社出版《杨承祖文录》两册，其上册收入该谱的修订稿，颇有完善，还收入《张九龄五论》《论张九龄的完贤人格及其影响》二文。杨承祖先生这部张九龄年谱是集此前张九龄生平事迹研究大成的著作，亦为今人编撰张九龄年谱之首创，惠人良多。此外，还有岑仲勉、李芳民、顾建国、张明非等先生发表关于张九龄生平和诗歌系年的研究论文，各有建树，此处不予详述。①

以下具体介绍顾建国先生出版的《张九龄年谱》（以下称《顾谱》）和熊飞先生出版的《张九龄年谱新编》（以下称《熊谱》），以便于读者了解两谱的基本面貌和特点。

《顾谱》：按照著者在本书"后记"中介绍，该谱的编撰始于20世纪80年代中期在北京大学进修期间。其时作者师从陈贻焮先生、葛晓音先生进修古典文学。其间葛晓音先生为他确定的研究课题是张九龄研究。顾建国说："葛师几次与我谈起张说、张九龄在初盛唐诗文革新中的重要作用，认为二张是陈子昂到李（白）杜（甫）之间的一个重要纽带和桥梁，而此前，人们对此研究不多，且重视不够。于是，葛师命我注诗文、编年谱，从基础工作做起。老师谆谆教诲，耳提面命，使我丝毫不敢懈怠，整日里泡在北京大学图书馆专供老师和研究生使用的阅览室中，读原文、查典故，抄资料。老师的悉心指导，浓郁的学术氛围与大量的图书期刊，使我乐此不疲。"但年谱的编撰后来因故搁置。到2002年，作者在南京师大读博士时，在其导师潘百齐教授指导下继续从事张九龄专题研究，年谱编撰才又提上日程。作者说："本谱从动笔写作到书稿初成，已历经数个寒暑。在这断断续续近二十年的时间里，我常常彷徨却步。

---

① 岑仲勉：《张曲江集万历癸丑刊本之攘功斗争及集本文字与残余石刻之会勘》，《学术研究》，1982年第2期；李芳民：《张九龄诗歌系年考》，《西北大学学报》（哲学社会科学版）1997年第1期；顾建国：《张九龄诗歌系年新考》，《淮阴师专学报》1998年第3期；顾建国：《张九龄诗歌系年新续考》，《淮阴师专学报》1999年第5期；张明非：《张九龄生平事迹考辨》，《唐音论薮》，广西师范大学出版社1993年版。

因在这一研究领域里，前有陈寅恪、岑仲勉等大师和出自清华国学研究院的陈门弟子何格恩等先生的辛勤耕耘及其丰硕成果；当今亦不乏饱学之士的潜心发掘和创获。欲与大师硕儒们对话，本人实感力不从心。再者，为张九龄这样一位'开元盛世'的文宗和名相做年谱，所涉问题太多。诸如：古代历史地理、礼制风俗、职官制度，一大批敕文中所涉及的政治、经济、军事、外交、民族关系、民族矛盾、文化冲突、诗文、交游中的人物考索，乃至一些命相歌诀的解读等，都需要细心与耐心的释疑、求证。可以说，书稿的每一页进展，都充满了艰辛。"①

《顾谱》是在广泛研究前人著述基础上的开拓创新。为了进一步认识《顾谱》的价值，还是引用作者"序例"中的自述来说明。该书"序例"较为全面地归纳概括了前人关于张九龄年谱的编撰情况，指出各自取得的成绩和存在的不足。作者指出："《温谱》旨在简净，故于谱主行状只列其大端，疏略自不待言。《何谱》系在《温谱》基础上，加以补充订正而成，故仍未具规模。何氏用力之作在编年考。《何考》将谱主的绝大多数诗文进行了梳理系年，征引丰富，考定详细，为诸谱之冠，然亦多疑似揣测和误断之处，且体例未精。《杨谱》系对《何谱》补充修订而成，于谱主部分诗文亦有系年辨正。然其缺陷在未睹《何考》，故复多变少。《李谱》之长，在乡土资料的利用上，使人可知谱主仕前的一些经历和家园、墓地等情况，然其规模未宏，于谱主的诗文和交游等亦未深考。'刘著'重在诗歌之注解，故于此项亦时见循情得实、厘正系年之创获，然于谱文仅略具表而已。"在对前人撰谱得失了然于心之后，著者"择其善者而从之，其不善者而更之"，以"前后研磨近二十年"之执著，一改前人撰谱之简略疏略，着力于"在宏大其规模和完备其体例"，

---

① 顾建国：《张九龄年谱·后记》，中国社会科学出版社2005年版，第308—309页。

撰成近三十万字之巨著。其突出特点除此之外，还在于"一者，在资料的搜集方面，颇重寻根究底之功效，征引的书目四五百种，金石子史，典籍文物所涉必究；再者，对其宦游及诗文所及的人和事，进行了全面的梳理和考索，其创获在进一步理清了张九龄的人际交往情况及唐开元中后期所施行的对内、对外政策。诸如：以'二张'（张说、张九龄）为代表的'文儒'集团的形成及其影响；开元初年在刺史、县令选任政策上的调整；采访处置使的设置和委派；漕运、屯田、举人方略的施行；在货币制度改革问题上的争议；唐与吐蕃在西南羁縻州府设置问题上所引发的矛盾和冲突；唐对西域各国及突、契丹诸部落的态度与应对策略；唐在东北、西北、西南边地的防守战略；对渤海、奚和西南羁縻州府的掌控举措；与新罗、日本等国的交往关系等，都做了力所能及的呈现或澄清。第三，本着无一事无来历之实证原则，对诗文所及的典章制度、礼仪风俗和地理交通等问题，皆有一一落实之说明和考证，仍无法厘清之问题，则存疑待考。于诗文之系年，则侧重在汇考补正和次第编排上。"①从《顾谱》的具体编例也能看出著者的用心，编例"分述如下：一、每年之下，首列时事，次谱文，次注释（间有备考），次系诗文。二、时事部分，略叙时政大事和朝廷要臣之进退、论奏，俾与谱主成长、活动及诗文内容互相参证。为省净故，未在此项加注。所依者，要在《资治通鉴》、新旧《唐书》、《登科记考》和《唐五代文学编年史》等典籍、撰著。三、谱文概以行状标出，着重叙述谱主的生平、思想、政治作为和诗文创作情况，兼及仕历、交游以及相关的作品。四、注释专为谱文而列，要在无一事无来历。凡事出多处、系年不一，或歧见纷呈者，概以'按'字标出，细加考辨，逐一梳理释证。此实本谱用力之最勤处，亦知我罪我者之所由处也。五、谱主诗文

---

① 顾建国：《张九龄年谱·序例》，中国社会科学出版社2005年版，第1—3页。

作品之卷目出处，例依《文渊阁四库全书》二十卷本《曲江集》。同题之作，亦依是集目录顺序，并以之一、之二等次第标明。集中或阙者，则取之《文苑英华》、《全唐诗》和《全唐文》等典籍。文字内容上的重要参照本为《唐丞相曲江张文献集》（《四部丛刊》续编影印《广东丛书》第一集温汝适批校本，简称'温校本'）。六、本谱较多引用的资料，于首次出现时，必引全称，之后则代拟简称。如，《旧唐书·张九龄传》简称《旧传》，《新唐书·宰相世系表》简称《新表》，《旧唐书·玄宗纪》简称《旧纪》，新旧《唐书·张九龄传》合称"两传"，新旧《唐书·玄宗纪》合称'两纪'，陈垣撰《二十史朔闰表》，简称《陈历》等等。"[1] 这段自述可以看作是作者编撰张九龄年谱遵循的具体原则，也是《顾谱》编撰的纲目设计。

笔者认为，其一，《顾谱》最大的贡献在于对于谱主行状的考证注释方面。本书的注释，并非简单地梳理典故、理顺文义、介绍人物，而是着力于对与谱主相关的事实进行考证辨析。这是全书中作者最为着力之处，也是收获最为丰厚之处。著者在谱主行状的注释中，对所涉事实进行深入细致的考证辨析，厘正事实，究缪正误。很多地方，一条注释就是一篇很见功力的考证文章。如"唐高宗仪凤三年"亦即张九龄出生之年项下注释③，对张九龄籍贯、郡望的注释，就是一篇几千字考证文章。这种情况不在少数。每年谱主行状的注释在全书占比大大超过半数，可见作者考证功力之深。正是这类翔实的考证，有力地撑起了整个年谱坚实而又高矗的学术大厦骨架。其二，顾著的贡献还体现在对于古人年谱编撰的体例创新上。当然，《顾谱》的贡献是全面的、综合性的。而就年谱编撰的体例而言，《顾谱》的贡献也是开拓性的。全谱每年项下，又分时事、行状、注释、诗文系年四大类（未有诗文时则三类）。相关事由分类

---

[1] 顾建国：《张九龄年谱·序例》，中国社会科学出版社2005年版，第1—3页。

列入，这就把谱主一生的生活环境（政治、经济、社会习俗、家庭环境等）、个人行状和诗文创作结合为一个整体，又把人物还原于具体的时代环境，有利于后人加深对于谱主的全面了解。了解具体时代环境中的全人全貌，对于深入研究其思想发展的脉络，个人行为的现实依据，谱主交友的相互影响、文学作品的真实内涵，具有十分重要的作用和意义。其三，顾谱在编撰年谱的学术态度值得表彰学习。一部年谱，前后历时二十余载，广泛掌握材料，谱后所附按书名笔画排列的参考文献，竟达18页之多。非唯展示掌握材料之丰富，也实际上为后学示范门径。《顾谱》力求做到无一字无来历，这在今天的学术环境中十分少见，也十分稀缺。因此，顾建国先生的学术精神值得高度肯定。当然《顾谱》也有一些需要注意的地方，就是大量考证内容固然精彩，但也在一定程度上显得繁复，影响阅读的亲切感和清晰性。

《熊谱》：该谱或出版于2005年11月至12月期间。从版权页标示的时间看，《顾谱》出版时间为该年11月；《熊谱》由香港教育出版社出版，未见版权页，但作者后记注明为11月1日，具体出版时间只能推测。参考内地出版社的出版习惯，《顾谱》见书时，可能还略晚一些。《熊谱》内容未及《顾谱》，但亦达25万字之上，亦属篇幅适当、内容丰富之列。作者熊飞先生长期执教于高校，后来在张九龄故乡高校任职，对于张九龄故乡的情况和地域资料的掌握较之于外地学者，有其得天独厚的优势。加之熊先生长期研究张九龄诗文创作，浸淫既久，著《张九龄年谱新编》功夫甚深，为其整理出版《张九龄集校注》奠定了极为坚实的基础。

《熊谱》的特点是简明清晰。每年之下，如谱主有行状可记者，则首述谱主行状，再列本年诗文作品。对于诗文作品的系年较为准确、充分，便于阅读者循此踪迹，深研作品。之所以产生此特点，则可能与著者全面注释张九龄诗文、用功甚深有紧密联系。《熊谱》

且时有考证文字，也有对于前人所著年谱的利用与辨证。但考证文字简明扼要，显得清爽明白。如谱主年幼无事可记，则删繁就简，只出年龄一项。对于作者所处具体时代、时间朝廷发生的各类大事，亦合一叙述。这也是处理谱主所处的大时代与小环境关系之一法。应该说《熊谱》也是很有价值的，遗憾的是此书由香港的出版社出版，影响在内地的销售，也使影响力受到一定程度挤压。此外，此书也偶有疏误。

（二）传记类著作

传记类著作包括评传、传记作品。此期出版的评传和传记著作有两种。一是李锦全著《岭海千年第一相——张九龄》（以下称《李评》）[1]，全书近12万字。二是王镝非、黄志辉著《张九龄评传》（以下称《王评》）[2]，全书约7.3万字。

《李评》共九章，第一章是"唐朝前期封建政治的发展和社会的变化"；第二章是"家世与生平"；第三章是"选贤任能的人才观"；第四章是"革新吏治的政治主张"；第五章是"仁德治国的王道政治"；第六章是"发展生产便利交通的经济政策"；第七章是"天人关系的哲学沉思"；第八章是"人生感遇的诗国心声"；第九章是"岭海千年第一相"。由这个目录可见，李著还是比较全面地概括了张九龄的一生，对张九龄的家世、人生经历、政治经济哲学思想、经济政策、诗歌创作、社会影响、历史定位等都做了较为综合、全面的介绍和评价。虽然限于篇幅，人物事迹展示不够丰富，评价也欠深入，但是作为第一部张九龄评传，确实具有先行的启迪意义。

《王评》共三十章。第一章是"张家世系远"；第二章是"少年张九龄"；第三章是"南天第一人"；第四章是"连登制举科"；第

---

[1] 李锦全：《岭海千年第一相——张九龄》，广东人民出版社2005年版。
[2] 王镝非、黄志辉：《张九龄评传》，珠海出版社2008年版。

五章是"南归避热风";第六章是"开凿梅岭路";第七章是"中书入翰林";第八章是"东封见隐忧";第九章是"'阿党'蒙阴影";第十章是"孤特出洪州";第十一章是"庐山风雨闻";第十二章是"遭馋幸无咎";第十三章是"辞呈终不允";第十四章是"岭南回险地";第十五章是"三入掌王言";第十六章是"母丧复南归";第十七章是"非常用大贤";第十八章是"力谏滥用相";第十九章是"赤岭立和碑";第二十章是"政惟重农桑";第二十一章是"诗国群星耀";第二十二章是"揭参武惠妃";第二十三章是"三教振儒风";第二十四章是"请诛安禄山";第二十五章是"进献《金镜录》";第二十六章是"罢免中书令";第二十七章是"宴集逍遥谷";第二十八章是"皇怖贬荆州";第二十九章是"朝廷许胜流";第三十章是"千载有遗方"。书前有李国祥所作的序一篇,还有作者自己所作的前言,交代了书中材料的来源,梳理了前人对于张九龄年谱的编撰情况,颇可参考。书后有后记一篇,说明了本书重点解决的几个问题:一是张九龄的籍贯问题;一是关于张九龄与《唐六典》的关系问题;一是张九龄修造大庾岭路的相关问题。由这个目录可以看出,王著实为以历史记载为依据,以张九龄故事亦即以时间为经串联起来的一本书,评的内容较少,主要是对张九龄生平中已有的记载故事化,缺少对张九龄生平的考证和对于其思想的深入分析,称为"评传"似名不副实。

　　此期出版的张九龄传记有三种:一是王镝非著《张九龄》(以下称《王传》)[①];二是廖文著《张九龄传》(以下称《廖传》)[②];三是熊飞《张九龄大传》(以下称《熊传》)[③]。比较这三部传记类著作,各有特色,也各有不足。

[①] 王镝非:《张九龄》,珠海出版社2008年版。
[②] 廖文:《张九龄传》,华南理工大学出版社2011年版。
[③] 熊飞:《张九龄大传》,暨南大学出版社2013年版。

《王传》：约 4 万字。全书分为十部分。一是"幼小聪慧，少年高第"；二是"立朝佐政，革新吏治"；三是"重开大庾，利泽千秋"；四是"重视农桑，发展生产"；五是"反对黩武，安边息燧"；六是"敢犯颜直言，谏相李林甫"；七是"置安危度外，揭参武惠妃"；八是"具远见卓识，请诛安禄山"；九是"罢中书令，出贬荆州"；十是"抡扬大雅，诗启盛唐"。这本书的结构比较明晰，基本上反映了张九龄一生主要事迹，行文中评述结合，较之作者的《张九龄评传》，可能更符合评传的特征。本书也便于文学爱好者以较少时间了解和掌握人物的全貌，是一种人物生平事迹比较简明的普及类读物。

《廖传》：该书篇幅较大，全书约 27.3 万字，也分为十章。第一章是"九龄身世"；第二章是"出生传奇"；第三章是"少年奇童"；第四章是"官场风云"；第五章是"仕途坎坷"；第六章是"犯颜直谏"；第七章是"文场元帅"；第八章是"丰功伟绩"；第九章是"九龄故里探源"；第十章是"弘扬九龄文化，提升始兴'软实力'"。书前附有谭元亨、张志才、张声泳所作序言三篇。另有引言一篇、后记一篇和参考书目，对于了解此书写作和内容情况较为有益。由于作者书中大量使用地方传说，相当程度上导致了本书的学术价值的缺失。可能是编撰目的非在学术研究，而在于宣传始兴文化、推动当地旅游所致。但透过这些传说，也可以感受到九龄文化在当地所产生的深刻和长远的影响。

《熊传》：该传篇幅较《廖传》短，约 20.5 万字。该书是"岭南文化书系·韶文化研究丛书"中的一种，也是一部规模比较适中的张九龄传记。作者熊飞先生长期任教于高等学府，文学研究基础扎实深厚，又长期研究张九龄，在《张九龄年谱新编》的基础上撰写此传，确实是呕心沥血之作，是近年来张九龄研究重要的传记著作，值得重视。

该传分为十二章，第一章是"茂木有本根，澄潭寻深源"；第二章是"地积高而成岳，云久蓄而作霖"；第三章是"大鉴锦口赞奇童，伯乐慧眼识骏足"；第四章是"十年三试中巍科，一举再第成大名"；第五章是"道侔伊吕登乙第，官授拾遗兼华职"；第六章是"报恩上书连姚宰，休官筑路利乡人"；第七章是"内廷连任数清职，清修廿载几得失"；第八章是"两守州郡行善政，两遭诬陷雪终清"；第九章是"奉调回京入集贤，卒登高位非偶然"；第十章是"入主中书令天下，三载为相竭心智"；第十一章是"众口铄金贬台衡，小人用事毁盛世"；第十二章是"千古心田矗丰碑，万代青史留大名"。书前有"引言"，书后有"结语"和参考文献，其中，结语值得重视。作者在这个部分中，并非简单交代本书写作问题，而是集中探讨了张九龄在诗歌发展史上的贡献和意义，分析张九龄诗歌作品的艺术特色；还综合分析了张九龄其他文体的写作特点和思想内容，探讨张九龄的政治、经济方面的政策主张，可视为关于张九龄的一篇较为全面的综论文章。本书的不足是作者在一些地方所发的议论不一定符合传主当时的思想实际，有些推测性文字不够严谨，等等。

（三）专题研究类著作

此期以张九龄为专题研究对象的，唯顾建国的《张九龄研究》[①]（以下称《顾著》）一书。该书由中华书局于2007年2月出版，全书共21万字，是此期关于张九龄研究最为集中、下功夫最深、收获最大的成果。

该书是顾建国先生的博士论文，是继《张九龄年谱》之后一部以研究张九龄文学成就尤其是诗歌成就为主、较为全面研究张九龄的著作。全书加绪论共为六部分。以下做一个大致的介绍。

绪论部分：绪论是本书重要部分，分为"关于张九龄生平事迹

---

① 顾建国：《张九龄研究》，中华书局2007年版，第15页。

的研究""关于张九龄的思想、心态研究""关于张九龄诗文创作的研究"等三个部分，系统全面地梳理了此前张九龄研究取得的成就，指出前人研究中存在的不足与缺失，由此建立了作者研究的出发点，确定了作者研究的主要领域和方面。

在全面梳理前人关于张九龄研究的基础上，著者概括出此前张九龄研究四个方面的显著成绩。具体是：第一，对张九龄在唐代文学发展史上的地位和对唐诗发展所做的贡献，给予新的认定评价；第二，深化了张九龄与陈子昂之比较研究；第三，从山水田园诗的历史演进角度论析了张九龄山水诗的特色及其影响；第四，从不同角度阐释了张九龄诗歌的艺术特征。在充分肯定其成就与贡献的同时，人们也指出了张九龄诗歌的不足之处。

在涉及张九龄生平事迹研究方面，顾先生指出："20世纪的张九龄研究……所取得的成绩还是令人瞩目的……今后的研究应在'深'和'广'两个方面下功夫：一是要继续细化个案的综合性研究，将张九龄所涉及的政治、经济、军事、外交、民族、文化、文学和宗教等各个方面的问题，一一搞清楚，这才能算是对'全人'有比较真切的认识和评价"。他确定"本文的思路和架构是：在全面理清张九龄所处的时代背景、家世渊源、成长环境、生平事迹和作品系年的基础上，将其放置于初、盛唐诗坛和文坛的特定格局中，观照考察其文学成就和历史贡献，以期对文学盛唐形成与发展的合力因素，求得更加深入的理解和认识。"[1]这就决定了《张九龄研究》的一个重要的方面是对他的生平经历、交往交游的人和所做的事进行深入全面的发掘和深化。由此确定研究的创新点是：

"（1）在既定的研究空间上，求宽求广。亦即以拙著《张九龄年谱》为基础，以张九龄的诗文研究为重点，对张九龄其

---

[1] 顾建国：《张九龄研究》，中华书局2007年版，第15—16页。

人、其诗、其文，作一整体综合研究，力求使人们对张九龄的认识更全面、更准确。（2）在若干有待突破的点上，求细求深。其一，拓展了人物成长的背景研究。本文对张九龄家世的渊源和变迁、诗人早年的生活和所受教育的状况以及岭南地域文化的烙印和影响等模糊不清的问题，作出了进一步的研究和辨析，以收知人论世之效。本文认为，范阳张氏，英才辈出，源远流长。九龄乃祖因官迁居岭南，遂成土著客家。但其仕宦传家的门第和斯文南渐的背景，又使张九龄能与许多中原学子一样，幼即向学，科第成名。岭南的地域文化，既培育了张九龄尚直干练的秉性，也对他早年异于时风的作品产生了积极的影响。其二，加强了对文学家张九龄的人格、思想、心态、交游及其影响研究，弥补了此前在这方面研究的肤浅和欠缺，有助于更加准确地了解和评价其人。本文通过对60余名与九龄有诗文唱和关系的人物的考察与考证发现，张九龄的文学交游，上及'文章四友'、'沈宋'、'吴中四士'和'燕许'二公等著名文人，下携王维、孟浩然、綦毋潜、卢象、韦陟、钱起、皇甫冉、王昌龄、李泌等后起之秀，平日所交亦多文儒逸士。观其志在'文儒'辅国，察其行在文章用世，而其仕途的沉浮与历练，又使他洞悉了诗赋寄情感遇之文心，并以其一代文宗的地位和影响，为文学盛唐的到来，为陈子昂到李白、杜甫之间诗文的继承、革新与发展，开拓了道路，准备了队伍，架起了桥梁"。①

《顾著》"绪论"之外共五章。第一章是"张九龄的家世及其成长环境"；第二章是"张九龄文学交游考"；第三章是"张九龄的人生理想图式及其影响"；第四章是"盛唐前期的诗坛宗主"；第五章是"开元时期的'文场元帅'——论张九龄文的体式特征和时代意

---

① 顾建国：《张九龄研究》，中华书局2007年版，第15—16页。

义"。从各章标题即可看出，顾著关于张九龄生平事迹的研究，主要集中在第一、二章中。其中主要创获，后文还要专门述及，此处不赘。

（四）文集整理、注释

迄今为止，对张九龄全部作品做整理、注释的，唯熊飞《张九龄集校注》（以下称《熊注》）。关于这部书的特点和贡献，蒋寅先生为该书所作的序言中指出：

"张九龄集的整理和注释本目前有两种，一是刘斯翰先生校注的《曲江集》（广东人民出版社，1986），一是李玉宏先生校注的《曲江集》（当代中国出版社，2004）两者都不是全注本，只校注了全集二十卷中的四卷诗。熊飞先生的《张九龄集校注》对全部二十卷作品都作了校注，其难度和工作量首先就超过了前人。当然，熊飞先生的贡献绝不只是这一点，他的校注在使用版本和校勘的完善上更令人侧目。刘李两种整理本，对底本并未郑重推敲，参校的版本和文献也只寥寥数种，而熊飞先生则是在比勘《曲江集》存世的近二十个善本后，才选择了《四部丛刊》本二十卷为底本的，这从校勘学的角度说首先就值得称赞。他除了参校唐代文献整理必用的《文苑英华》、《唐文粹》、《全唐诗》、《全唐文》等权威性总集外，还选择二十卷本和十二卷本中七个有代表性的版本加以对校，择善而从，同时尽可能地将各本异文保存在校记中。这使他的校勘具有总结性的意义，为学界提供了丰富的参考资料。"[①]

蒋寅先生也对熊飞注《张九龄集校注》的注释做了评价。他说："熊飞先生的注释也较前人有不少进展。他凭借多年考索唐代文史

---

① 熊飞：《张九龄集校注》，中华书局2008年版，第1—2页。

的积累，尽可能地吸收近二十年新出的成果，更济之以自己近年治《曲江集》的独到心得，为张九龄全部诗文做了注解，同时也澄清、纠正了张九龄研究中的一些问题和错误，使《张九龄集校注》成为一部体现现当代研究水准的完备注本。值得注意的是，作者还对张九龄作品进行了补辑。这项工作以前《全唐诗》《全唐文》及温汝适整理本也做过，但受条件限制，辑录作品还不够齐全。熊飞先生这次又补辑了《谢公楼》《游洞门题陈氏丹台诗》《故中散大夫并州孟县令崔府君夫人源氏志铭并序》《（唐赠）陇西县君牛氏像龛碑》等诗文，为研究者提供了新材料。"蒋寅还指出："本集所收的一些诏敕类文章，原为节录，这次熊飞先生也据《册府元龟》《唐大诏令集》《文苑英华》等集中辑出完整的文本，如《籍田赦书》据《文苑英华》补足大段佚文。《后土赦书》也据《唐大韶令集》补足大段佚文。对温汝适等人辑录自史籍、未注明出处的篇章，都据原始文献重新过录，注明出处，同时还删除了《全唐文》误收的白居易《敕新罗王金重熙书》一文及四库馆臣误窜入《曲江集》的《白煞经》等论断及歌诀十八篇。这是一番精细的考订，保证了《张九龄集校注》的学术价值水准，同时也显示出熊飞先生严谨求实的学风。"①蒋寅先生对于《张九龄集校注》的评价是客观、准确的，概括了该书所达到的学术高度，笔者非常赞成。

（五）研究资料汇集

研究资料的汇集，是对开展研究极其重要的基础性工程。一部完备的研究资料汇集可以帮助后继研究者在不长的时间内即可掌握前人的研究进展，为后人的深入研究奠定基础，避免重复性的工作，对于学界是一项善举。如此前有《中华大典》等书出现，即起到这

---

① 熊飞：《张九龄集校注》，中华书局2008年版，第2—3页。

般作用。当然如《张九龄学术研究论文集》等，也属于这样的工作。下面做一个介绍。

《唐人轶事汇编》：从资料整理纂集而言，周勋初主编《唐人轶事汇编》①值得注意。这是一部由南京大学古典文献研究所四名成员承担的"一人劳而万人逸"的工作，历经四年，三易其稿，终成巨著，嘉惠学林，实堪赞赏。这本书的特色，如其"前言"所引主编周勋初在回答关于"笔记小说中的记载不管是否真实，都是有价值的么"的问题时说："可以这么说，《唐语林》中的材料，大都是唐人记唐事，从中可以觇测时代风气，了解唐代社会的一些特殊情况，这就有很高的认识作用和研究价值。""前言"又说："唐代笔记小说的写作也极繁荣，不但著述的品种多，而且内容丰富，文字可观，利用这方面的材料，可以大大提高我们对唐代社会习俗和人物风貌的认识。"在这种认识指导下，《唐人轶事汇编》重点汇集唐宋笔记中对唐人的记载材料，其"凡例"说："本书不录正史，蒐采范围以唐宋人撰杂史、传记、故事、小说为主"②，这就具有了全新的特色。

具体到张九龄相关资料的汇集上来说，笔者认为也体现了这一编辑思想。该书收集张九龄相关材料19条。基本上将唐宋间人们关于张九龄的传说故事汇集齐全，这对于了解张九龄的形貌、性格、体态、风度，具有重要认识和参考价值。

关于张九龄的相关研究资料，此前有卞孝萱主编《中华大典·文学典·隋唐五代文学分典》第一册之"唐文学部一"③，即第908页至930页予以部分收集。但未能按照"凡例"之规定，收录张九龄与文学相关的全部资料，遗漏甚多。按照其"凡例"的一般

---

① 周勋初主编：《唐人轶事汇编》，上海古籍出版社2006年版。
② 同上书，第20、1页。
③ 卞孝萱主编：《中华大典·文学典·隋唐五代文学分典》第一册之"唐文学部一"，江苏古籍出版社2000年版，第908—930页。

要求，有诸多当收未收者。如"传状"中不收《新唐书》张九龄本传、"碑志"中不收徐安贞之《张九龄阴堂志铭》则不可理解；"年谱"项下，一部张九龄的年谱也未收录，然并非前人未作《张九龄年谱》，清人温汝适即有《张九龄年谱》，但未见收录，甚至连存目也未见，当属于漏收无疑；考证中亦不收温汝适所作之《曲江集考证》二卷中之一字；等等。这实为重大遗漏。可见，《唐人轶事汇编》与《文学典》对比，正好在一定程度上弥补了《文学典》不收相关张九龄这方面材料之不足。

《张九龄学术研究论文集》（以下称《论文集》）：2008年在韶关召开的"张九龄诞辰1330周年纪念大会暨学术研讨会"，会上的论文汇集为《张九龄学术研究论文集》上下册，由珠海出版社于2009年10月出版。关于这次研讨会议的情况，《论文集》的"后记"中做了概括："纪念张九龄诞辰1330周年系列活动中，张九龄学术研讨会被视为重中之重。此次学术研讨活动参与面广，层次高、观点新，有23个省、市及港、台地区大专院校的专家、教授参加了研讨活动，共收到学术研究论文、民间故事传说等145篇（民间传说故事择时另行结集出版）。""此次提供论文的专家学者能够开阔视野，据理充分，分析到位，有一定深度。研究论述领域有新的扩展，论述角度有新的开拓。许多学术论文都属学术界上乘之作。能以高瞻远瞩的视角，站在历史高度，对张九龄的政绩、思想、诗文以及'九龄风度'、'张九龄与岭南文化'、'张九龄和谐思想论'以及'张九龄的当代意义'等进行了深度研究。除此之外，对张九龄在洪州、荆州的研究也进入了挖掘研究领域，填补了过去欠缺的空白。值得一提的是，暨南大学罗志欢教授对张九龄《曲江集》的海外传播、张九龄传记及研究资料总索引，进行了较全面详细的研究，整理了海内外张九龄研究概况资料，难能可贵。除此之外，还有中山大学王承文教授对张九龄与粤北张氏家族的研究，以及韶关学院熊飞教授等对张九龄《曲江集》版本、香港中文大学杨永安教授等对张九龄《千秋金鉴录》以及民间传说等研究,都为此次研究增添了新课题。"① 会后编辑出版的《张九龄学术研究论文集》,共入选论文 98 篇。论文集略为分类编排,上集主要以研究"九龄风度"、张九龄与岭南文化、张九龄政绩、忠君爱国思想和历史贡献等;下集主要研究张九龄诗文和著述评介等。这些学术论文大多水平高,观点新,有理有据,深入浅出,拓展了全国张九龄研究的领域,将张九龄研究推向上了新高度。

这次研讨会中关于张九龄生平事迹与交游研究,主要集中在论文集中的"政绩研究"部分,当然其他部分也有所涉及。其中关于张九龄与洪州、荆州关系研究、与高力士关系的研究等,前人关注较少,可谓具有启迪性。

(六) 其他著作

张熙恩、官见全主编有《九龄少年时》②一书。该书由羊城晚报出版社 2013 年 9 月出版。书中收录大量张九龄少年时在家乡始兴的民间传说故事,颇具趣味性、可读性。可见张九龄在千百年后对家乡的影响,这些传说故事作为九龄文化的重要组成部分,当然极其珍贵,有的也在一定程度上反映了不同时代社会生活的一些影子,但是对于严格的学术研究而言,直接帮助不大。

二 张九龄生平事迹及其交游情况研究述评

从 2005—2020 年来关于张九龄生平事迹及其交游研究的情况

---

① 巫育明主编:《张九龄学术研究论文集》下册,珠海出版社 2009 年版,第 521 页。
② 张熙恩、官见全主编:《九龄少年时》,羊城晚报出版社 2013 年版。

看，研究内容主要涉及张九龄郡望、家世的情况，张九龄赴举的准备和路线选择情况，张九龄与沈佺期"考功受赇"案的关系研究，张九龄中举未入仕的原因，等等。也有文章涉及他入仕后在洪州、荆州任职的心理变化情况以及与高力士的关系的研究。

（一）关于张九龄的家世问题

关于张九龄家世问题，主要涉及以下几个方面，即张九龄郡望、籍贯问题，包括张九龄祖辈的世系问题；关于张九龄的出生地问题、生卒时间问题；关于张九龄父母的问题。在这些方面，此期研究已经比较深入，诸多问题已经解决；对前人关注较少的问题也有所涉及，为后来研究者提供了新的视角，但关于其父母生平事迹研究尚需进一步深化。现分述于后。

一是关于张九龄的郡望、籍贯问题。对此，顾建国先生的《张九龄年谱》和《张九龄研究》、熊飞先生的《张九龄年谱新编》和《张九龄大传》两书及其他学者的几部评传中均做了扎实的研究。而李世亮《张九龄年谱》则基本上未涉及。笔者认为，这些研究中，顾、熊二位着力最深、成绩最为突出，基本上解决了这个问题。

一是关于张九龄家族世系问题。《顾谱》在书前附有根据《新唐书·宰相世系表》，编制了张九龄世系图。此图清晰地显示出张姓自其受姓始祖张挥以下至张九龄之三代孙的简要情况，明确了张九龄祖辈各代的迁徙情况，也明确了张九龄自称郡望为范阳的来历。

世系图虽然简明，却不能更加深入了解张氏家族各代的具体情况，且因为时代久远，这个图表所反映的世系也未必准确。因此，《顾谱》《顾著》《熊谱》均有更加具体的文字叙述。《顾著》即以"张九龄的家世及其成长环境"一章的篇幅来叙述。现引录顾建国《张九龄年谱》的具体考证来看他是如何考证张九龄的世系的："九龄之籍贯、郡望，见诸文献、碑志者，主要有'范阳'、'曲江'

和'始兴'三种署称。"顾建国追根溯源，梳理了张九龄郡望为"范阳"及其争议的来龙去脉，明确指出："'范阳'之称及其争议，最初源于唐人王士源《孟浩然集序》中一段文字的真伪问题。此序云：'丞相范阳张九龄……率与浩然为忘形之交'（明铜活字《唐五十家诗集》，上海古籍出版社1989年版），对序中的"范阳张九龄"之称及孟浩然与张九龄之间是否有诗歌唱酬之作的问题。清儒首予发难云：'至序中丞相范阳张九龄等，与浩然为忘形之交语，考唐书张说尝谪岳州司马，集中称张相公、张丞相者凡五者、皆为说作。若九龄则著籍岭南，以曲江著号，安得署范阳，亦明人以意妄改也'（《四库全书总目提要》卷一四九《孟浩然集提要》）。"顾建国指出此说意在否定张九龄的郡望为范阳，否定孟浩然与张九龄有交往。《顾谱》又梳理了何格恩、陈贻焮、傅璇琮等先生对于这一争议的研究和辨证，认为：

> "此论既出，至二十世纪三十年代，始有何格恩先生所作的相关考辨。何氏引《新唐书》卷二零三《孟浩然传》：'张九龄、王维雅称道之……张九龄为荆州，辟置于府'之记载，认为二人之间是有交情的，并查《唐诗纪》及《全唐诗》孟浩然诗中称张丞相者凡八首，称张九龄者一首，指出'若以为皆为张说而作，殆未深考'①。此后，陈贻焮先生在《孟浩然事迹考辨》一文中，对孟浩然与张九龄之间的交往关系又加详考，'认为孟浩然的《陪张丞相登荆州城楼国寄蓟州张使君及浪泊戍主刘家》等六首诗，皆为张九龄而作。②傅璇琮先生主编的《唐才子传校笺》'孟浩然'条和刘文刚的《孟浩然年谱》等皆从之。这就从一个侧面，增强了'王士源序'的可信程度。对'范阳张九龄'的署称问题，《何谱》亦有考辨。何氏主要是依据以下两条

---

① 何格恩：《张九龄年谱》注二，《岭南学报》1935年第4卷第1期。
② 陈贻焮：《唐诗论丛》，湖南人民出版社1980年版。

资料来加以辨析的：一是《徐碑》云："公讳九龄，字子寿，一名博物，其先范阳方城人……曾祖讳君政，皇朝韶州别驾，终于官舍，因为土著姓"；二是当时北平图书馆赵万里先生所藏的《故中散大夫并州孟县令崔府君夫人源氏墓志铭》拓本（现见《全唐文补遗》第三辑，三秦出版社 1996 年版），下署宣议郎左拾遗内供奉范阳张九龄撰。据此，何氏测断云："盖九龄虽以曲江著号，有时自署郡望为范阳，故人亦有以称之者"。①

《顾著》还据后出的一些碑刻史料，如徐安贞《唐故尚书右丞相赠荆州大都督始兴公阴堂墓志铭并序》、徐浩《唐故金紫光禄大夫中书令集贤院学士知院事修国史尚书右丞相荆州大都督府长史赠大都督上柱国始兴开国伯文献张公碑铭》、萧昕为张九龄弟张九皋所作《殿中监张公神道碑》、白居易为张九皋嫡孙张仲方作《银青光禄大夫秘书监曲江县开国伯赠礼部尚书范阳张公墓志》等材料做了补证。根据今人研究张氏范阳郡望的形成过程，指出"范阳张氏郡望的形成，始于南朝梁陈之际，""梁朝天监年间，武帝命王僧孺修《百家谱》，甄别梁氏族队伍。王僧孺据当时统治集团中士族升降变动的状况，'通范阳张等九族，以代雁门解等九姓，其东南诸族别为一部，不在百家之数焉。'"《顾著》还具体研究了唐时以范阳为郡望的张姓的渊源情况。②《顾著》的考证结论很有说服力，可以信从。

关于张九龄的籍贯问题。九龄籍贯，旧有曲江、始兴之争。对此，《顾谱》亦有考证。著者引述陈寅恪、何格恩、温汝适、杨承祖等人的考据成果，认真研究韶州历史演变情况，辨析"曲江""始兴"的历史渊源。作者指出：

"何氏等所考颇精审，但仍有一问题未能言及，这就是《曲江集》附录"诰命"中对九龄之加封明明是'曲江县开国男'

---

① 顾建国：《张九龄研究》，中华书局 2008 年版，第 20 页。
② 同上书，第 22—24 页。

（开元十二年正月十三日）、'始兴县开国子'（开元二十三年三月九日）、'始兴县开国伯'（开元二十七年七月二十二日）等两县分别清楚的。又，何氏生前未见之《始兴公墓志》亦题为'始兴公'。凡此，仍使人无法回避九龄究竟是曲江人还是始兴人的这一疑问。经查，今藏广东省中山图书馆的《始兴张氏族谱》（清人张汝龄编，手抄本，有唐徐浩序），或可为破解以上疑问提供新的线索。《张氏族谱》载：'先世高祖守礼生君政，由君政来官于韶州别驾，因家焉，为韶州府城曲江始祖。至三世祖宏愈来居始兴清化，置立田产，其后子孙衍派，有自来矣。'由是知九龄曾祖、祖父均居曲江，至其父宏愈始迁到始兴。又，清顺治丁酉春正月，'钦差整饬宿韶兵备道广东按察司副使'周日灿为《曲江集》所作《曲江张文献公集元序》交云：'踰岭登舟（按：指大庾岭梅关，路为九龄当年所开），道经始兴，则公实生于此'（见《四部备要·曲江集》）。《广东通志》卷五十三《古迹志》'韶州府始兴县'亦载：'文献公书堂，在清化乡。'综上所及的相关诗作、史料便可互证：至九龄时，张氏家族在曲江、始兴两县显然均有第宅，曲江是九龄故居之所在地，始兴则是九龄故居之所在地，张家人在这两地自可经常走动。但以传统的祖籍论定，张九龄之占籍自然应是曲江人。而封其'始兴县开国子'、'始兴县开国伯'，称其'始兴公'者，又缘于九龄生前家在始兴。惟此，我们才可对历史上的张九龄之籍贯'曲江'、'始兴'两称有一个说得通的解释。当然，如果从现代占籍意义上来看，张九龄又应为始兴人了。"[1]

《熊谱》对张九龄郡望为范阳及其相关争议引证不如《顾谱》繁复，但利用方志记载探索区域辖地名称变化线索，弄清古今舆地分

---

[1] 顾建国：《张九龄年谱》，中华书局2008年版，第6—7页。

合情况，其贡献在于对张氏家族衣冠南渡以来迁徙路径的考索，探明张九龄家族南迁及著籍始兴的缘由。他结合不同朝代地域名称、行政区划归属、名称的变化，指出："始兴是张九龄祖籍，与说'南康'所指为同一地——南乡"；"曲江县才是张九龄的籍贯"[①]。《熊谱》区分张九龄的郡望、祖籍、籍贯，对于张九龄籍贯之争给出了一个各地都可以接受的说法。但有些地方的说法较为可疑，如认为"扬州广陵郡之南康，是张九龄祖上南移之地"，本来具有启发意义，但其后谓"张九龄首封曲江，似也寓有双重含义：一指韶州之曲江县，他的新籍贯，这是人所共知；其实，'曲江'一名，还应寓有与扬州的深层关系。"他还认为"汉枚乘《七发》'将以八月之望，与诸侯、远方交游、兄弟并往观涛乎广陵曲江。'是曲江亦为广陵（扬州）所有。"[②] 即认为张九龄首封曲江是照应扬州的曲江，则有望文生义之疑，不甚妥当。

二是关于张九龄的出生地和生卒年问题。张九龄出生于何地，史无明载。今人一般认为应在曲江或始兴，近年又有生于广州之说，当承清代方志之言而来。《顾谱》指出：

"据《广东通志》卷四十四《人物志》'张九龄'载'弘愈（九龄父）尝侨南海生九龄。'光绪《始兴县志》亦载：'弘愈侨寓广州，乃生九龄。'查《元和郡县图志》卷第三十四：'南海县，本汉番禺之地也，属南海郡，隋开皇十年封其地置南海县，属广州。'由此看来，九龄的出生地是在广州。但因《广东通志》和《始兴县志》皆为清人所修，距九龄时代已远，所资凭信亦不敢必，姑以其他史料参证之。《旧传》载：'（九龄）年十三，以书干广州刺史王方庆，大磋赏之，曰："此子必能致远"。'《徐碑》亦载：'王公方庆出牧广州。（九龄）时年十三，

[①] 熊飞:《张九龄年谱新编》，香港教育出版社2005年版，第5—6页。
[②] 同上书，第4页。

上书路左。'从这两条史料中,我们似可推测,九龄当生于广州,幼年亦长于广州。否则,曲江、始兴皆远离广州,一个十三岁的孩童是不大可能远涉上书的。《李谱》亦以为'生于广东说'颇值得参考,《李谱》云:'因为九龄父亲时为索卢县丞,并知新州等州事,索卢县位于现广东省新兴县南,邻近广州,宏愈侨寓,当有可能',姑列此备考。"

由此可见,《顾谱》亦认为张九龄也可能出生于广州。而《熊谱》则认为"生于韶州曲江县"。①《熊传》"引言"中谓:"韶关市曲江县(今曲江区),是唐代韶州府治所在地。韶关市的三江六岸,风光秀美,景色宜人。在唐代,这里是岭南人文荟萃之区,人杰地灵。唐代著名的'贤相',素有'岭南第一人'之称的张九龄,就生于斯,长于斯。"②亦认为张九龄出生于曲江。

三是张九龄生卒年及年寿问题。九龄生卒年及年寿是个相互关联,又有争议的问题。历来有两说。《旧唐书》卷九九张九龄本传说:"因遇疾卒,年六十八",仅记卒年年龄,未记其生年、年龄。《新唐书》卷一二六本传则依其说。而徐浩撰《唐故金紫光禄大夫中书令集贤院学士知院事修国史尚书右丞相荆州大都督府长史赠大都督上柱国始兴开国伯文献张公墓碑》(以下简称《徐碑》)则云:"开元二十八年春,请拜扫南归,五月七日,遘疾薨于韶州曲江之私第,享年六十三。"逝年明确,由此逆推,则张九龄当生于唐高宗仪凤三年(678)。如依《旧唐书》所载享年68岁计,则当出生于唐高宗咸亨四年(673)。然1960年7月,广东省文物管理委员会与华南师大历史系联合考古队对位于韶关市西北部之罗源洞山麓的张九龄墓进行发掘,发现了由徐安贞所书《唐故尚书右丞相赠荆州大都督始兴公阴堂志铭并序》,谓"公之生岁六十有三,以开元廿八年五

---

① 熊飞:《张九龄年谱新编》,香港教育出版社2005年版,第7页。
② 熊飞:《张九龄大传》,暨南大学出版社2013年版,第1页。

月七日薨"。此志与徐浩碑所记相合，已成定论。《顾谱》、《熊谱》及其他著述均依此为张九龄生卒确年。然各家亦未考新旧《唐书》所谓享年六十八致误之由。

杨承祖《张九龄年谱》在确定张九龄享年六十三后，引"宋洪迈《容斋四笔》卷三云：'士大夫叙官阀，有所谓实年官年两说。……大抵布衣应举，必减岁数，盖少壮者遇此为求昏（婚）地；不幸潦倒场屋，勉从特恩，则年未六十许入仕，不得不预为之图。至公卿任子欲其早列仕籍，或正在童孺，故率抬增庚甲，有至数岁者。'九龄年寿与碑史互异者，殆实年与官年之别与？"①杨先生此说颇具启发性，值得关注，但未引起重视。

四是关于张九龄父母及家族仕宦情况的问题。主要是张九龄之父的任职时间问题、婚姻问题、生卒年问题等，前人对此并未关注。对此，《顾谱》《顾著》的研究则梳理众说，纠正偏谬，得出结论，很有启发性，而其他诸家则众说纷纭，多不足为据。现特介绍《顾著》《顾谱》的研究成果。《顾谱》在梳理诸家之说后指出：

"以上诸家，在九龄何时丁父忧一事上，除温汝适持疑似两可之态度外，其他皆倾向于《新传》所叙，即在长安三年癸卯（703）前后。特别是侯氏所论极精切。联系前考，余亦认为：九龄丁父忧当在其第一次应进士试与第二次应进士试期间，即在周长安三年癸卯（703）到唐中宗神龙三年丁未（707）之间，如前所考，九龄两次应进士试，先后相隔竟长达五年之久，对此，余颇存疑问。按常例，当年科场案发，受处罚者只能是具体的当事人。对同场其他举子的来年赴试应无大碍。而九龄之所以一拖五年才去'重试'，想必其中最主要的原因当是居家守父丧了。古制：'考妣三年之丧，贵贱无隔，以报免怀之德，

---

① 杨承祖：《唐张子寿先生九龄年谱》，台湾商务印书馆1980年版；此处据《杨承祖文录》，华东师范大学出版社2017年版，第49页。

思酬罔极之意'(《唐会要》卷三十七"服纪上")。又,'长安三年(703)正月二十六日敕:三年之丧,自非从军更籍,不得辄奏请起复'(《唐会要》卷三十八"夺情")。据此推衍九龄行迹正与礼制合。试述之:九龄于长安二年(702)中进士后,即遇科场案发,只好打道回府,以待来年。长安三年(703)冬,于故乡岭南得见遭贬的一代词宗张说,两人遂定交。其后不久,九龄即遇父丧,在家守孝三年,至中宗神龙二年(706)始除服。中宗神龙三年(707年,本年八月改元景龙),方得以再次赴京应试,结果,连中科第,授官秘书省校书郎。"[1]

《顾著》所论与《顾谱》略同,不再引述。笔者认为《顾谱》所考,极具启迪,是解决张九龄之父张弘愈去世具体时间的一把钥匙。

五是关于张九龄父辈中其他人的入仕问题。对此,《顾著》中也有所发明。书中引据《广东通志》:"《徐碑》云:九龄'弱不好弄,七岁能文'。这当与九龄祖、父辈仕宦传家的文化背景有很大的关系。与九龄曾同朝共事的文友徐安贞在其为九龄撰写之墓志铭中称:'公诞受正性,体于自然;五行之气均,九德之美具。'说明了九龄早年家庭环境的纯和与家教的严正。""从九龄的父系来看,其祖父官至越州剡县令,父亲为新州索卢丞,从叔张弘矩任洪州参军,弘载为端州录事,弘显为戎城令。他们究竟是如何登上仕途的,暂无翔实的史料可供查考。但有一则材料值得重视,这就是《广东通志》卷四十四《人物志》所载,九龄从叔张弘雅于'高宗显庆四年岭南帅府举明经,填经贴皆中首得及第。粤俗自是彬彬多经学士矣'。又查同书卷三十一《选举志》知,张弘雅是初唐时期整个岭南地区屈指可数的几位科举及第者之一,也是韶州第一名进士。这表明,曾以诗文名世的范阳张氏一支,经多世播迁至九龄的父辈时,其诗

---

[1] 顾建国:《张九龄研究》,中华书局2008年版,第32页。

礼传家之儒风复盛，父辈们的所作所为，对幼年的张九龄自然会有影响。"[1]其实，关于张弘雅举明经一事，还可推进一步。那也可能就是参与"南选"中明经科进士。而他同辈中兄弟们的入仕，也应与"南选"相关。

（二）关于张九龄与参与科举的准备与赴举路线问题

士子参加科举考试及第，是人生的重要追求目标，也是古时士子登龙门光宗耀祖的第一步。凡是参加科举考试者，无不高度重视，做足准备。这其中，朝廷大员的赏识推荐，十分关键。张九龄赴举前的准备工作，就是所谓"上书路左"，也就是寻求朝廷大员的支持。这是张九龄及其家族为了张九龄参加科举考试所做的十分重要的准备活动。张九龄的赴举路线问题，研究中也有所涉及。现将相关研究情况略叙于后。

一是关于张九龄"上书路左"问题。《旧唐书·张九龄传》载："（九龄）年十三，以书干广州刺史王方庆，大嗟赏之，曰：'此子必能致远'"。《徐碑》亦载：'王公方庆出牧广州。（九龄）时年十三，上书路左。"此后各家对于张九龄"上书路左"无异言。但在两个方面有不同看法。

一是张九龄"上书路左"的发生地，有的认为是在韶州，有的认为是在广州。如《熊谱》就认为上书事发生在韶州。而《顾谱》则认为可能发生在广州，认为"张九龄以十三岁之年即上书路左，此事发生在广州更为方便。但因《广东通志》和《始兴县志》皆为清人所修，距九龄时代已远，所资凭信意不敢必，姑以其他史料参证之。《旧传》载：'（九龄）年十三，以书干广州刺史王方庆，大嗟赏之，曰：此子必能致远。'唐人徐浩撰《唐故金紫光禄大夫中

---

[1] 顾建国：《张九龄研究》，中华书局2008年版，第36页。

书令集贤院学士知院事修国史尚书右丞相荆州大都督府长史赠大都督上柱国始兴开国伯文献张公碑铭》载:'王公方庆出牧广州。时年十三,上书路左。'从这两条史料中,我们似可推测,九龄自幼当生长于广州。否则,曲江、始兴皆远离广州,一个十三岁的孩童是不大可能远涉上书的。《李谱》亦以为'生于广东（州）说'颇值得参考。《李谱》云:'因为九龄父亲时为索卢县丞,并知新州等州事。索卢县居现广东省新兴县南,邻近广州,宏愈侨寓,当有可能。'"[1]从这些材料看,如认为张九龄出生于广州,幼年也成长于广州,那么,在广州向王方庆献书就十分自然了。

二是关于张九龄上书的内容如何？对此,只有熊飞先生有所推测。《熊传》中写到张九龄上书事时说:"武后载初元年、周天授元年（690）,这年他才十三岁,名臣三品大僚王方庆出牧广州,途经韶州曲江,这位少年才子拦车'上书路左',要与大刺史谈一谈国家大事"。"张九龄为何要在王方庆上任经过的地方拦车上书？他上书的主要目的是什么？上书的主要内容又是什么？因为材料缺乏,很难确考。但根据当时的政治形势和王方庆的德行人品及张家的家范家风,我们还是可以寻出一些端倪";"揣测张九龄上书的内容,很可能与武朝政治有某种关联。再从岭南的政治情况来看,当时也是很不清明的。广州地际南海,每岁有昆仑乘舶以珍物与中国交市,旧都督路元睿冒求其货,昆仑怀刃杀之";"又管内诸州首领,旧多贪纵,百姓有诣府称冤者,府官以先受首领参饷,未尝鞫问"[2]。因此,熊飞揣测张九龄上书的内容"也可能与岭南政治有某种关联。另外,张家一直以诗礼传家,儒家正统思想对这个家族的成员有巨大影响,张九龄伯父张弘雅便高尚不仕,其父张弘愈也只做了一任

---

[1] 熊飞:《张九龄年谱新编》,香港教育出版社2005年版,第7页;顾建国:《张九龄研究》,中华书局2008年版,第37页。

[2] 《旧唐书·王方庆传》。

新州索卢县丞。看来这个家族成员对女主武则天是有看法的。这一点对少年张九龄毫无疑问有巨大影响。所以前面说，张九龄上书的内容可能关涉武朝政治。"①张九龄上书的具体内容确实无法考知，但正是由于如此，也不能按照今人的认识来做出"这个家族成员对女主武则天是有看法的"这样的推测来。退一步说，即使是真有看法，也是不能形诸笔墨干犯大忌的。尤其是在王方庆这样深受武则天其中的方面大员面前，谁又敢冒险一试呢？

上书行为，古已有之。程千帆先生在《唐代进士行卷与文学》一书中说："唐代的科举考试采取了试卷不糊名的方式，使主试官得以审查应试者平素在学业上的表现，可能是九品中正制遗留下来的影响。另外，将自己的作品送请有地位、有学问的人看，希望得到他们的揄扬或教益，这也原是古已有之。不过到了唐代，文士们更利用了这种办法来为争取进士登第服务。"②当然，年方十三岁的张九龄这种行为尚不能视为进士行卷，但是把自己的作品送给王方庆这位大人物看，"希望得到他们的揄扬或教益"，以提高知名度、扩大交往面的目的还是兼而有之的。同时，张九龄"献书路左"的行为，也不可能是全出于他自己的想法。很大的可能性是由于其家族和地方官府，尤其是学官的共同考量。试想，新任刺史大人入境问俗，地方上必然认真予以准备。如有出众的学童，被推举出来接受赴任官员的接见，是很有可能的。尤其是如王方庆这样的深受儒家精神熏陶教养的封疆大吏，对于地方教育事业的重视自不待言。这就为张九龄"上书路左"提供了客观可能，也就为地方官员展示兴学成绩提供了机会。就张九龄及其家族来说，也可能具有为他今后参与科举考试做些准备的用意。机缘如此，张九龄"上书路左"即成为事实。唯其如此，张九龄所献之书，其内容上绝无可能有触犯时忌

---

① 熊飞：《张九龄大传》，暨南大学出版社2013年版，第16—17页。
② 程千帆：《唐代进士行卷与文学》，北京出版社2020年版，第6页。

的言辞。由此看来，熊飞先生在《张九龄大传》中关于献书内容的推测违背常情，实在蛇足，不可信从。

三是张九龄赴举的路线选择问题。张九龄赴举时选择的路线，在诸多研究者眼中，并非研究中的重要问题，或各家均认为经大庾岭赴举乃时人入京入都之惯常路线，是一个不必研究之问题，因此各家基本不置一词，仅熊飞先生《张九龄集校注》中对其诗歌注释中略有涉及。张九龄赴举的路线选择也是其生平事迹中需要弄清楚的问题。因为张九龄赴举的道路取向，主要取决于科举考试的地点，或者说是在当时京师长安还是在神都洛阳；也取决于当时的驿路情况以及当时人的交通习惯。其中涉及问题较为广泛，弄清这一问题也有助于深化对这些问题的认识。笔者则对此开展了研究。如张九龄于开元四年（716）开大庾岭新路，成为今天人们熟知所谓梅关，既如此，则长安二年（702）张九龄赴举之时，不可能从14年后由他自己开凿的那条大庾岭路赴举自明。那么，张九龄又是经由哪条道路翻越大庾岭的呢？这难道不是一个问题吗？同时，还可以看出，张九龄赴举，沿途多为水程，这又是何故？弄清此类问题是很有意义的，可惜诸家并未关注。

（三）张九龄中举与沈佺期"考功受赇"案的关系问题

沈佺期"考功受赇"案，是关涉张九龄参加科举"一举高第"的关键性节点，但是作为长安二年科举主考官的沈佺期"考功受赇"究竟是否真实存在？如果沈佺期确实曾经"考功受赇"，那究竟是一种什么样的性质？沈佺期此后两年的不断升迁又该作何解释？若沈佺期并未"受赇"，那此案又是如何产生的？他被流放驩州又是什么原因？而张九龄与他的"座师"沈佺期"考功受赇"案究竟有无联系？他中举后未曾入仕，是否与此案有关？此前的研究对这些问题有所忽略，但确实是应该弄清楚的大问题。

一是关于张九龄中举的时间问题。张九龄及第时间,新旧《唐书》、徐安贞、徐浩的碑、石皆无明确记载。唯徐浩《徐碑》谓:"弱冠乡试进士,考功郎沈佺期尤所激扬,一举高第",但也未明确究竟是哪一年。《顾谱》考证说:关于九龄何时中进士的问题,《新唐书》《旧唐书》和《始兴公墓志》等皆未提及。《徐碑》只谓"弱冠乡试进士,考功郎沈佺期尤所激扬,一举高第",也未明确是哪一年。对此,《顾著》列举傅璇琮先生在《唐代诗人考略·张九龄》文中据《徐碑》中的"弱冠"二字加以推测:"应为武后神功元年(697)。"傅文同时还列举出了以下两种较有影响的说法。一是宋人晁公武《郡斋读书志》卷四载:"张九龄,曲江人,长安二年进士。"按:长安二年为公元702年,这年张九龄25岁,从此说者颇众。清人徐松《登科记考》、温汝适《张曲江年谱》从之,《何谱》《杨谱》和张明非《张九龄生平事迹考辨》等亦从之。二是把张九龄的进士登第年定为武后至中宗景龙年间者亦有之,如马茂元《唐诗选》与刘大杰《中国文学发展史》(修订本,第二册)以及《李谱》,都说九龄是景龙初进士,《唐诗选注》说九龄是中宗景龙年间进士。傅璇琮按:'景龙(年)为707—710年,即以景龙元年计,张九龄也已30岁,与徐碑、晁志所载均相距太远,此说不知何据,恐不足信。'"然《顾著》研究认为:"'景龙'说原出《曲江集》本传(《四部备要·曲江集》),清人温汝适已有质疑(温汝适《张曲江年谱》,清嘉庆二十一年自序刊本《曲江集》附)。……'长安二年说'和'景龙元年说',并不矛盾,且后一说亦不能否定前一说。因为,从现有的史料来看,张九龄确实是先后两次试进士。考辨这一问题的关键,一是要对《徐碑》所载的相关事语作仔细地梳通和全面的理解;二是要弄清楚长安二年(702)进士试中所引发的一场风波和其后的一桩狱案。试述如次:《徐碑》载:'(九龄)弱冠乡试进士,考功郎沈佺期尤所激扬,一举高第。时有下等,谤议(使)上闻。中书令李公，当代词宗。诏令重试，再拔其萃，擢秘书省校书郎。'这就是九龄从试进士到初授官过程的主要事迹，已有的许多争辩大都据此引发。愚以为'弱冠乡试进士，考功郎沈佺期尤所激扬，一举高第'，这是指张九龄于长安二年（702）经过州、县两级进士科考试合格后，第一次作为'乡贡'被送到京都应尚书省试时，受到了主持考试的吏部考功员外郎沈佺期的赏识而进士及第的。"① 笔者认为《顾著》《顾谱》之说颇有说服力，可成定论。

二是关于张九龄与沈佺期"考功受贿"案的关系问题：《顾著》说："张九龄中进士举，'同榜登第的还有东海郯人徐秀等二十一人'（徐松《登科记考》卷四）。若依《李谱》所云，那就意味着沈佺期这次知贡举，和对张九龄等人的赏识和擢拔是在岭南广州，而不是在京都了。这显然是讲不通的。事实是，直到神龙元年（705），沈佺期因附会张昌宗才被流放岭南驩州的（参见傅璇琮《唐才子传校笺》第一册'沈佺期'条）。此前，沈佺期一直在朝中供职，并无'知南选'之任，此其一；其二，由于长安二年沈佺期所主持的这次考试，如《徐碑》云：'时有下等，谤议上闻'，即落第者对这次考试有非议，并告到了朝廷。经查后，朝廷处理的结果是'诏令重试'，并委派中书令、当代词宗李峤主试。这里就有一个较长的时间过程了。依《徐碑》所记，再核诸其他史料，沈佺期确曾因'受贿入狱'，时间是在长安四年（704）前后（参见傅璇琮《唐才子传校笺》第一册'沈佺期'条）。近人何格恩《张曲江诗文事迹编年考》云：'沈佺期之遭浮议下狱，疑亦由于知贡举时受赃。……沈氏之下狱，对于曲江公之登第，亦有影响也"。②《顾著》对于历来关于张九龄何时中举的争论做出了调和性的研究，结论可通。张九龄

---

① 顾建国：《张九龄研究》，中华书局2008年版，第41页；顾建国：《张九龄年谱》，中国社会科学出版社2005年版，第26—28页。

② 顾建国：《张九龄研究》，第41—42页。

于长安二年中举事之争议由此可以消弭。

按照《顾著》所说，沈佺期科举"受赇"案确曾发生，并且影响到了包括张九龄在内的参考士子，后经李峤"重试"才得以入仕。《顾著》并未深研所谓"受赇"的性质，或者说并未深入研究发生于当时的事件的真相，做出细致认真的研究，即做出肯定性结论，是不够严谨的。如果"考功受赇"是指沈佺期主持的长安二年的科举考试，且因为"谤议上闻"而被武则天"诏令重试"，也就是案件已发，那么，此后的一两年时间内，沈佺期何以还官升数级，从一个从六品上的考功员外郎经从五品上的考功郎中、再升至正五品上的给事中？这中间疑问多多，未经深入研究，不便做出确定的结论。

三是关于张九龄"诏令重试"问题。《徐碑》载："（九龄）一举高第，时有下等，谤议上闻。中书令李公，当代词宗。诏令重试，再拔其萃，擢秘书省校书郎"，因为著之于墓碑，而作者又是唐人徐浩，重试之说，即成定论。但考《徐碑》，语义含糊，多事杂糅，易成误导。对此，《顾谱》《顾著》均有考证。《顾谱》认为："沈佺期受赇案对此次参加科举的士人来说，这种影响，余以为无非以下两个方面：一是考试结果被废，所有登第者的名籍都被取消了；二是已登第者暂不允许参加吏部试，不予授官录用。而此事一拖就是五年。因为李峤于神龙二年（706）七月始为中书令，亦即距离沈佺期主持那次考试之后的第五年，张九龄才得以参加李峤所主持的'重试'，并第二次中进士。然据徐松《登科记考》卷四载：'神龙元年，进士六十一人，重试及第十二人。……神龙二年，进士三十二人：姚仲豫、薛令之、赵冬曦、赵安定。知贡举：赵彦昭……神龙三年，材堪经邦科：张九龄、康元瑰。'是知'重试'一事确曾有过，但应在李峤任中书令之前；又知神龙二年知贡举者为赵彦昭，而未言及李峤，九龄亦未列入当年进士名下。凡此皆与《徐碑》所云稍异，姑存疑待考。另可参本谱神龙三年（707）、长安二年

（702）进士及第，现各家均无异词。"《熊传》则云："关于张九龄中举未入仕的原因问题：张九龄是否进士科重试及第，这是一个历史疑案。就现有的材料而言，要做出肯定的判断是困难的，因此只能存疑。如果是参加了重试，就应是神龙元年（705）重试及第者十二人之一。及第之后，又于神龙三年（707）参加了材堪经邦科的考试。"《顾著》用心颇深，用力颇勤，考据亦称认真，但由于未对李峤主持"重试"的真实原因和性质探幽发微，所得出结论，仍有大可疑之处；而《熊传》则较为谨慎。除此之外其他各家对于沈佺期"受赇"案均依据传统说法，并无新的发明。可见对于沈佺期"受赇"、"谤议上闻"案的真相和李峤的"重试"，均尚需进一步深入、全面研究。

对此，笔者本人亦曾研究，提出新说，本书中可见，有兴趣者可以参考。

四是关于张九龄对入仕授校书郎的态度问题。《熊传》云："张九龄虽然与康元瑰等材堪经邦科中举，但他却怎么也高兴不起来。为什么呢？因为他应的是材堪经邦科的考试。'材堪经邦'，用现在的话说，就是才能能够胜任经邦济世。但是当政者并没有因他有经邦济世之才，就马上授给他施展这种才能的相应官职；恰恰相反，现在吏部让他担任的却是一个普通科目均可授予的闲官——征仕郎行秘省校书郎的职务。征仕郎正八品下阶，这是张九龄此时的散阶；秘书省校书郎正九品上阶，是他的职事，即在秘书省上班，任校书郎职务。这使他大失所望。此时，因张九龄的散阶比他的职事官阶高，所以在职事官之上加一'行'字。唐代制度，散阶比职事官阶高，称'行'，散阶比职事官阶低，称'守'，职事高者解散官，欠一阶不至为'兼'。张九龄对朝廷授给他的校书郎这个职务是很不满意的。他在文章中曾说他自己'误登射策之科，忝职藏书之阁'（《与李让侍御书》）。"《熊传》分析说："他为什么对这个职务不满意？看一下这个时期他写的一首《赠澧阳韦明府》诗便知。他在诗中对他的朋友澧阳县令韦某说：'君有百炼刃，堪断七重犀。谁开太阿匣，持割武城鸡。竟与尚书佩，还应天子提。何时遇操宰，当使玉如泥。'"《熊传》说："这虽然是一首送给朋友的赠诗，但很明显，在此他是借他人的酒杯，浇自己胸中的块垒。"①

《熊传》在这里提出一个新的推测：张九龄对入仕仅授校书郎不满意。原因是授职太低，不合"材勘经邦"的预期。如何才能满意呢？是要授予与制科题目相应的"材勘经邦"的高官、在宰相衙门中上班才能满意吗？熊先生未曾说明，但推测起来即是如此。这实在是一个误解。须知"材勘经邦"作为科举之一科，其目的是选拔有志于安邦治国的人才苗子加以储备、培养，并非是要把与安邦治国相对应的高级岗位拿出来加以遴选。且不说唐代科举入仕所授职务一般就是从九品下或者从九品上的职务，张九龄得授的正九品上的校书郎已经是很高的职务了。校书郎这种清要之职，未来发展空间很大，是实实在在的"美职"，张九龄不可能有什么不满；作为一个已入仕途的校书郎，他也不可能不知道如此授职已是特恩。他不可能狂妄到希望授予与"材勘经邦"相应的高官。因此，《熊传》的推测没有任何依据，也与当时制度不合，既不合制，也不合情理。实在厚诬古人，很不可取！

（四）关于张九龄开凿大庾岭路的时间问题

开凿大庾岭新路，是张九龄生平经历中一件功在当代、利在千秋的大事，也是我国交通史、商品流通史、文化交流史、国家统一史、民族融合史上的一件大事，历来为人称道，尤其为粤人或入粤人士所称道，也是张九龄研究的一个十分重要的课题。凡为张九龄

---

① 熊飞：《张九龄大传》，暨南大学出版社2013年版，第27页。

写传、编谱者，均作为大事书写。按：此事不见于张九龄碑传，《新唐书·地理志》仅附记中言明此路是张九龄所开。可见在古人对其重大意义的认识远远不足。这也十分正常，许多影响后代、对历史发展也做出巨大贡献的事件蕴含的深远意义，并不是当时人所能完全认识的。张九龄开凿大庾岭新路事件亦是如此。可以预言，随着历史的推移和时代的发展，这一意义的内涵，将不断得到丰富和拓展。

一是关于大庾岭路开凿时间问题。各家均依据张九龄《开凿大庾岭路序》所记，确认张九龄开大庾岭路的时间为开元四年（716）。据《杨谱》，开元四年"十一月，开大庾岭路，有序。本集卷十七开凿大庾岭路序：'开元四载冬十有一月，俾使臣左拾遗内供奉张九龄，饮冰在怀，执艺是度，缘磴道，披灌丛，相其山谷之宜，革其坂险之故。岁已农隙，人斯子来，役匪逾时，成者不日。'徐碑略同。按新书卷四三上地理志云：'大庾岭新路，开元十六年诏张九龄开'，误也。"《王评》说："大庾岭路的……修筑次数，除张九龄在《曲江集》提到'先天二载'有一次，他本人在'开元四载'再'开凿'一次外，《新唐书·地理志》在韶州始兴县条下有一小注：'有大庾岭新路，开元十六年诏张九龄开。'"但《王评》分析说："这里的'六'字，所据是上海古籍出版社1986年12月第一版《二十五史》（缩印本），其中《二十四史》是用（清）乾隆四年武英殿本为底本。这个'六'字，在中华书局1975年出版的《新唐书》作'七'字。这十六年或十七年的一次，因为指明是'诏张九龄开'，这时张九龄任洪州刺史，不见有这样的记载，似是《新唐书》的误记或误刻。"①

《顾谱》言："《徐碑》云：'始兴北岭，峭险巉绝，大庾南谷，坦

---

① 王镝非、黄志辉：《张九龄评传》"后记"，珠海出版社2008年版，第152—153页。

然平易。公乃献状，诏委开通。曾不浃时，行可方轨。'又，《曲江集》卷十七《开凿大庾岭路序》云：'开元四载冬十有一月，俾使臣左拾遗内供奉张九龄，饮冰载怀，执艺是度，缘登道，披灌丛，相其山谷之宜，革其坂险之故。岁已农隙，人斯子来，役匪逾时，成者不日，则已坦坦而方五轨，阗阗而走四通'。按：《新唐书》卷四三《地理志》云：'大庾新路，开元十六年诏张九龄开。'《何考》、《杨谱》皆已注意到此与序不合，疑有误。又，《何考》引作'开元十七年诏张九龄开'，乃笔误也。明人邱濬《唐丞相张献公开大庾岭碑阴记》云：'兹路既开，然后五岭以南之人才出矣，财货通矣。中朝之声教日逮矣，遐陬之风俗日变矣。公之功于是为大。'明人何维柏《重修张文献祠记》：'初，岭路未辟，广人皆取道乐昌、连阳而入水路。行僻山复，层峦绝壁，鸟道巉嵘，行者病之。……公之治岭，犹禹之治水也。因势利导，不自为能。昔人睹河洛曰：'微禹，吾其鱼乎！'至今岭路之行，思公之功而不忘者，以公之利民远也"。[1] 各家均依据张九龄《开凿大庾岭路序》的记载，对于大庾岭路开于开元四年均无异说，但对《新唐书》又记此路开于开元十六年或十七年的说法未作细究。

二是《开凿大庾岭路序》的写作时间与张九龄所开的是哪段道路和开路的标准的问题。据《熊注》，张九龄于开元四年"回乡后，曾就开凿大庾岭南路的技术性问题陈述自己的意见。十一月，诏其以左拾遗内供奉身份出使韶州，总督斯役。《徐碑》：'迁左拾遗，封章直言，不协时宰。方属辞病，拂衣告归……始兴北岭峭险巉绝，大庾岭南谷，坦然平易。公乃献状，诏委开通。曾不浃时，行可方轨。特拜左补阙。'《开凿大庾岭路序》：'开元四载冬十又一月，俾使臣左拾遗内供奉张九龄饮冰载怀，执艺是度'（集卷十七）。此事

---

[1] 《广东丛书》第一集，温汝适：《曲江集考证》卷下；顾建国：《张九龄年谱》，中国社会科学出版社2005年版，第78—79页。

不见两传。约开元五年中，督修大庾岭南路奏捷。是文应写于开元五年后。序后有给事中苏诜所撰铭一则。开元七年卒于徐州刺史任。其由给事中出为徐州刺史必在此前。《何考》系此文开元四年，移系开元六年。《新志》七上'岭南道·韶州：'始兴：下，有大庾岭新路，开元十六（中华本作十七）年，诏张九龄开。'这则记载毫无疑问是错误的。"①其他各家也都认为，《新唐书·地理志》记张九龄开大庾岭路的时间为"开元十六年"或"开元十七年"是错误的，有张九龄《开凿大庾岭路序》为证，当然没有问题。但也均未指出其致误之由。

《熊传》涉及张九龄所修为"大庾岭南路"的问题，这个问题有深究之必要。大庾岭路确有南路（广东段）和北路（江西段）之分，且以大庾岭上峰顶为界。但张九龄序文中却看不出他所开凿的大庾岭路仅是熊先生所谓"南路"一段，或"大庾岭南路"来。研究涉及此事所有材料，可以看出，大庾岭南路之说，可能就来源于徐浩的《唐故金紫光禄大夫中书令集贤院学士知院事修国史尚书右丞相荆州大都督府长史赠大都督上柱国始兴开国伯文献张公碑铭》，即所谓的《徐碑》。《徐碑》原文是"始兴北岭，峭险巉绝，大庾岭南谷，坦然平易。公乃献状，诏委开通"。请注意，《徐碑》说的是"始兴北岭，峭险巉绝"，而"大庾岭南谷，坦然平易"，既然南谷"坦然平易"，还有何必要再劳张九龄去开凿？还需注意，文中使用的是"南谷"的说法，也未说张九龄所开为"大庾岭南路"。当然"南路"之说，非创于熊飞先生。明代知府谭大初《嘉靖南雄府志》就说："南路广一丈三尺，长三百二十五丈。北路广八尺，长一百九丈。"可见那时就有南北路之说了。清人顾祖禹《读史方舆纪要》第八册"江西一"说有不同："宋嘉祐八年蔡挺详刑江西，弟抗漕广

---

① 熊飞：《张九龄集校注》下册，中华书局2008年版，第892页。

东，乃商度工用，陶土为甓，各甃其境。北路广八尺，长一百零九丈；南路广一丈二尺，长三百一十有五丈。"①也有南路之说。但谭大初身为南雄府知府，所修的《嘉靖南雄府志》自然记南雄府辖区之事，而大庾岭头即是南北分界，因此，谭大初《嘉靖南雄府志》称南路是合适的，而顾祖禹则南北两路简而言之。但亦不能由此证明张九龄所开的大庾岭路即为南路，或者只是开凿了大庾岭南面的道路。因此，说张九龄所开仅为大庾岭南路的说法是不可信的。

具体到张九龄开凿的性质和标准问题，如属于另开新路还是扩建旧路；以及具体是开凿哪一段、又是何种标准的问题，也有不同的认识。袁钟仁说是"扩建"，《论文集》所收他的论文的题目就是《张九龄扩建大庾岭路的贡献》；②王若枫则说是"新建"，具体指出：张九龄是在"千里连峰匝，迂回出万寻"的大庾岭的高险处凿岭劈路的。正如他在《开凿大庾岭路序》中所说：新路"则已坦坦而方五轨，阗阗而走四通，转输以之化劳，高深为之失险"。至于标准也就是道路的宽度问题，王若枫分析说："古时一轨行一车，一车二马，五轨则十马并行，路已十分宽阔，大不同于原旧路的那种'以载则曾不容轨，以运则负之以背'的艰难交通状况。"关于开凿大庾岭路的控制性工程何在问题，王若枫云："重修的大庾新路，最艰巨的工程是广东界内的由岭端到岭脚的一段，虽只有短短的十多里路，但是，它如同一条巨大的陆路桥梁，把浈水和赣江连接起来，沟通了长江和珠江两大水系，使南北交通畅通，创造了我国交通史上一大奇迹。"③联系其他资料，尤其是后来不少地方志书，均称为"新路"，笔者以为，新建之说略胜，但亦需细化。至于张九龄所开凿

---

① 顾祖禹：《读史方舆纪要》第八册，中华书局 2005 年版，第 3888 页。
② 袁钟仁：《张九龄扩建大庾岭路的贡献》，巫育明主编：《张九龄学术研究论文集》上册，珠海出版社 2009 年版，第 443 页。
③ 王若枫：《开凿大庾岭新路的政治文化意义》，《张九龄学术研究论文集》上册，第 448—449 页。

的大庾岭路的宽度如何、最艰巨的工程何在等问题,恐有误,尚需探讨。

三是《开凿大庾岭路序》的真实内涵问题。该序说到的开元四年奉诏修路的问题,向无异议。然《熊传》别出心裁,在"先天二年"一语中做文章云:"通常以张九龄为开大庾岭南路的建言者和主持施工者,实际情形恐非如此"。熊飞在《张九龄集校注》中说:"通常以张九龄为开凿大庾岭南路的建言者和主持施工者,实际情形恐非如此。从九龄这篇序文看,大庾岭南路的开凿早在'先天二载,龙集癸丑,我皇帝御宇之明年'即已开始,但工程进展缓慢。始建议开凿南路者,已不可考。九龄献状,应是就工程的具体施工等技术性问题提出了自己的意见,所以,玄宗才让他以左拾遗内供奉的身份出使韶州,负责这项工程的具体施工。"[1]这涉及对张九龄序文中"先天二年"等文字的理解问题。在熊先生看来,所谓"先天二年"就是大庾岭路开凿的时间,认定张九龄"献状"是为改变"工程进展缓慢"情况提出建议,由此得到了"出使韶州,负责这项工程的具体施工"的差使,但张九龄《序》中文字确实不能推导出大庾岭路的开凿已于"先天二年"开工的说法,更不能推测出有一个"始建议开凿南路者"来。当然熊飞此说并非首创,王镝非等在《张九龄评传》中说:"关于大庾岭路的施工作业和修筑次数问题……除张九龄在《曲江集》提到的'先天二载'有一次,他本人'开元四载'再'开凿'一次外"[2],等等,是认为大庾岭路"先天二年"曾开凿过一次。显然这也是对张九龄《开凿大庾岭路序》中"先天二年,龙集癸丑,我皇帝御宇之明年"句意的误读所致。

关于开凿大庾岭新路的意义问题,《论文集》收录叶显恩《大

---

[1] 熊飞:《张九龄集校注》下册,中华书局2008年版,第891—892页。
[2] 王镝非、黄志辉:《张九龄评传》,珠海出版社2008年版,第152页。

庾岭道的开凿与广东贸易》(以下称《叶文》)①、袁钟仁《张九龄扩建大庾岭路的贡献》(以下称《袁文》)②、王若枫《开凿大庾岭新路的政治文化意义》(以下称《王文》)③、庄子圣、庄礼味《论张九龄开凿梅岭新路的功绩》④(以下称《庄文》)等五篇论文,从多角度多方面研究张九龄开凿大庾岭路的意义和贡献,开拓了视野,可以参考。《王文》从大庾岭新路开通后,中原王朝政令畅通、人口向岭南流动、加速民族融合、语言文化的相互影响等论证其政治、文化意义;《叶文》《庄文》则分别从物流流通、海外贸易、海上丝绸之路方面来考察大庾岭新路的价值和意义。均可参考。

(五)关于张九龄任职洪州、荆州任职的研究情况

张九龄在地方任职,莅任的地区是洪州、桂州、荆州。在这些地方任职的时间不同,原因不同,但他都尽心职事,勤于职守,留下了政绩和传说佳话,为后人所景仰。但具体研究他在三州任职的政绩的文章不多。此期的研究,尤其是纪念张九龄诞辰1330周年学术研讨会上就有一些文章开始对张九龄洪州和荆州任职时的交游、履职情况和他心理的变化进行研究,拓展了研究视野,值得重视。但关于张九龄在桂州的任职情况,则未见有论文研究。

一是关于洪州任职的情况研究。陈松柏有《张九龄贬谪洪州心态研究》一文,探究张九龄因受张说牵连贬任洪州刺史时的复杂心态。从"无辜牵连的怨怼""焦虑中寄寓着东山再起的期待""人格

---

① 叶显恩:《大庾岭道的开凿与广东贸易》,巫育明主编:《张九龄学术研究论文集》上册,珠海出版社2009年版,第437页。
② 袁钟仁:《张九龄扩建大庾岭路的贡献》,《张九龄学术研究论文集》上册,第442—443页。
③ 王若枫:《开凿大庾岭新路的政治文化意义》,《张九龄学术研究论文集》上册,第448页。
④ 庄子圣、庄礼味:《论张九龄开凿梅岭新路的功绩》,《张九龄学术研究论文集》上册,第453页。

能力的自信""对怀才不遇人才的痛惜"①等四个方面，研究张九龄当时复杂的心态和思想情怀。这次会议上还有一篇论文集中研究张九龄洪州的情况。这就是张启宇《以民为本勤政报国》（以下称《张文》）。张启宇说："《南昌府志》上的记载，对张九龄的评价虽然很高，但对他在南昌的政绩仅'有治声'三个字，记述过于简略。'有治声'，说明他勤于郡政；'不才叨过举，唯力酬明恩'，'行复徇孤迹，亦云吾道存。'说明他干得比他人好，声誉遍于街巷。他不仅在治所的豫章县（今南昌县，包括进贤、新建二县）巡察，他的足迹遍及所属十余县。他的行迹虽不见方志记载，但他的《自豫章南还江上作》《西江夜行》《巡属县道中作》《彭蠡湖上》《自彭蠡湖初入江》《岁初巡属县登高安南楼言怀》《湖口望庐山瀑布》《出为豫章郡途次庐山东岩下》等诗，都是很好的证明。"②《张文》还依据江西地方文献记载，分四个方面阐述张九龄在南昌的事迹：一、进城隍庙祭神祈晴；二是给徐孺子立碣；三是登西郊风雨山祷雨；四是向玄宗进献白鹿，并分别进行评述，惜乎对于张九龄这些行为所隐含的现实意义较少分析。

二是关于荆州任职的情况研究。荆州任职是张九龄人生中的最后一个职务，也是被朝廷贬谪后的职务。在荆州任职期间张九龄早就过了意气风发的年代，而是进入宦海沉浮、饱经忧患的晚年。研究张九龄这个时期的经历、思想和精神状态，对于全面认识张九龄和他的文化特点，具有重要意义。

纪念张九龄诞辰1330周年学术研讨会上出现的关于张九龄荆州时期研究的论文共三篇。即张世春《张九龄在荆州的心理异化》

---

① 陈松柏：《张九龄贬谪洪州心态研究》，巫育明主编：《张九龄学术研究论文集》上册，珠海出版社2009年版，第363—365页。

② 张启宇：《以民为本勤政报国》，《张九龄学术研究论文集》上册，第365页。

（以下称《张文》）①、谢葵《曲江楼考》（以下称《谢文》）②、陈礼荣《张九龄的荆州岁月》（以下称《陈文》）③。

《张文》：该文从"谪贬南都因毁得誉""耿耿朝政心存忧愤""素节野逸飞翼思林"三个方面研究张九龄贬谪荆州期间的心理变化和人生态度以及毁誉得失，尤其以对于张九龄与屈原的关系的研究给人启发。文中说：

> "所谓地利，是他在荆州遇到了屈原。这便是《感遇》之'遇'。屈原生于楚都，与楚王入则图议政事，出则监察群下。同列大夫上官、靳尚妒害其能，共谗毁之。这和张九龄与牛李二相及唐王之间的关系惊人一致。楚都郢即今之纪南城，离荆州城即唐荆州长史公署所在之江陵府城，相去不足十里。纪南城是当时张九龄往返长安与荆州治所的必经之路。想必，九龄公对屈原所'哀'之'郢'是会浮想联翩的。同时，从孟浩然《从张丞相游纪南城猎戏赠裴迪张参军》诗文看，张九龄曾常到纪南城围猎，发思古之悠情。张九龄会猎郢都，睹物思人，一定会'知遇'屈原，有感而发。张九龄心中有屈原，所以，他在《感遇》诗中得心应手地借用了美人、兰叶、桂华、丹橘等词汇，以寄托其忧谗畏讥的政治感慨。他用这些词汇比兴，无疑是受到了屈原的巨大影响。屈原是中国诗歌史上三大高峰，即诗经、楚辞、唐诗中第二大高峰的巅峰。屈原承上启下前后两座高峰，对唐诗的繁荣起了巨大推动作用。无疑，屈原是所有爱国诗人都不可以忘记的人。李白说'屈平词赋悬日月，楚王台榭空山丘'；倍受张九龄关怀的诗人钱起也说'风流无屈

---

① 张世春：《张九龄在荆州的心理异化》，巫育明主编：《张九龄学术研究论文集》上册，珠海出版社2009年版，第373页。
② 谢葵：《曲江楼考》，《张九龄学术研究论文集》上册，第380页。
③ 陈礼荣：《张九龄的荆州岁月》，《张九龄学术研究论文集》上册，第387页。

宋，空咏古荆州'。因此看来，张九龄没有忘记屈原。他从遭遇、创作、品质乃至灵魂上都与屈原相通。正因为张九龄的诗作渗透了屈原的灵性，所以他的《感遇》才能成为他众多诗作中的翘楚。"

《张文》还说：张九龄与屈原都是"'经冬犹绿林'、'可以荐嘉客'（《感遇》）的丹橘。可是，这样的'丹橘'因为'平生去外饰，直道如不羁'（《在郡秋怀二首》）而人缘不好。即使他们有'嘉客''美人'喜爱，也会倍受嫉妒而'阻重深'（《感遇》）。司马迁说，那些受害的圣贤们，大抵'皆意有所郁结，不得通其才'。"

《张文》认为张九龄和屈原都是这样的不得通其才的贤者。笔者认为这些论述是很有启迪意义的。大家都承认张九龄诗歌受屈原的影响，体现了《楚辞》精神，但是把这种精神的来源与屈原重要的活动区域——楚国的都城联系起来，使张九龄与屈原的精神联系更加紧密，更有说服力，也更加准确。

《曲江楼考》也是一篇颇能给人启迪的文章。虽题为对荆州"曲江楼"的考证，但内容结合张九龄诗文，又引出张九龄家族后裔、理学大师张栻出守荆州时建曲江楼、邀请大儒朱熹作《曲江楼记》的史实，披露记文的全部内容，有益于张九龄研究的拓展，提出了张九龄研究的一个重要的课题，值得赞赏。

《张九龄的荆州岁月》分为"天下承平置闲空衙的荆州长史""受馋蒙羞远离庙堂的江湖诗人""咀嚼苦楚文史自娱的荆州岁月"三个部分，介绍了张九龄被贬谪荆州的心理和精神状况，值得参考。唐代荆州设立都督府，以亲王遥领，长史实际上是一个实实在在的地方最高行政长官。此时的张九龄虽属贬谪身份，但也不得不认真履职，他的事务也应该是较多、责任也是比较重的吧？既然如此，张九龄当时是否就是"置闲空衙"，还需研究。

（六）张九龄与《唐六典》的署名问题

王镝非、黄志辉《张九龄评传》（以下称《王传》）说："在张九龄的生平事迹中，还有几个尚未弄清或常有误解的问题，需要认真研究。一是《唐六典》的著作权问题。20世纪八九十年代出版的《史籍概论》之类的大部头著作，竟有说是'李林甫等奉敕编纂'的，以讹传讹之处更多。翻一翻《新唐书》艺文志、《直斋书录解题》和《四库全书总目》等比较可信的著作，就知道不是么回事。过细地考证这部近30万字的职官大典的编撰过程，原来是由唐玄宗亲自写下'理'（即治）、'教'、'礼'、'政'、'刑'、'事'六典，确定体例，令编者以类相从，撰录以进；而后从开元十年起，历经陆坚、张说（先后委徐坚与毋煚、余钦、咸廙业、孙季良、韦述）、萧嵩（增聘刘郑兰、萧晟、卢若虚）、张九龄（增聘陆善经）、李林甫（增委苑咸）为主修，正文与注文（约占全书三分之一）同时编辑。据《唐会要》记载：开元二十三年书成，当时张九龄尚在相位。后开元二十七年注成，李林甫'独上'。曾同修国史，后又同知枢密院事、参知政事的陈骙，他在《南宋馆阁录》似是要为李林甫开脱，把李林甫这种做法叫做'经进不经修'，不过是以政治权力谋取著作权罢了"。① 对此，王鸣盛在《十七史商榷》考证说："杜佑《通典》第十九卷《职官门·官制总序》历说上古至唐制，而终之云：'至开元二十五年，刊定职次，著为格令。'注云：'此格皆武德、贞观之旧制，永徽初，已详定之，至开元二十五年再删定焉。'据此，则《通典》全以开元二十五年为定矣。而《旧志》于兵部郎中一条云'凡天下节度使有八'，此开元制也，至至德，则天下节度凡三十有五，岂八乎？而永泰不待言矣。然则《旧志》虽言据永

---

① 王镝非、黄志辉：《张九龄评传》，珠海出版社2008年版，第152页。

泰，其实仍据开元，盖开元所改，至德至永泰十年之间尽复其旧，所复者官名耳，而禄秩、体制、职掌仍依开元，何则？《唐会要》称开元二十七年二月，中书令张九龄等撰《六典》三十卷成，上之。竹垞朱氏谓开元十年始有事，修是书，历陆坚、张说、徐坚、萧嵩、韦述、张九龄、陆善经、李林甫、苑咸之手而成，今《六典》卷首列李林甫等注上，而九龄已以二十四年罢知政事，则进书之日似九龄久去官矣。但程大昌《雍录》谓书成于九龄为相之日，进御当在二十四年，林甫注成或在二十七年，其说良是。竹垞之言如此。观《旧·官志》及《通典》所据者开元二十五年，愈见程说之确，玄宗改易，虽见侈心，而官制之明备，莫过于九龄之《六典》，《通典》本之，《旧书》亦本之，则知其均据开元也。《新志》虽不言其所据何时，要《新·官志》皆本《六典》、《通典》则必亦以开元为据。"[1]王镝非等此说可能是为张九龄争著作权。但是，既然《唐六典》成于众手，历经多年，多人参与撰著，其著作权亦必不只属张九龄。其实，按照当时制度，宰相奉敕修书，又由其领衔上奏书成，乃是常事，是符合制度和常例的。连张九龄也未必在意，今人又何必耿耿于怀呢！

关于这个问题，点校《唐六典》的陈仲夫为该书所写的《唐六典简介》一文的说得比较明白："《唐六典》三十卷，提名御撰，李林甫等奉敕注。开元十年（722）中书舍人陆坚被旨修六典，唐玄宗李隆基手写白麻纸凡六条，曰理典、教典、礼典、政典、刑典、事典，令以类相从，撰录以进。这便是六典一书之所以兴修、命名和题作'御撰'的由来。事实上，它是经过十几年间前前后后众多集贤院学士如毋熲、余钦、咸廙业、孙季良、韦述、陆善经、苑咸等人的不懈努力，由宰相兼学士知院事者领衔主修，历经张说、萧嵩、

---

[1] 王鸣盛：《十七史商榷》卷八十一，"新旧唐书十三"，凤凰出版社2008年版。

张九龄，至李林甫知院事任内，于开元二十七年（739）始全部撰成进上的，所以称'李林甫等奉敕注'。"①陈仲夫《唐六典简介》文中还有值得注意之处。文中说："《六典》于唐代已有传写本。且曾远传至日本，惜均早已湮没无闻。北宋曾巩在馆阁时尝见此书，'其前有序，明皇自撰意，而其篇首皆曰御撰，李林甫注'；后曾氏又得一不全本。'其前所载序同，然其篇首不言御撰，其第四一篇则曰集贤院学士知院事中书令修国史上柱国实行县开国子臣张等奉敕撰'。（见《南丰类稿》卷三十四《乞赐〈唐六典状〉》）"②这种署名是一个新的发现。或可能就是张九龄上书署名之原状。至于是否确实如此，尚待深入研究。但无论如何，《唐六典》一书成于众手，总其事者先有张说，继有张九龄，至李林甫为相时书成上奏。所以"李林甫等奉敕注"之署名还是比较能体现该书编撰的真实情况的。

（七）张九龄官场和诗文交游人物考证问题

人是社会动物。人的交游是人生十分重要的社交活动；对于政治人物来说，其交往亦属政治活动，具有政治属性。一般而言，志趣相投者才能形成比较紧密的交游圈子。交游圈子的人们往往既相互影响又相互提携。因此研究一个具体人物的交游圈子，可以更好地认识和了解这个人物的生平经历志趣爱好。当然，具体人物的交游群体中，还有一种情况，就是有些交往的人并非朋友关系，也非志趣相投，而是由于工作方面的原因，不能不交往、不能不应酬、不能不互动。但这类交往应酬互动，也会对于人物产生这样那样的影响，有些影响还是十分重大的。比如，张九龄和李林甫的关系就是如此。这时期研究张九龄的交游圈子中的人物，一般编写年谱和传记作者都不可避免地有所涉及。笔者认为《顾谱》《顾著》和《熊

---

① 陈仲夫校点：《唐六典》，中华书局1992年版，第1、3页。
② 同上。

谱》《熊传》《熊注》等所做贡献较大。现择其要者予以介绍。

一是与士人、同僚的交往。《顾谱》的大量注释中，已有大量张九龄所涉人物考证文字。如《顾谱》在"开元八年"中的注释，就涉及对刘庭琦、韦司马、蔡孚、韩朝宗、贺知章等人的考证。且考据翔实可信。现举其注释［3］为例：

"《曲江集》卷十七有《韦司马别业集序》一篇。序云：'杜城南曲，斯近郊之美者也。背原面川，前峙太一，清渠修一；左道宜春，山霭下连，溪气中绝，此皆郧公之有也，余固已闻之。……韦公拭席见待，……均林栖于服冕，齐鼎食于荣枯，彼未可量。吾见其大，迹继前轨，将为龙以为光。'按：由序中所提及的'杜曲''郧公之有也''韦公拭席见待'等句细绎，余以为此'韦公'当是韦澥。'韦司马别业'，乃韦澥之父'故韶州司马韦府君'所遗留之家业。开元六年韦司马卒后，归葬杜曲少陵原，其墓志便是九龄应韦澥之请而撰。详考见本谱开元六年注［8］韦、张结识既有年，故此序中提及韦氏别业，有'余固已闻之'之语。此次故人造访，韦公自当'拭席见待'也。序又云：'开元岁夏四月，猥忝散职，居多放情。……乃与起居舍人蔡公，万年主簿韩公，惠而得朋，欣然命驾。'《何考》云：'起居舍人蔡公疑为蔡孚。《玉海》卷二十九云："开元八年亲制春雪诗春望台一章二十八句。起居舍人蔡孚奏：所制气雄词美，德音相属，请示百僚，编国史，"'。按：又见《册府元龟》卷四〇。《何考》又云：'万年主簿韩公疑为韩朝宗。'《旧唐书》卷九十九张嘉贞传云：'初嘉贞作相，荐万年主簿韩朝宗，擢为监察御史。'查《旧唐书》卷八玄宗纪：'正月己卯（按：《通鉴》卷二百十二作"辛巳"）……并州都督长史张嘉贞为中书侍郎并同中书门下平章事。'韩朝宗之擢监察御史，疑在本年四月以后；在四月以前仍为万年主簿。曲江公之改司勋员外郎在本年四月八日（按：为四月七日），在四月八日（同上按）以前仍为礼部员外郎。大抵礼部员外之职务比较清闲，故曰：'猥忝散职，居多放情，也。若司勋则为剧曹，不可言散职矣。'姑从《何考》，系序于是年四月七日九龄转任前作。"[1]

《顾谱》此类考证文字即借鉴前人成果，又有自己的补正，结论更加准确，实在难得！

《顾著》自述说："通过对60余名与九龄有诗文唱和关系的人物的考察与考证发现，张九龄的文学交游，上及"文章四友"、"沈宋"、"吴中四士"和"燕许"二公等著名文人，下携王维、孟浩然、綦毋潜、卢象、韦陟、钱起、皇甫冉、王昌龄、李泌等后起之秀，平日所交亦多文儒逸士。"[2] 其功夫不可谓不深，值得赞赏。

而《熊注》因注释需要，不能不对张九龄诗文、生平中涉及的人物进行研究和考证，所涉人物很多。没有深厚功力，不下艰苦功夫是不可能完成的。《熊传》中也有诸多对张九龄交往交游的考证性文字，有助于深化对于张九龄及其诗文的认识。

二是与高力士的关系问题。张九龄与高力士的关系问题是张九龄研究中绕不过去的课题，然多年来对此的研究多浅尝辄止，未曾深入。此期学界对于张、高关系的研究有所深入。纪念张九龄诞辰1330年学术研讨会上出现贾志刚《开元名相张九龄与内侍高力士的关系蠡测》（以下称《贾文》）[3]和陈忠烈《张九龄与高力士刍议》（以下称《陈文》）两篇论文[4]较为深入系统的研究了张、高关系。

《贾文》：全文分"北人南迁与南人北仕"和"张九龄与内侍高

---

[1] 顾建国：《张九龄年谱》，中国社会科学出版社2005年版，第98页。
[2] 顾建国：《张九龄研究》，中华书局2008年版，第16页。
[3] 贾志刚：《开元名相张九龄与内侍高力士的关系蠡测》，巫育明主编：《张九龄学术研究论文集》上册，珠海出版社2009年版，第401页。
[4] 陈忠烈：《张九龄与高力士刍议》，《张九龄学术研究论文集》上册，第414—429页。

力士的交往"两大部分。《贾文》在引言中指出:"张九龄与高力士都是唐朝开元年间重要的政治人物,二人共同经历了不少历史事件,但他们之间的关系在文献资料中却鲜有反映,纵观记载张九龄生平事迹的各种资料,均无张九龄与内侍高力士关系的直接记载;同样,遍览高力士的碑志、史传,也无他与宰相张九龄关系的只言片语,甚至是间接资料也并不多见,这给本专题的研究带来很大困难。尽管如此,唐玄宗开元、天宝年间内侍高力士的特殊地位,决定了他与当时重要政治人物之间大都存在着非同一般的关系,即使这种关系得不到现存史料文献的佐证,也决不能否认其客观存在。值得一提的是,张九龄与高力士身世背景中都有岭南地域这一因子,这更让他们之间的关系多了一层乡里之情。"

《贾文》研究岭南冯氏家族和张九龄家族的身世背景,"发现二族存在一定的类似,都有自北迁南的经历,迁居岭南后,都曾在当地担任要职,后来都成为岭南地方大族,而冯氏家族的影响还要更大些。"结合唐朝前期,中央对岭南治理政策的重要变化,文章指出:"唐朝经营岭南的过程中,有意分割豪族势力强大的州府,以南选的方式将岭南官员选拔纳入中央直接控制下,并吸收岭南地区的优秀人士进入唐王朝官僚体系。冯、张两个家族就是在中原政权加强对岭南地区的控制中南迁,并成为新兴地方大族;在唐朝对岭南控制得到巩固后,随着中央对岭南豪族政策的改变,岭南豪族逐渐失去赖以存在的政治基础,张九龄、高力士又是较早北上加入到中原王朝政治核心的岭南人物,这就为张、高二人确立一种特定的地域联系和历史环境,为他们后来的政治交往奠定一定基础。"《贾文》据"《曲江集》所见高力士等诸内侍文书一览表",统计分析结果是:"内侍高力士向张九龄宣示诏旨的有18条,也有内侍尹凤祥的3条,内侍林招隐的2条,中使牛仙童、刘思贤、李仁智的各1条,不知名中使2条,共28条。据《旧唐书》卷184《宦官·高力士传》

记：'玄宗尊重宫闱，中官稍称旨，即授三品将军，门施棨戟，故杨思勖、黎敬仁、林招隐、尹凤祥等，贵宠与力士等。杨则持节讨伐，黎、林则奉使宣传，尹则主书院。'"《贾文》具体分析"文书记录与中使尹凤祥有关的3条都与著（注）书写碑有关，与林招隐、牛仙童、刘思贤、李仁智有关的数条或属宣传诏命、或属一般性咨询慰问。而由高力士宣布的几乎涉及以上各个领域，既有国家大事的庆祝，也有诗句、文章的切磋交流，还有皇帝对大臣的关心体贴。不仅有对全部宰相的诏命赏赐，也有专门对张九龄的慰问特旨，正与史书中张九龄以文雅为帝所重的记载相映证。而张九龄通过高力士等中使带回的这些文书，也是作为宰臣与皇帝同忧国事，共享成功的方式，通过君臣之间的品诗赏文进而起到协调君臣关系，是古代型君权与相权运作研究所不能忽视的重要资料。"这个判断是富有启发意义的。

《贾文》进一步分析认为："文书所记录的领域大体可反映出皇帝与宰相之间的日常交往概况，尤其是内侍高力士不仅在形式上沟通君相决策信息，而且在情感上增进唐玄宗与张九龄交流，为开元年间自由融洽的君臣关系起到重要作用。"《贾文》以玄宗赐张九龄白羽扇事件为例，认为高力士在疏通缓解君相矛盾中发挥了一定的作用。但《贾文》未顾及高力士传旨乃工作行为，非私人交往。传旨次数多，反映的是作为内侍宦官的高力士与唐玄宗之间的亲密关系，而不能准确反映他与张九龄之间的亲密关系。因为由谁替皇帝传旨，并非由高力士决定，而是由皇帝决定的。但通过高力士多次传旨，增加了二人的熟悉程度，为可能的私人交往奠定了感情基础却是可能的。

《贾文》梳理了张九龄与高力士对于唐玄宗任用朔方节度使牛仙客为相、反对玄宗欲改立太子等系列事件中的一致认识以及高力士、张说、张九龄之间的连环关系，来证明张九龄与高力士之间存在着良好的政治互助关系的可能。《贾文》指出:"张说与张九龄有着深厚的友谊,张说与高力士的关系也是至交,某种程度上讲,这种关系有可能为张九龄与高力士的关系提供更多的机缘。能反映张说与高力士交好的史料,不仅有前揭张说替高力士生父冯君衡所写的墓碑、墓志,还有张说为高力士养父高延福所作碑文《唐故高内侍碑》,以及所作《为将军高力士祭父文》等文章,证明张说与内侍高力士之间不仅保持着一种公事上的往来,也有非同寻常的私人交情。因为二人都与张说关系密切,张九龄不仅有可能与高力士来往,也有条件交往。"

《贾文》以张九龄所撰《唐赠庆王友东平吕府君(处贞)碑铭》为依据,分析认为,张九龄与高力士关系之间存在良好关系。碑主吕处贞是高力士妻吕氏的祖父,碑文有"由福履于君子,与嘉会于善人"之语。《贾文》分析:"这是张九龄不可多得的对高力士的直接评价,他所用的'君子'和'善人',实际上语气比较平缓,从中看不到张九龄对高力士的刻意赞颂或过分溢美。我们从张九龄与高力士的关系中看不到承风附会的情况。"他比较说:"当时已经有程伯献恬不知耻地与高力士约为兄弟,更有'宇文融、李林甫、盖嘉运、韦坚、杨慎矜、王鉷、杨国忠、安禄山、安思顺、高仙芝……皆厚结力士,故能踵至将相,自余承风附会不可计,皆得所欲'的情况,也出现幽州节度使张守珪、宰相萧嵩等贿赂中官的实例,当然那些在高力士家宴上扣钟数十的佞悦者,更与张九龄直道而行的大臣风范不可同日而语,但气量识见如张九龄者恐怕也不会让细节影响大局。"《贾文》还认为,安史乱后,"上皇(唐玄宗)思张九龄之先见,为之流涕,遣中使至曲江祭之,厚恤其家"一事中,高力士全部经历了这场变故,并一路随行,他自然也是这个沉痛教训的重要经历者、总结者,认为唐玄宗'厚恤'张九龄家属的诏文"也是唐玄宗在高力士影响下的产物,也无不可。"

至于为何史书中不见张九龄与高力士关系的记载一事,《贾文》分析说:"张九龄是唐朝开元贤相,其直言极谏、为臣不隐的大臣风范得到历代的推崇,人们不忍把这样一位贤哲与阉宦联系到一起,但唐朝开元时期实际形成了皇帝、宰相、宦官特殊的政治格局,宰相在施政中已不能无视内侍的存在,即使如张说、张九龄等胜流贤相亦无法回避。张九龄与高力士因缘际会,都活跃在开元时代的政治舞台上,共同经历了不少事件。据《曲江文集》所保存的这批文书与其他相关材料分析,他们曾有过相当亲密的接触,并且二人在许多问题上有互相影响的地方,甚至达成共识。从很多方面推测,内侍高力士对宰相张九龄的评价相当高。同时,并没有发现张九龄利用接近权阉高力士的机会刻意讨好,而是始终保持着一种互相敬重、若即若离的关系,这种关系也保证了他们在缔造开元盛世的丰功伟绩中各自发挥作用,且相得益彰。"笔者认为此说可取,如果我们看看明代张居正与冯保之间的关系,当能为更好理解张九龄与高力士的关系找到一面镜子。何况在当时,张九龄也并不避讳与高力士的密切关系,《曲江集》中不少与高力士交往的材料就是证明。

《陈文》也着力于张、高关系的研究。他也重视从张九龄《曲江集》中所存玄宗通过高力士向张九龄"宣圣旨""宣奉敕""宣敕令""宣示""宣称"等往还文书内容等间接性文字,探幽发微,研究潜藏于其间的张、高关系的线索。两文以同一角度进入研究,所获结论相同,是重视实证的研究方法,应该肯定。

《陈文》指出,史称高力士为人"与时消息,观其势候,虽至亲爱,临覆败皆不之救,""但是,他为了保护朝中的杰出人才或圈内的政治骨干,有时竟也不惜以身犯险,施以援手。"如多次保护张说,他认为"高力士保住张说,其实也间接为张九龄留下了一个可以转运的活套。""高力士帮助张说洗脱而惠及九龄,使他能够继续施展抱负和才能,成为一代贤相,虽然史无明昭,亦可从中窥见开元朝中的两粤人有某些微妙的关系"。《陈文》研究分析认为张九龄和高力士重大政治立场一致且十分坚定，他说：

"高力士虽然是权倾朝野的内官，但待人处事有很强的政治立场。唐自武则天执政，曾经带来一些新气象，但也引起外家势力膨胀、内廷阴谋政治迭出、唐室积弱、社会长期动荡。景云、开元间，先后诛除韦后、太平公主，挫败宫廷政变阴谋。笼络人才和政治骨干、重组政权核心、重建唐室中央集权、恢复社会稳定，是玄宗当务之急。玄宗登基以后，在倚重宦官高力士的同时，任用了一批如张九龄等杰出的相辅人才，继续革除自武周以来的弊政、重振唐室的朝纲、节制朝臣和藩镇、刷新内政、发展外交、处理民族问题，社会相对稳定，经济有所发展，迎来了'开元盛世'。在当时历史条件下，内官与首辅政治立场是否趋同，施政措置是否协调，是造就'开元盛世'的重要因素。从经过高力士手传口达的这些文表来看，大多有玄宗的'御批'表示赞许，张九龄'常密有陈奏，多见纳用'，可见当时玄宗对张九龄非常信赖，且恩宠有加，赏赐甚厚。此中不能排除张、高之间熟落（注：或应为'络'）的乡情关系起过作用。"

陈忠烈认为："开元朝中张、高之间的非同寻常的关系，主要是基于双方的政治立场和人格"，并从四个方面分析了张高二人在政治上的一致性。一是在共同对抗武惠妃、李林甫策划的"易储"图谋；二是在任李林甫为相事件中的一致性；三是在藩镇坐大的防范上立场相近或者一致；四是在内官和宰相的合作方面都发挥了积极作用。作者强调，"开元朝中两粤人蜚声当时的天下，人皆知粤地北有'曲江'，南出'力士'，有利于改变以前中国地缘政治北方特强、岭南积弱的格局，促进社会的均衡发展。"作者认为："张九龄、高力士的历史功绩恐怕还是值得人们进一步探究的"；"开元朝中，张九龄能有所作为，为一代"盛世"得展宏抱，除了个人杰出的才干之外，成功的贤相背后其实还有一个若隐若现的大'力士'在撑持着。"从人物的地域关系上来研究二人的关系问题，是一个新的角度，具有启发性。

总之，2005年至2020年间，张九龄生平事迹研究确实上了一个台阶。这反映出学界对张九龄研究开始重视，也拓展了张九龄研究的深度和广度，是张九龄研究的重要收获，为今后的研究奠定了极其坚实的基础，应该高度重视。但也存在一些问题，如有些方面的研究还不够深入细致，研究范围尚需进一步拓展，等等，这需要今后的研究者继续努力去开拓、深入。

2021 年 4 月 20 日

第二章

张九龄父母生平事迹略考

提要

　　本卷内容分两个部分，即《张九龄之父张弘愈生平事迹考》和《张弘愈的逝年：张九龄"丁父忧"准确时间考辨》。

　　《张九龄之父张弘愈生平事迹考》根据现存张九龄相关材料，结合方志和唐代法令关于男女婚龄的规定，利用李斌成等人的研究成果，推测出张九龄之父张弘愈、其母卢氏太夫人大致的出生年龄和张弘愈出任索卢县丞的大致时间，也辨析了现有关于张弘愈侨寓广州、张九龄生于广州的疑问，并据此梳理出张弘愈大致的生平事迹。

　　《张弘愈的逝年：张九龄"丁父忧"准确时间考辨》部分则从张九龄长安二年（702）中举而未受官职的事实出发，综合研究唐中宗和武则天时期科举授官制度情况，确定张九龄"丁父忧"的时间应为长安二年正月或二月初。同时对于学界此前关于张九龄"丁忧"时间的推测做出辨析，指出其致误之由，也进一步揭示了张九龄进士中举后未曾授官的原因是其"丁忧守制"，未能参加吏部授官的"释褐试"。还对张九龄丁忧期满后未及时入京受职做出可信的解释。

一　张九龄之父张弘愈生平事迹考

笔者在《张九龄"丁父忧"准确时间考辨》[①]（见本书）中已经考得张九龄之父张弘愈或逝于长安二年（702）正月或二月。但是，张弘愈及其妻卢氏的出生年月、年寿与张弘愈的仕历尚未明确。本节拟对此问题进行考证。然而，破解张九龄之父张弘愈出生年月之谜，证据极少。我们所知道的，仅仅是唐徐浩《张九龄神道碑》所载："列考讳弘愈，新州索卢县丞，赠太常卿，广州都督"[②]，唐萧昕《张九皋神道碑》[③]记叙略同。《旧唐书》卷一百三"张九龄传"载："张九龄，字子寿，一名博物。曾祖君政，韶州别驾，因家于始兴，今为曲江人。父弘愈，以九龄贵，赠广州刺史。"[④]《新唐书》对此无载。后来的研究者如李世亮、李锦全、顾建国、熊飞等，对于张九龄之父张弘愈的生平事迹也是依据以上说法，对于张弘愈的出生年龄、年寿及任索卢丞的始任时间未能给出具体答案。

其实，根据以上材料，加上张九龄丁卢氏太夫人忧的记载和嘉靖《始兴县志》《新兴县志》[⑤]等记载，再结合唐代尤其是唐初法令规定，还是可以对张弘愈的大致年龄和经历做出推断。

查《旧唐书》卷一百三"张九龄传"："寻丁母丧归乡里。二十一年十二月，起复拜中书侍郎、同中书门下平章事。明年，迁

[①] 张效民：《张九龄"丁父忧"准确时间考辨》，《岭南文史》2017年第4期。
[②] 徐浩：《宋重刻张九龄神道碑》，见翁方纲著，欧广勇、伍庆禄补注：《粤东金石略补注》，广东人民出版社2012年版，第167页。
[③] 萧昕：《张九皋神道碑》，见翁方纲著，欧广勇、伍庆禄补注：《粤东金石略补注》，第172页。
[④] 见《旧唐书》卷一百三，列传第四十九"张九龄传"，《二十五史》第5册，上海古籍出版社、上海书店1986年版，第3849页。
[⑤] 新兴县地方志编纂委员会编：《新兴县志》，广东人民出版社2012年版，第1093页。

中书令，兼修国史。"①徐浩《张九龄神道碑》："（九龄）迁中书侍郎。丁内忧，中使慰问，赐绢三百匹。奔丧南讣……"②，对张九龄母卢太夫人之去世，萧昕《张九皋神道碑》③亦有同样记载。根据张九龄《让起复中书侍郎同平章事》表及唐玄宗御批④、《旧唐书·玄宗纪》⑤等材料所记和后人的研究，可以确定，卢太夫人在开元二十一年（733）秋末去世，是年张九龄56岁。

张九龄是张弘愈长子，出生于唐高宗仪凤三年（678）。按照唐代尤其是唐初官方礼制规定与婚俗，士人当二十而冠，成为成年人即可以成婚了。而女子则十五而笄，可以成婚。男子二十而婚，女子十五而嫁，是唐初的法律规定，也是家族繁衍的强烈的内在需求。因为男女成婚是增加人口的前提，儒家说："不孝有三，无后为大"，就是要求成年男子要为家族增加人口，为家族人丁兴旺、增强家族势力、延续家族血脉适时而婚。对于家族长辈而言，对成年子侄以及女性晚辈的婚事自然高度重视，而成年男子也自然将婚姻大事和后代的养育视为一件关系家族实力、荣誉与自身地位的一件大事来对待。

此外，适时而婚还有经济上的动因。《唐六典》卷三"尚书户部"规定："凡天下之田，五尺为步，二百有四十为亩。亩百为顷。度其肥瘠宽狭，以居其人……丁男、中男以一顷……丁之田二为永业，八为口分。"又规定："凡官户受田减百姓口分之半。凡天下百姓给园宅地者，良口三人已下给一亩，三口加一亩；贱口五人给一

---

① 《旧唐书》卷一百三"张九龄传"，《二十五史》第5册，上海古籍出版社、上海书店1986年版，第3849页。
② 徐浩：《张九龄神道碑》，见翁方纲著，欧广勇、伍庆禄补注：《粤东金石略补注》，广东人民出版社2012年版，第168页。
③ 萧昕：《张九皋神道碑》，见翁方纲著，欧广勇、伍庆禄补注：《粤东金石略补注》，第172页。
④ 唐玄宗御批，见熊飞：《张九龄集校注》中册，中华书局2008年版，第697—698页。
⑤ 《旧唐书》"玄宗纪"，第3507页。

亩，五口加一亩，其口分永业不与焉。"李林甫等注曰："若京城及州、县郭下园宅，不在此例。"①也就是说，人口多者，可以多分得土地，口分田和永业田都会增加，而京城、州、县郭下的土地则不授予或不按此标准授予。在农耕社会，土地对于人民而言，是十分重要的生产资料，所以各家族均十分重视。新增丁口还可以分得园宅用地，就是今天所说的宅基地，这个政策是很有吸引力的，也可以理解为朝廷为了增加人口而采取的带有鼓励性的土地政策。

　　同时，历代开国君王在天下平定之初以及其后一段时间里，都高度重视人口的增长。初唐时期，因为天下大乱初定，人口急剧减少，必须加速繁殖人口，以扩大税赋、兵员的来源。因此，男子二十而婚，女子十五而嫁，就不仅仅是一种家庭或者家族的要求，而成为一种刚性的政策法律要求了。早在唐太宗贞观元年（627）正月，即发布《令有司劝庶人婚聘及时诏》。诏书先讲一番儒家婚嫁的道理："昔周公治定制礼，垂裕后昆。命媒氏之职，以会男女，每以仲春之月，顺行时令，蕃育之理既弘，邦家之化斯在。及政教陵迟，诸侯力争，官失其守，人变其风，致使谣俗有失时之讥，鳏寡无自存之术汉魏作教，事非师古，道随世隐，义逐时乖，重以隋德沦胥，数钟屯剥，五教俱覆，万方咸荡。暨参墟奋旅，救彼艰危，区县削平，总斯图籍。顾瞻禹迹，提封尚存，乃眷周余，扫地咸尽。痛心疾首，寤寐无忘。唯上玄之大德曰生，蒸民以最灵为贵。一经丧乱，多饵豺狼。朕夙奉天命，为人父母，平定甫尔，劬劳求康。厚生乐业，尚多疏简，永言亭育，实切于怀。若不申之以婚姻，明之以顾复，便恐中馈之礼斯废，绝嗣之憾方深。有怀怨旷之情，或至淫奔之辱。宪章典故，实所庶几，宜命有司，所在劝勉"；再规定"庶人男女之无家室者，并仰州县官人，以礼聘取，皆任同类相

---

① 李林甫等：《唐六典》卷三尚书户部，中华书局1992年版，第74—75页。

求，不得抑取。男年二十、女年十五以上，及妻丧达制之后，孀居服纪已除，并须申以媒媾，命其好合。"对于家庭贫困者，还要求"仰于其亲近及乡里富有之家，裒多益寡，使得资送"。还下令将管内是否及时婚配、增加户口作为对于地方官员考核的指标。"刺史、县官已下官人，若能使婚姻及时，鳏寡数少，量准户口增多，以进考第"，就是连鳏夫、寡妇也要及时再婚、再嫁。反之，官员"如其劝导乖方，失于配偶，准户口减少，以附殿失"①，也就是说，如果地方刺史、县令执行不力，方法不妥，致使该娶未娶，该嫁未嫁，则等同于"户口减少"，在考课中就是过失，自然不能得到较高等次，还要承担责任，予以处罚。

可见在唐初统治者心中，繁育人口是国家治理极其重要的方面，是正风俗、稳定社会的重要因素。实际上，人口的增加还是朝廷治理国家重要的资源。由此，可以看出这道诏书是为了增加人口采取的带有强制性的严厉政策措施。实际上，有唐一代，人口增加与否，历来是朝廷考核地方官员如刺史、县令的重要指标。《唐大诏令集补编》中多有相关诏令的记载。如《刺史县令政绩委所在节度观察闻奏分别奖贬诏》就把"增多户口"列为重要指标，《太守县令廉能者赐中上考制》《长吏县令增加户口广辟田畴者优于处分制》等，均有明确规定。不仅如此，为防止刺史、县令属官懈怠，还下达敕令《喻诸道州考察所属官敕》提出要求。② 在这样严格的政令要求之下，各地方官吏必然会千方百计予以贯彻落实，而各地官宦世族之家必然成为政策落实的重点。

对于婚龄的规定和对于官员"劝庶人婚聘及时"的成效列入对

---

① 见宋敏求：《唐大诏令集》卷110，中华书局2008年版，第569页；王溥：《唐会要》下册，卷八三"婚嫁"，上海古籍出版社2006年版，第1809页。

② 李希泌主编：《唐大诏令集补编》，上海古籍出版社2003年版，第1079、1080、1081页。

于官员的政绩考核指标予以考核,可谓奖惩双管齐下。那么唐代尤其是唐初对于朝廷这一诏令的要求,在各地执行的情况又是如何呢?现在尚未发现直接史料证明。但根据李斌成等《隋唐五代社会生活史》的研究,整个唐代男子女子十五岁成婚者最多。①他引用《唐会要》的数据说:"唐初,承隋末大乱之后,经济萧条,社会残破,人口大量死亡,'比于隋时,才十分之一'。"又指出:"中国自古以农立国,人口在农业生产中占有极其重要的地位,为恢复被战乱严重破坏的社会经济,唐统治者采取了休养生息的政策,在发展生产的同时,鼓励百姓及时婚嫁,以增殖人口,为社会经济的恢复与繁荣,提供尽可能多的劳动力。""唐人的实际婚龄,文献和考古资料关于男子婚龄记载较少,大抵年二十成人而婚者居多。""唐代女子的实际婚龄,比法律规定的要复杂得多。"②他根据《唐代墓志汇编》所载3200余人(不包括女尼、女冠和宫人)中,女子出嫁情况的统计,制成表格,经过分析得出结论。(见表1和表2)

表1

出嫁年龄	人数
11	2
12	3
13	9
14	7
15	14
16	23
17	18
18	25

---

① 李斌成等:《隋唐五代社会生活史》,中国社会科学出版社1998年版,第182—183页。

② 同上。

续表

出嫁年龄	人数
19	21
20	8
20余	3
21	7
22	8
23	2
24	2
25	4
27	2

表 2

出嫁年龄	人数
笄年（15）	44
登笄（15）	4
既笄（15）	12
逮笄（15）	1
成笄（15）	1
初笄（15）	53
始笄（15）	3
及笄（14）	20
弱笄（14）	3
幼笄（14）	2
将笄（14）	1
近笄（14）	1
副笄（14）	1

注：中国古代女子至15岁，将发用簪束起，表示成年，可以出嫁。登笄、既笄、逮笄和始笄与笄年年龄基本相仿。《谢小娥传》云："时小娥年十四，始及笄"。弱笄、幼笄、将笄、近笄和副笄大体也属此年龄。实际上，以上两类笄年很难区分。

根据上表统计分析，李斌成等得出结论：

"以上二表显示，唐代部分女子出嫁的年龄是：

1. 年龄最小的 11 岁，最大的 27 岁，相差 16 岁。

2. 13 岁以下的，20 岁以上的，均为少数。

3. 14 岁至 19 岁出嫁者居多。

4. 在 14 岁至 19 岁者中，又以 14、15 岁者居多。

5. 在 14、15 岁者中，15 岁者居首位。"[①]

李斌成等的研究还说："唐朝在政局稳定，天下太平时，人们婚姻以时。而在国家多事之秋，百姓不用说了，就是皇亲国戚的婚嫁，也会或多或少受到影响。"[②] 至于为何 14 岁出嫁者也占较大比例，这极有可能与唐玄宗二十二年（734）的敕令"男年十五，女年十三以上，听婚嫁"[③] 相关，更何况地方官员和士族家庭为了完成增加户口的刚性指标，也还可能采取早婚的办法。

由以上统计数据，可知，在唐朝时期，凡是在政局稳定天下太平之时，人们的婚嫁是及时的，也就是说，人们的婚嫁年龄与朝廷的法令要求基本吻合。这是因为朝廷法令与百姓需求具有高度的一致性，换言之，朝廷的法律与士民自身的利益要求高度一致，所以朝廷法律得到了较为严格、有效的执行。只有在天下大乱之时，人们的婚嫁才受到影响，具体体现就是不能及时而婚、及时而嫁。在唐朝建立之安史之乱爆发前，尽管唐朝朝廷中发生激烈的政治斗争，但是从全国范围而言，政治局势是稳定的。这就为人们及时而婚、及时而嫁提供了政治和社会保障。

张弘愈家族是韶州的官宦之家，衣冠之族，若张弘愈无极其特殊的原因，无论从朝廷政令的贯彻、落实还是家族自身的要求哪个

---

① 见李斌成等：《隋唐五代社会生活史》，中国社会科学出版社 1998 年版，第 183 页。

② 同上。

③ 见《唐会要》下册，卷八三"婚嫁"，上海古籍出版社 2006 年版，第 1809 页。

方面来说，都必然会适时而婚。从张九龄出生十三年之后，张弘愈连生三子来看，张弘愈和卢氏绝对不会有个人身体方面的原因不能及时成婚、生子的。而且当地的刺史、县令也因为考核的压力，必然会督促、要求适时而婚。因此基本可以认定，张弘愈应该是在成人礼之后适时而婚的。

这是张弘愈一方的情况。李斌成等的研究表明了唐朝在天下太平时女子出嫁年龄大都集中在十五岁左右。相信卢太夫人与张弘愈成亲时也应该是在这个年龄阶段，即是相差，也不会太远。

如此，如考虑张弘愈夫妇均为成年后即由家人操持婚礼，一年后生九龄，即16岁时生张九龄，从仪凤三年（678）上推16年即张母卢太夫人的出生时间。这个推测与徐安贞撰《张九龄阴堂志铭》、徐浩所撰《张九龄墓碑》中所记张九龄逝于开元二十八年（740）五月七日，即逝年63岁相合，可以成立。由此可知，张九龄母卢氏夫人应生于唐高宗龙朔三年（663）下半年或麟德元年（664）上半年。九龄母卢太夫人去世之年即唐开元二十一年（733），由此可知，卢太夫人逝年已达71岁或72岁。

如果考虑唐朝初期朝廷男女婚嫁年龄的规定能够得到有力执行，又考虑民间生育的自觉性、积极性、主动性，其实不待政府法令的督促，而张弘愈又无极其特殊情况的话，在张九龄出生之年的仪凤三年（678）上推21年，或者在卢太夫人的出生时间往前推5年，则应该为张弘愈的出生时间。由此可知，张弘愈应该出生于唐高宗显庆三年（658）或显庆四年（659）。由此，也可推知，如笔者所考证，张弘愈在长安二年（702）去世，则其去世时应为42至43岁左右。

下面考察张弘愈任职索卢县丞的始任时间。张弘愈始任索卢县丞，应在张九龄出生后数年内。按：张九龄出生于唐高宗仪凤三年（678），如此，张弘愈任索卢县丞应该在此后数年内，他始任索卢丞时，年龄应在 21 岁之后，即张九龄出生之后数年之内，亦即唐高宗仪凤四年或调露元年（679）至永淳二年或弘道元年（683）间。

可以肯定，张弘愈任索卢县丞，并非由于科举出身。既非科举出身，又确实担任过索卢县丞，则必然是经过"南选"而入仕。所谓"南选"，即朝廷从岭南、黔中、闽中诸地实际出发，在官员选授的科举制度之外设立的一种地方官员选授制度。《唐六典》卷第二"尚书吏部""其岭南、黔中三年一置选补使，号为'南选'。"李林甫等注曰："应选之人，各令所管勘责，具言出身、由历、选数、作簿书预申省，所司具勘曹名、考第、造历子、印署，与选使勘会，将就彼诠注讫，然后进申以闻。"①《旧唐书·职官志》所载与此完全相同。在此之前，为了适应对于岭南、闽中等新定地区统治的需要，大约在高祖武德后期或太宗贞观时即实际上存在由州都督拣选县令、刺史等官吏的做法，但是也存在着"任官简择，未甚得所"的问题。所以唐高宗才于上元三年（676）八月七日下敕令谓："桂、广、交、黔等州都督府，比来所奏拟土人首领，任官简择，未甚得所。自今已后，宜准旧制，四年一度，差强明清正五品以上官，充使选补，乃令御史同往注拟。其有应任五品以上官者，委使人共所管督府，相知具条景行艺能，政术堪称所职之状，奏闻。"②"南选"由此形成制度，并长期执行。一直到唐玄宗天宝年间才改为科举选授和南选并行。即在京师应选唐玄宗天宝十三载（754）七月二十七日敕："如闻岭南州县，近来颇习文儒，自今已后，其岭南五府管内白身，有词藻可称者，每至选补时，任令应诸色乡贡，乃委选补使准其考试。有堪及第者具状闻奏，如有情愿赴京者亦听。其前资官

---

① 见《唐六典》尚书吏部卷第二，中华书局 1992 年版，第 34 页。
② 见《唐会要》下册，卷 75"南选"，上海古籍出版社 2006 年版，第 1621 页；又见李希泌主编：《唐大诏令集补编》，上海古籍出版社 2003 年版。

并常选人等有词理兼通才堪理务者，亦任北选及授北官。"①

这里有个问题，按照《唐六典》《旧唐书》所载，"南选"是三年一置，而高宗敕书说是"四年一度"。这应该是后来发现"南选"存在一些问题，所以既采取委任补选使的办法加强监督，同时也延长了每届"南选"举行的时间。也就是说，"南选"在高宗时应是先四年一度，后改为三年一度。

考虑到在唐高宗上元三年（676）时，张弘愈尚未行成人之礼，不可能参与南选。按照四年一度的制度规定，张弘愈应该是参加680年亦即唐高宗调露二年、永隆元年的"南选"得中，成为索卢县丞的，时年23岁左右。这与高宗时"南选"四年一度举行在时间上是吻合的。

或许有疑者会认为，张弘愈23岁何以能成为县一级的官员？是否年龄太小一些了？这可以从当时岭南官吏缺少，治理人才难得，而张弘愈经"南选"考试又比较优秀。而且张弘愈家族来源北方世家，并非是岭南土著；又出身于数代官宦之家，必然饱读经书，在家中耳濡目染，对于出仕为官的规矩有较全面了解；对于岭南民风习俗比较了解，从这些原因中得到解释。何况在唐时也有一些虽然年轻但经科举考试而入仕的情况。最为切近的例子，是张九龄于长安元年（701）即入京参加科举考试，时年23岁，竟然一举得第。虽然未曾得官，但那是回乡"丁父忧"的个人原因。如无此原因，他必然就在长安二年（702）入仕了，其年龄正是24岁。由此可见，张弘愈23岁任索卢县丞，是完全可能的。

《新兴县志》说：张弘愈于"嗣圣元年（684）从新州辞官，返

---

① 见《唐会要》卷75"南选"，上海古籍出版社2006年版，第1622页；又见李希泌主编：《唐大诏令集补编》，上海古籍出版社2003年版，第1204页。

回韶州。"① 如果可信，则他任新州索卢县丞一共四年时间。由此可以大致确定，张弘愈辞官时年龄应在27岁至28岁之间。据明嘉靖刻本《始兴县志》卷之下"人物·张九龄"条记："父宗振"。② 据清人郝玉麟《广东通志》卷四十四《人物志》，张弘愈字宗振，还任过新州等地刺史。③ 新修《新兴县志》也说："张弘愈，生卒年不详，字宗振，韶州曲江人（今广东省韶关市），唐丞相张九龄之父，曾任新州索卢县丞、知新州军州事，赠太常寺卿广州都督。嗣圣元年（684）从新州辞官，返回韶州。"④ 但是也透露出一个信息，即张弘愈字"宗振"，细研"宗振"二字，作为张宏愈的"字"，与其名"弘愈"还是有着比较紧密的内在联系的。古人字号，往往与其名的内涵相联系、相承接或者相辅助，"弘愈"作为名，蕴含着张大、复兴家族的含义，与"宗振"有着直接的内在联系，也符合古人命名赋字的传统习俗。因此，这个"宗振"作为张弘愈的字，是没有太大疑问的。从《广东通志》《新兴县志》记载看，张弘愈还可能任过新州刺史。

笔者则认为张弘愈不可能任过新州刺史。如果真正任过新州刺史，则他在任新州刺史之前，还应该任过县令、司马、别驾等职务。因为唐时授官也是严格按照等级来升迁的。按照《唐六典》规定："下州（原注：户不满二万为下州），刺史一人，正四品下。别驾一人，从五品上；司马一人，从六品上，""诸州下县，令一人，从七品下，丞一人，正九品下"。⑤ 张弘愈以一个索卢县丞的正九品下的

---

① 新兴县地方志编纂委员会：《新州县志·限前人物补遗》，广东人民出版社2012年版，第1091页。
② 明嘉靖刻本《始兴县志》卷之下，《天一阁明代方志选刊续编》第66册，上海书店出版社1990年版，第518页。
③ 郝玉麟：《广东通志》卷四十四《人物志》。
④ 新兴县地方志编纂委员会：《新州县志·限前人物补遗》，第1091页。
⑤ 李林甫等撰：《唐六典》，中华书局1992年版，第747、752页。

官阶，怎么可能一下子就跃升为正四品下的高级官吏？如果是逐级升迁的，只有经过十考以上，才有可能隔品授官，《唐六典》规定："若都畿、清望、历职三任，经十考以上者，得隔品授官。不然则否。"①可见，他没有足够的任职时间。张弘愈出身于"南选"，非清流、清望之官，又任职于岭南下州、下县，也不可能隔品授官，更不可能短时间即升至刺史。按照《唐六典》规定：从正九品下的县丞到正四品下的下州刺史，其间隔着十八个官阶。在官场历练，又非处于清流正途，如果没有十几二十年的时间，是不可能达到正四品下这个官阶的。②《新兴县志》不是明确说他"嗣圣四年"就辞官返回韶州了吗？那他在新州所辖的索卢县任职一共也才四年时间，官阶不可能达到如此级别的。

再考徐浩《张九龄神道碑》、萧昕《张九皋神道碑》，均无关于张弘愈曾任新州刺史的记载。须知，碑文的写作，其生平事迹是由其家属后人提供给撰写者的。如果张弘愈任过新州刺史，其家属后裔必然是知道的，也会作为张弘愈任职的一大亮点提供给碑记撰写者的。而张九龄、张九皋兄弟二人的碑记均无张弘愈任新州刺史的记载，则说明并非偶然漏记，而是张弘愈确实未曾任过新州刺史。可能是《新州志》编撰者认为，张弘愈死赠太常卿、广州都督官衔太高，需要中间有个过渡官衔，才加上去的。按：新州旧志，最早由元代新州尹薛里吉思于至元元年（1335）所编撰；其后，明代由新州官员主持编撰的有三志；清代由新州官员主持编撰的共七志。最早的《新州志》编撰之时，距唐已远，史料遗失，诸多人物事迹多靠传说甚至推测，是过去时代地方志编撰中常见的事情。综合以上情况，新州诸志中记张弘愈曾任新州刺史的记载并无根据，可以否定。

---

① 李林甫等：《唐六典》卷第二尚书吏部，中华书局1992年版，第27页。
② 根据《唐六典》卷二尚书吏部统计，第29—31页。

下面讲一下对于张弘愈侨寓广州的看法。《广东通志》卷四十四《人物志》、光绪《始兴县志》、《羊城古钞》①以及今人李世亮《张九龄年谱》都认为"弘愈尝侨南海生九龄",《广东通志》等书不知何据。因书晚出未能引起学界关注。对此,顾建国在《张九龄年谱》中引《旧唐书》张九龄本传:"(九龄)年十三,以书干广州刺史王方庆,大嗟赏之,曰:此子必能致远"和徐浩《张九龄神道碑》类似说法,指出"我们似可推测,九龄当生于广州,且幼亦长于广州。否则,曲江、始兴皆远离广州,一个十三岁的孩童是不大可能远涉上书的。"②今人李世亮《张九龄年谱》认为:"因为张九龄父亲时为索卢县丞、并知新州等州事。索卢县位于现广东省新兴县南,邻近广州,弘愈侨寓,当有可能。"③

关于张弘愈是否任过新州刺史,笔者前文已有辨证。但这里还有三个问题:一是张弘愈是否曾侨寓广州;二是张九龄是否生于广州;三是张九龄幼年是否长于广州。

笔者认为张弘愈在辞去索卢县丞后可能曾经侨寓广州一段时间,以谋求仕途的进一步发展。须知,当时新州在广府管内,④广州都督府即驻节广州,是"南选"的举办地。张弘愈辞去索卢县丞,在回韶州居住一段后,再独自到广州侨居,在广府管辖范围之类谋取升迁,有地利之便,也是在情理之中。之所以独自,可能是因为张弘愈家境其实也不太宽裕,如果携其妻共居广州,在经济上也难于承受。张弘愈寓居广州谋求仕途发展,或者因为并不顺利,因而断了继续做官的念头,遂返回曲江,也未可知。

这也或许可以解释为何张九龄二弟张九皋的出生与张九龄出生

---

① 《广东通志》、《始兴县志》内容依据顾建国《张九龄年谱》所引;[清]邱巨川:《羊城古钞》,广东人民出版社1993年版,第447页。

② 引自顾建国:《张九龄年谱》,中国社会科学出版社2005年版,第7页。

③ 同上。

④ 李林甫等:《唐六典》卷三尚书户部,中华书局1992年版,第71页。

间隔竟达十三年之久。即张弘愈居官索卢四年，嗣圣元年（684）任满不再任索卢县丞，又侨寓广州数年，长期在外，很少回家或者回家时间短的缘故。这也可以解释张九皋之生，或许与张弘愈已经弃官，居于韶州家中相关。此后又有三弟张九章、四弟张九宾出生，也是由于张弘愈已经返回韶州，长期与妻子共同生活。同时也证明，张弘愈此时应该是正当壮年，至少年岁不会过大。由此分析，我认为，张弘愈侨寓广州是很有可能的。具体时间，应该是在嗣圣元年（684）辞去索卢县丞返归韶州之后，一直到武后载初元年（689）。按照萧昕《张九皋神道碑》，张九皋逝于天宝十四年（755）四月二十日，终年66岁。如此计算，则张九皋当于武后天授元年（690）生于韶州。这一说法也被历来张九龄研究者所确认。[①] 在张九皋出生之前一年的689年春，或当在3月之前，张弘愈必然已回韶州。

至于张九龄是否出生于广州，现在亦无可靠材料可以证明。笔者认为，既然张九龄生于广州之说并无可靠材料依据，以推翻新旧《唐书》之说，还是维持新旧《唐书》的说法为好。同时，唐时考进士，需要向户部申报关于自身情况的材料。"既至省，皆疏名列到，结款通保及所居，始由户部集阅，而关于考功员外郎试之。"[②] 这里说"既至省"，就是到尚书省去缴纳地方的推荐公文，缴纳个人家庭父祖三代履历、身貌、家庭状况、学业状况等，还要与其他贡士联名结保。程序是很严格的。如果互保之人中出现不实问题，其他参保之人要受到处分的。因此，张九龄赴京考试和吏部铨试也必然会走这一程序，他的出生地也必然要向尚书省报告。如果报告，官方档案必有张九龄出生地的记载，其后代也应该十分清楚，不至于出现

---

① 见李世亮：《张九龄年谱简编》，载王镝非主编：《张九龄研究论文选集》，广东高等教育出版社1990年版，第249页；顾建国：《张九龄年谱》，中国社会科学出版社2005年版，第15页。熊飞：《张九龄年谱新编》，香港教育出版社2005年版，第13页。

② 《新唐书·选举志》卷四十四，《二十五史》第6册，上海古籍出版社、上海书店1986年版，第4255页。

大的错误。同时，张九龄首次被封为曲江县男，后又被封为始兴县开国子、始兴县开国伯，也可以看出一些信息来。唐代封赏赐爵，大都与被封者的祖居或者里贯相关。从封爵地大致可以看出被封者的籍贯、出生地或者长期职任地。但是却无广州的封爵，由此可见，张九龄未必生于广州。还有就是现在更无证据证明张弘愈曾携带其夫人卢氏共同侨寓与广州的材料。所以说张九龄出生于广州之说，并无理据，不可遽然采信。

至于顾建国在《张九龄年谱》中提出的疑问，张九龄如不在广州，何能远涉广州向王方庆献书？实际上很好理解。一是"献书路左"事不一定只能发生在广州。韶州是唐代两都南下岭南广州的大道，南来北往的赴任、离任官员必经之地。张氏家族作为当地的书香门第、衣冠士族，当然有机会接触王方庆。由此观之，张九龄"献书路左"也可能发生在韶州。二是即使是张九龄献书王方庆是在广州，因为张弘愈曾较长时期寓居广州，张九龄探视其父或者被其父携带到广州居住过一段时间，也是情理之中，作为一个曾任县丞的官员，尽管已经辞职，自然也可以找到接触王方庆的理由。因此，即使张九龄在广州献书也不能证明就一定出生于广州。

根据以上考证，我们可以为张弘愈的生平行事列出一个简略时间表。

张弘愈，韶州人，名弘愈，字宗振。大约生于唐高宗显庆三年（658）或显庆四年（659）；

其妻卢氏生于唐高宗龙朔三年（663）下半年或麟德元年（664）上半年。

唐高宗仪凤二年（677）左右，张弘愈与卢氏成婚，时年20岁，卢氏时年15岁；

唐高宗仪凤三年（678），张弘愈、卢氏生张九龄；张弘愈时年21岁，卢氏时年16岁；

唐高宗调露二年、永隆元年（680），张弘愈参加"南选"，得授索卢县丞，时年23岁；卢氏时年18岁；

唐高宗嗣圣元年（684）从新州索卢县丞任满，返回韶州；不久南下广州，此后数年，或侨寓广州，谋取仕途进展。期间，或可能携张九龄在广州居住；

唐武则天载初元年、天授元年（690），本年初，张弘愈或返回韶州。此前，张九龄或于韶州，也或于广州献书于当时的广州都督王方庆，受到称赞。

本年，张弘愈生二子张九皋。其后数年，连生三子张九章、四子张九宾兄弟。

武周长安元年（701），张九龄赴长安参与科举考试。出发之时，张弘愈尚在世。

武周长安二年（702），张弘愈或于本年正月逝世。终年42岁或43岁。张九龄进士及第，但因"丁父忧"返回韶州，未能参加"释褐试"，因此未能授得官职。张九龄此后在家守制。

唐开元二十一年（733）卢氏太夫人去世。终年71岁或72岁。

唐开元二十三年（735），追赠张弘愈太常卿、广州都督，追赠卢氏太夫人桂阳郡君。①

二 张弘愈的逝年：张九龄"丁父忧"准确时间考辨——兼及初唐授官泛滥问题

笔者在《张九龄进士中举时间考辨》②和《张九龄进士及第"重

---

① 张九龄：《追赠祭文》，见熊飞校注：《张九龄集校注》下册，中华书局2008年版，第948页。

② 张效民：《张九龄进士中举时间考辨》，《深圳职业技术学院学报》，2017年第4期。

试"问题正误》①中已考得张九龄确于长安二年（702）进士得第，但未参加吏部主持的"释褐试"，并指出徐浩《张九龄神道碑》所云"时有下等，谤议上闻。中书令李公，当代词宗，诏令重试"②，指的是张九龄本应该参加但因故未曾参加的"释褐试"，但因表述简略，造成后人误会。实际情况是张九龄于神龙三年（707）春参加释褐试重试因与制科考试时间冲突，实际未曾真正参加，而参加了由中宗主持的"材勘经邦科"制举考试，得中乙第，授职为校书郎。

这就有个问题需要解答：即进士得第后理应授官，为何张九龄却未曾得官？反倒是于五年后才应"材勘经邦科"制举，得第后方才授官？

研究者们注意到唐代官员选授是十分困难的。傅璇琮先生曾说："制举登第后授官，与进士科也有不同。进士科及第后，还需经吏部考试，合格后才能授予官职。称'释褐'试，意思是从此脱去麻衣，步入仕途。如韩愈进士登第后，三试于吏部皆不成，十年还是布衣，而制举则一经登第，即可授以官职。"③傅先生所说韩愈登第后十年未得授官，这种情况比较极端，而且是唐玄宗之后的事情。而在唐初自开科举考试以来，因为建政伊始，中央政府与地方治理均需要大量人才，凡是进士中举，均立即授职，而仅靠科举考试也不能满足需要。因此还有诸多赤牒授官的情况出现。在黔中、岭南、闽中等地，还有所谓"南选"，以满足地方对治理人才的急需。到了高宗年间、武则天时期，一直到中宗、睿宗时期，或政治原因，或因后宫干政，授官因为制度的不严密而发展到极其泛滥的程度，主其事

---

① 张效民：《张九龄进士及第"重试"问题正误》，《广东省社会主义学院学报》，2017年第3期。

② 徐浩：《宋重刻张九龄神道碑》，翁方纲著，欧广勇、伍庆禄补注：《粤东金石略补注》，广东人民出版社2012年版，第166页。

③ 傅璇琮：《唐代科举与文学》，陕西人民出版社2007年版，第142页。

者利用制度漏洞上下其手，卖官鬻爵也十分普遍。

以下材料明确地显示了这一情况。《新唐书·选举志下》记："初，试选人皆糊名，令学士考判，武后以为非委任之方，罢之。而其务收人心，士无贤不肖，多所进奖。长安二年（702），举人授拾遗、补阙、御史、著作佐郎、大理评事、卫佐凡百余人。明年，引见风俗使，举人悉授试官，高者至凤阁舍人、给事中，次员外郎、御史、补阙、拾遗、校书郎。试官之起，至此始"①。

《旧唐书》卷五十一"中宗韦庶人"载："上官氏及宫人贵倖者，皆立外宅，出入不节，朝官邪佞者候之，恣为狎游，祈其赏秩，以至要官，""（韦）后方优宠亲属，内外封拜，遍列清要。……安乐恃宠骄恣，卖官鬻狱，势倾朝廷，常自草制敕，掩其文而请帝书焉，帝笑而从之，竟不省视。又请自立为皇太女，帝虽不从，亦不加谴。所署府寮，皆猥滥非才。又广营第宅，侈靡过甚。长宁及诸公主迭相仿效，天下咸嗟怨之。"②"（李）峤在吏部时，志欲曲行私惠，冀得复居相位，奏置员外官数千人。至是官僚倍多，府库减耗，乃抗表引咎辞职。"③《旧唐书·睿宗纪》载："先是，中宗时官爵渝滥，因依妃、主墨敕而授官者，谓之斜封，至是并令罢免。"④但很快睿宗又下令让这些斜封官官复原职。

对于这种授官泛滥、卖官鬻爵的情况，当时就有人不断提出意见，反对大量授官。高宗显庆年间一些官员屡屡上书，反对乱置官位、乱授官爵。《旧唐书》卷八十一载刘祥道上书云：

"今之选司取士，伤多且滥，每年入流数过一千四百，伤

---

① 《新唐书》卷四十五"选举志"，《二十五史》第6册，上海古籍出版社、上海书店1986年版，第4256页。
② 《旧唐书》卷五十一"中宗韦庶人"，《二十五史》第5册，上海古籍出版社、上海书店1986年版，第3736页。
③ 《旧唐书》卷九四"李峤传"，第3836页。
④ 《旧唐书》卷八"睿宗纪"，第3502页。

多也；杂色入流，不加铨简，是伤滥也。经明行修之士，犹或罕有正人，多取胥徒之流，岂能皆有德行？即知共厘务者，善人少而恶人多。有国以来，已四十载，尚未刑措，岂不由此乎？但服膺先王之道者，奏第然始付选；趋走几案之间者，不简便加禄秩。稽古之业，虽则难知，斗筲之材，何其易进！其杂色应入流人，望令曹司试判讫，简为四等奏闻。第一等付吏部，第二等付兵部，次付主爵，次付司勋。其行署等私犯公坐，情状可责者，虽经赦降，亦量配三司；不经赦降者，放还本贯。冀入流不滥，官无冗杂，且令胥徒之辈，渐知劝勉。"又说"古之选者，为官择人，不闻取人多而官员少。今官员有数，入流无限，以有数供无限，遂令九流繁总，人随岁积。谨约准所须人，量支年别入流者，今内外文武官一品以下，九品已上，一万三千四百六十五员，略举大数，当一万四千人。壮室而仕，耳顺而退，取其中数，不过支三十年。此则一万四千人，三十年而略尽。若年别入流者五百人，经三十年便得一万五千人，定须者一万三千四百六十五人，足充所须之数。况三十年之外，在官者犹多，此便有余，不虑其少。今年常入流者，遂逾一千四百，计应须数外，其余两倍。又常选放还者，仍停六七千人，更复年别新加，实非处置之法。"①

到唐睿宗景龙年间，时任左拾遗的辛替否就针对"时置公主府官属，而安乐府补授尤滥"事上书云："古之建官，员不必备，九卿已下，皆有其位而阙其选。赏一人谋乎三事，职一人访乎群司，故赏不僭，官不滥；士皆完行，家有廉节，朝廷余奉，百姓有余食。下忠于上，上礼于下；委裘而无仓卒之危，垂拱而无颠沛之患。夫事有惕耳。目动心虑，作不师古，以行于今者，盖有之矣！伏为陛

---

① 《旧唐书》卷八十一"刘祥道传"，《二十五史》第5册，上海古籍出版社、上海书店1986年版，第3806页。

下百倍行赏，十倍增官，金银不供其印，束帛无充于锡，何愧于无用之臣，何惭于无力之士？至于公府补授，罕存推择，遂使富商豪贾，尽居缨冕之流，鬻伎行巫，咸涉膏腴之地。"①这些材料正好证明当时授官之滥。可参新旧《唐书》高宗、武后、中宗、睿宗纪之记载。可见滥受官职其实是唐初以来而至玄宗之前的普遍现象，是一个难以彻底根除的官场顽症。

按照《新唐书·选举志》所记，长安二年（702）和长安三年（703），举人不仅授官，而且授官职务还较高。同时，在此后相当长的时间里，科举考试及第者也较沈佺期"知贡举"时录取的人数大大增加。当时不仅举人授官，还授有大量非科举出身者的官职，史称"斜封官""墨敕官"。这种情况在睿宗时得到一定的抑制。②《旧唐书·卢从愿传》记："睿宗践祚，拜吏部侍郎。中宗之后，选司颇失纲纪，从愿精心条理，大称平允。其有冒名伪选及虚增功状之类，皆能擿发其事。典选六年，前后无及之者。上嘉之，特与一子太子通事舍人。从愿上疏乞回恩赠父，乃赠其父吉阳丞敬一为郑州长史。初，高宗时裴行俭、马载为吏部，最为称职。及是，从愿与李朝隐同时典选，亦有美誉。时人称曰：吏部前有马、裴，后有卢、李。"③

以上情况表明，在唐初至玄宗这一近百年内，授官途径较多，士人得官比较容易，而且还存在大量通过各种途径滥授而得官者。而能够坚持原则、清廉奉职的吏部官员是不多的。太宗开科举后，至唐玄宗前中期，考中进士即授官是一种常态。

在张九龄考进士时，既然考中进士即可授官，如无其他情况，

---

① 《旧唐书》卷一百零一，"辛替否传"，《二十五史》第5册，上海古籍出版社、上海书店1986年版，第3856页。

② 《旧唐书》"睿宗纪"，第3501页。

③ 《旧唐书》卷一百"卢从愿传"，第3852页。

长安二年张九龄中举后授官是正常的,未授官即为不正常。但张九龄确实未得官职,反而是返回韶州家中,一直等到五年后才再次赴京参加制科考试,及第后才授予校书郎,进入仕途。

对于其中原因,史书失载。徐浩《张九龄神道碑》亦无记载。根据当时制度,进士中举后还要参加"释褐试"才能授官,可见张九龄中举后并未参加"释褐试",因而未得授官。本应参加"释褐试"授官而未参加,因而未得授官,那因何缘故未参加"释褐试"呢?既然已经排除了考试结果作废的原因,那唯一可能的原因就只能是张九龄自身家庭的原因,这就是"丁父忧"——也就是父亲去世,作为人子者,必须在家守制三年,有官职者必须立即解任,回乡守制。当然也有所谓夺情的现象,但那是极少数人,因为身膺重任,朝廷事务繁忙,经皇帝挽留,不回乡守制,或者守制期未满被召回朝廷办事,这就是所谓移孝为忠,夺情任事。但如无"夺情"的情况,在守制期间,不得从事其他任何公务,私事也有明确限制,如不得举乐、不得婚娶、不得参见宴会等等。张九龄在其母亲去世后曾经被唐玄宗强制"起复",也就是在守制期间,重新履行公务。但是在张九龄参加进士考试期间,还不具备被皇帝强制起复的基本条件。"居家守制"是封建社会时期的一种带有强制性的制度安排,也是一种极其深刻的社会文化现象。如无皇帝的特别要求,是任何人也不能违背的。

"丁忧"的前提是张九龄父母去世。张九龄母亲卢氏夫人于开元二十一年(733)离世。那么,张九龄长安二年(702)未参加吏部"释褐试"的原因就只能是父亲张弘愈的去世,即"丁父忧"。这就涉及张九龄之父张弘愈去世的准确时间。对此,史书并无明确记载。后人根据《张九龄神道碑》《张九皋神道碑》《新唐书》的一些或者语焉不详,或者相互矛盾的记载,提出一些分歧较大的推测性意见。

张九龄在作于开元四年（716）①的《与李让侍御书》中说："而慈亲在堂，如日将暮；遂甘心附丽，乘便归宁。"大约是李侍御出使岭南，张九龄曾表达过愿为随从，乘便返乡宁亲之意，因被拒绝，所以张九龄再次作文予以申述。但文中的"慈亲在堂，如日将暮"一语，则表明当时张九龄的父亲已然离世，唯母亲尚存。考张九龄于神龙三年（707）春参加"材勘经邦科"制举后被授予校书郎入仕以后至此时，均无为其父"丁忧"的记载，则表明张九龄之父去世是在神龙三年之前。而长安二年（702）张九龄参加沈佺期"知贡举"的进士科考试，则说明张九龄"丁父忧"必在参加进士科考试之后这五年时间之内。而"丁父忧"时间为三年（实际是二十七个月），则张九龄父亲张弘愈去世的时间应该在长安二年（702）至长安三年（703）之间。

再考徐浩《张九龄神道碑》："列考讳弘愈，新州索卢县丞，赠太常卿，广州都督。皆蕴德葆光，力行未举。地积高而成岳，云久蓄而作霖。是生我公，蔚为人杰。弱不好弄，七岁能文。居太常府君忧，柴毁骨立。家庭甘树，数株连理。王公方庆，出牧广州。时年十三，上书路左。"②此处将张弘愈去世时间排在张九龄7岁之后，但未明确具体时间。从行文分析，约在张九龄7岁至13岁之间。

萧昕《张九皋神道碑》说张九龄二弟张九皋"特秉中和，诞生淳懿。恭推色养，孝自因心。幼岁丁太常府君忧，孺慕衔哀，栾棘无怙，毁能达理，□□成人，及日月□除，而顾复就养。"③这里说张弘愈去世的时间是在张九皋的"幼岁"时期。所谓"幼岁"，按照

---

① 见熊飞校注：《张九龄集校注》下册，中华书局2008年版，第867—868页，此文写作时间，据熊飞注中所考为开元四、五年前后，此据杨承祖《张九龄年谱》。
② 徐浩：《宋重刻张九龄神道碑》，翁方纲著，欧广勇、伍庆禄补注：《粤东金石略补注》，广东人民出版社2012年版，第166页。
③ 萧昕：《张九皋神道碑》，翁方纲著，欧广勇、伍庆禄补注：《粤东金石略补注》，第172页。

《礼记·曲礼一》："人生十年曰：幼，学。二十曰：弱，冠。"[①]据此，在成人之前，亦即20岁之前，均可称"幼岁。""幼岁"是一个较为宽泛的时间概念，据此则很难准确确定张弘愈的去世时间。

关于"幼岁"一说，《文苑英华》本的《张九皋神道碑》则有异文，具体是"孝自因辛卯岁，丁太长府君忧"。"孝自因辛卯岁"一语，实难成文，定有遗漏或者误写，但是出现了"辛卯"二字。辛卯是纪年。辛卯岁，即是武则天即位改国号为周的第二年，即武周天授二年（691），据《张九皋神道碑》，张九皋生年66岁，逝于"天宝十四载（755）"，按此推知，张九皋当生于武周天授元年（690），至天授二年（691）尚不足两岁。碑文中说他"丁太常府君忧，孺慕衔哀，栾棘无怙，毁能达理"，实在不近情理，太过夸张，难以凭信。

对此，侯康在《学海堂》二集卷十四即指出："《文苑英华》云：'辛卯岁丁太长府君忧'，石刻作'幼岁'。按碑称公薨于'天宝十四载，''春秋六十有六'，则当生于武后天授元年庚寅，次年即辛卯，九皋年甫二岁耳。九皋尚有两弟，即未必同母，何以三人者同生于一二年间？且碑称：'孺慕衔哀，栾棘无怙。毁能达理，志若成人'，虽瘗墓之词，不无润色，然施之甫晬小儿，亦太不伦。自当泛言'幼岁'为是。"[②]这里说张九皋尚有两弟，指的是张九章、张九宾。张九章行实大致可考，入仕居官时间不会比张九皋晚多少（见《张九皋神道碑》），年龄也不会小太多。而张九宾只见名字，难以考定行实，亦未见其他事迹记载。或者较张九龄小得多。这里侯康的辨析是有说服力的，但也仍然难于确定张弘愈去世的具体时间。

侯康还指出："《新唐书》叙曲江居父丧在张说贬岭南之后（原

[①] 《礼记》，辽宁教育出版社1997年版，第1页。
[②] 侯康所云，转自顾建国：《张九龄年谱》，中国社会科学出版社2005年版，第31页。

注：曲江公碑则叙在前，并在十三岁上书王方庆之前，是时九皋尚未生，其谬不待辨）。考（张）说在岭南当武后长安三年，时九皋生十四年矣。而居忧又在其后，故碑文云：'及日月外除，而顾复就养，思致逮亲之禄，方求筮仕之阶……未几遂登科，始鸿渐也。'是除服后即有志禄养，未几遂登科。细玩碑文，当日情事如是，必非辛卯岁也。"①但是温汝适所作《张曲江年谱》也认为："疑石刻是。既云'幼岁'，或即在辛卯也。"②温汝适因《张九皋神道碑》中有"幼岁"二字，即将此认定为"幼儿"，所以说"疑即在辛卯也"。温汝适是把"幼岁"理解为"幼儿"，实属误读。近人何格恩著《张九龄年谱》则另持一说："余颇疑'辛卯'乃'癸卯'之误。"③癸卯即武周长安三年（703），此说似有些道理，但是撰碑文者竟将"癸卯"误作"辛卯"，为何其家人竟未曾发现？或者是《文苑英华》过录者之误，使张九皋年岁竟出现12岁之差，实不可解。何格恩亦未做出有说服力的论证，只是因为年岁巧合而做出的推测。看似有理，实则难信。

台湾学者杨承祖《唐张子寿先生九龄年谱》试图做出解释："且就九皋碑文读之，宜'孝自因心'为句，'幼岁'下读；'辛'盖'心'之音误，'幼''卯'形近，又因上'辛'字联想而误耳。石刻盖是。综比诸文，新传较安，故从之。"④杨承祖所谓致误之由是由于"辛""心"音近，"幼""卯"形近而致误，亦缺乏说服力。辛卯乃纪年之方式，岂会因联想而出现如此错失？即使是碑文的刻工出现如此失误，立碑的张氏后裔又如何能够放过这样重大错误？但是他确定"新传较安"，倒是较为接近张弘愈去世的时间节点。

---

① 侯康所云，转自顾建国：《张九龄年谱》，中国社会科学出版社2005年版，第31页。
② 温汝适：《张曲江年谱》，附于清嘉庆二十一年刊本《曲江集》。
③ 何格恩：《张九龄年谱》，《岭南学报》，1935年第四卷第1期。
④ 杨承祖：《唐张子寿先生九龄年谱》，台湾商务印书馆1980年版。

以上诸说对于确定张九龄"丁忧"亦即其父张弘愈的去世时间具有重要启迪。但是笔者对于温汝适、何格恩、杨承祖推测的依据和思路有些不同意见。《张九皋神道碑》现存最早版本有二。一是清代翁方纲《粤东金石略》卷四所载明嘉靖二十四年（1545）夏五月《重刻张九皋神道碑》，一是明隆庆元年（1567）刊本《文苑英华》卷八九九《张九皋碑》。翁方纲是清代著名学者，所编《粤东金石略》裒辑文献经过严谨考证，对于阙文难识文字，均已标出，应该具有较强的真实性和准确性。可证，在明嘉靖年间，碑文尚未出现差缪，出现差缪的是《文苑英华》本。

《新唐书》本传说张九龄"七岁知属文，十三以书干广州刺史王方庆，方庆叹曰：'是必致远'。会张说谪岭南，一见厚遇之。居父丧，哀毁，庭中木连理"，将张九龄居父丧的时间放在张说贬岭南之后。新旧《唐书》均记张说远贬岭南在长安三年（703）九月之后，《新唐书》记张九龄居丧在长安三年拜见张说之后不久。顾建国据此在《张九龄年谱》中推测说："疑于是年丁父忧"①。他分析，张说此次坐忤旨，由长安出发，到韶州，大约需要月余才能到达，而张九龄"丁父忧"又在其后，依据魏元忠被贬和召回的行程时间为三个月计算，则张九龄"丁父忧"的时间可能在长安三年十一月中或十二月了。②顾建国的分析论据是有启发的。

查《唐律》卷十"职志"中规定："冒哀求仕者，徒一年"，亦即处流放一年的徒刑。《唐律疏议》中解释说："冒哀求仕者，谓父母之丧，二十五月大祥后，未满二十七月，而预选求仕，""注云'谓父母丧，禫制未除'，但父母之丧，法合二十七月，二十五月内是正丧，若释服求仕，即当'不孝'，合徒三年。其二十五月外，

---

① 顾建国：《张九龄年谱》，中国社会科学出版社 2005 年版，第 29 页。
② 同上书，第 30—31 页。

二十七月内是禫服未除，此中求仕，名为'冒哀'，合徒一年。"①查《仪礼》卷第十四士虞礼："期而小祥，曰：荐此常事。又期而大祥，曰：见此祥事。中月而禫。"彭林解释说："小祥，祭名，士死一周年时举行。""大祥：祭名，士死二周年时举行。""禫：祭名，于大祥后一个月举行。"②唐代是依据汉代郑玄的解释。郑玄的解释是以二十五个月为大祥，二十七月而禫，二十八月而作乐。③因此《唐律疏议》是这样规定。如此，就可以理解张九龄即使进士及第，也必须立即回乡守丧，他不能参加吏部的"释褐试"而得授官职。这其中既有礼制的规定，又有朝廷制度的强制性安排。张九龄中举后回乡"丁忧"，未参加"释褐试"而未得授官就顺理成章了。

这里的材料还证明，古人所谓守丧三年，实际上只是守丧二十七个月，即以九个月代替一年。由此看来，顾建国定张九龄丁忧在长安三年（703）张说过岭后的十一月中或者十二月，在时间上就有了可能。按照张九龄实际守制时间计算，张九龄结束丁忧当在神龙二年（706）三月间或四月间。这样他就有了赴试的时间了。

如此看来，顾建国所谓张九龄丁忧时间在长安三年十一月或十二月似乎比较圆满，可信可从了。但是顾建国还是忽略了一个问题，就是中宗即位后科举考试内容、规则的变化问题。

徐松《登科记考》神龙元年载："二月甲寅，复国号曰唐。令贡举人停习《臣轨》，依旧习《老子》《通鉴》《册府元龟》又作此令时间为神龙二年。"不管是神龙元年还是二年，对于在守制中的张九龄来说，要适应这一科举考试内容的变化，即使是天资高卓，也还是需要聚精会神地去应对的。何况本年还规定"进士科三场试。"④这

---

① 长孙无忌：《唐律疏议》，上海古籍出版社2013年版，第170—171页。
② 彭林注释：《仪礼》，中州古籍出版社2011年版，第400—401页。
③ 参见《辞源》，商务印书馆2015年第三版，第3024页。
④ 孟二冬：《登科记考补正》，北京燕山出版社2003年版，第161—162页。

也需要参加科举考试者精心准备。但是在守制中以纯孝著称的张九龄是没有这个心情、精力去考虑这些问题的。

因此，张九龄"丁父忧"的准确时间还需重新考定。笔者认为，张九龄"丁父忧"的准确时间应该是在长安二年（702）春初或二月初，也就是张九龄参加进士考试及第后，参加"释褐试"之前。大约张九龄参加进士科考试时，其父张弘愈还健在，或者虽已去世，但消息并不为张九龄所知。按照唐时制度，进士及第者还需要参加由吏部主持的"释褐试"，而吏部的"释褐试"在科举考试之后，即在春天正月或者二月。"释褐试"考完拟官至春末结束。可能张九龄在等待参加吏部"释褐试"期间，才得到家中告丧人的报告或者是报凶的书信，得知父亲张弘愈于长安二年正月中去世的消息。因为家人赴京告凶者取赴长安最近的郴州路也是三千六百八十五里，按照《唐六典》的规定："凡陆行之程，马日七十里，步及驴五十里，车三十里。水行之程：舟之重者，溯河日三十里，江四十里，余水四十五里，空舟溯河四十里，江五十里，余水六十里。沿流之舟则轻重同制，河日一百五十里，江一百里，余水七十里。"注又曰："其三硖、砥柱之类，不拘此限。"① 按此行程计，报丧人水陆兼程也最快需要一个多月时间。当然如果是通过官府的邮驿来报信，也可能快一些。得到父丧消息的张九龄自然还需要将此消息报告有司，得到批准才能返乡奔丧。按照当时礼制，这个批准的时间应该是很快的。这样张九龄回到曲江的时间应该是在夏初了。他无缘参加吏部授官的释褐考试也就顺理成章了。这样来解释张九龄中举未能授官，在家中未再赴举的原因就很有说服力了。

《新唐书·选举志下》："故事：必三铨、三注、三唱而后拟官，

---

① 李林甫等：《唐六典》卷第二，中华书局1992年版，第80页。

季春始毕,乃过门下省。"①所谓"三铨",就是要经过吏部两侍郎和吏部尚书的考试。所谓"三注"指的是被注官者有三次选择的机会。《唐六典》:"凡注官皆对面唱示。若官资未相当及以为非便者,听至三注。三注不伏注,至冬检旧判注拟。"②而吏部注官需要对于选人的"身、言、书、判"进行考察。《新唐书·选举志下》:"凡择人之法有四:一曰身,体貌丰伟;二曰言,言辞辩证;三曰书,楷法遒美;四曰判,文理优长。四事皆可取,则先德行;德均以才;才均以劳。"③亦即考察选任者身体状况、语言表达、书法水平、逻辑思维和书面表达能力,谓之"四才",考试合格,即可量才授予官职。这些考试的程序是包含有"面试"内容的,张九龄既然守制回乡,自然无缘参与"释褐试",也就无法授官了。

然则确定张九龄"丁父忧"的时间起点即张弘愈的去世准确时间为长安二年(702)正月,也还有一个疑问需要解答。即张九龄于长安二年二月开始守制三年,那么他的守制期当在神龙元年(705)二月结束。按照一般情况,张九龄在守制结束后的神龙元年八九月间即可赴京,参加神龙二年(706)春的吏部"释褐试"。但是张九龄因为神龙三年吏部"释褐试"与制科考试时间冲突,或者是因专注于参加制科考试,实际上并未参加"释褐试",而是参加神龙三年(707)的"材堪经邦科"的制举。这中间又有何原因呢?

要说明这个原因,还需要从当时朝廷的情况说起。我们可以排列一下长安二年至神龙二年这几年朝廷所发生的大事件和张九龄此期的一些行实,从中可以看出一些端倪。

长安二年(702)二月:张九龄参加进士科考试,因父亲张弘愈

---

① 《新唐书》卷四十五"选举志",《二十五史》第6册,上海古籍出版社、上海书店1986年版,第4256页。
② 李林甫等:《唐六典》,中华书局1992年版,第28页。
③ 《新唐书》卷四十五"选举志下",第4256页。

病逝回家守制，未参加"释褐试"；

本年进士科进士二十一人。①

长安三年（703）九月：张说、魏元忠、高戬等因张易之、张昌宗诬陷而被贬岭南。南贬途中或神龙元年张说返京途中经韶州，或与张九龄见面。一见则"视为族子。"

长安四年（704）春：张九龄的恩师沈佺期以"考功受赇"，"被弹"入狱。

神龙元年（705）正月：张柬之、敬晖、桓彦范、崔玄暐、袁恕己等五人发动政变，杀张易之、张昌宗，迫使武则天退位，传位与太子李显，改国号为唐。大赦天下，唯张易之党不原。贬韦承庆、房融、沈佺期、宋之问、杜审言、阎朝隐、王无竞、李峤、苏味道、崔融、韦元旦、刘允济、刘宪、郑愔等。其中，沈佺期长流驩州，宋之问贬泷州参军。

神龙元年五月：张柬之、敬晖、桓彦范、崔玄暐、袁恕己以诛张易之封王，被剥夺朝廷实权。实为韦后与武三思通谋，夺取五王实权之举，自此，朝廷实权尽归武三思与韦后。

神龙元年十一月：武则天死。

神龙元年秋冬间：李峤召为吏部侍郎。对于被张柬之等人重贬的李峤再次入朝担任要职，傅璇琮、陶敏等疑"当与武三思再次当权有关"②。其实不仅李峤的复出如此，即如之后回朝的宋之问、沈佺期等大批神龙元年前期张柬之等执政时期被贬的武氏集团成员，也在武三思当权后纷纷回朝担任要职。这当然与武三思的死灰复燃和韦后勾结组建政治势力、巩固政治版图紧密相关。

神龙二年（706）五月：武三思使郑愔告朗州刺史敬晖、亳州刺

---

① 长安二年进士科人数据清徐松《登科记考》，见徐松撰，孟二冬补正：《登科记考补正》上册各年所载，北京燕山出版社2003年版。

② 傅璇琮主编：《唐五代文学编年史》初盛唐卷，辽海出版社1998年版，第419页。

史桓彦范、襄州刺史张柬之、鄂州刺史袁恕己、均州刺史崔玄暐与王同皎通谋。六月，戊寅，贬敬晖崖州司马，桓彦范泷州司马，张柬之新州司马，袁恕己窦州司马，崔玄暐白州司马。子孙流放，参与政变之人悉数被杀、被贬。

神龙二年七月，长流敬晖于琼州，桓彦范于瀼州，张柬之于泷州，袁恕己于环洲，崔玄暐于古州。武三思指使中书舍人崔湜定计遣使杀桓彦范等于岭外，政治报复，极其惨烈。

从以上的情况，可以看出当时的朝局是何等的混乱，政治斗争又是何等的惊心动魄、惨烈异常！真是所谓乱纷纷你方唱罢我登台！如果说身处岭南边远地区张九龄对于高层那种斗争尚无直接切身感受的话，那么，分属两个相互斗争，陷害残杀政治派别的，与他有着十分特殊关系的人物，一个是张九龄的座主、恩师沈佺期，一个视张九龄为族子、对他赞赏有加、属于李唐势力的张说，都相继被贬出朝廷，流放岭南，不可能不对他这位后生晚辈有所说教。而且张说途经韶州还与张九龄见面，沈佺期也极可能与张九龄在韶州见面。他们不可能不叙及被贬之由吧？从中张九龄也必然感受到政坛的风云变幻。

长安二年，张九龄已是 25 岁的青年人了，并且还参加了科举考试，对于朝廷事务已经有所认识。此后随着年龄的增长，社会阅历的丰富，对于朝廷事务，尤其是朝廷上各种政治力量之间的斗争的了解、加深，对于政局也必然具有一定的判断力了。同时，尽管沈佺期和张说分属两个阵营，但由于均对张九龄十分赞赏，也必然会对于他未来的仕途提出建议吧？这些建议也许会因为沈张二人所属政治势力不同、政治判断力有异，提出的意见也可能相互矛盾，但无疑都会对张九龄产生重要影响。因此张九龄对于何时出仕也必然要做出谨慎的选择。

综合分析，朝廷政局的急剧变化，惨烈的政治斗争，沈佺期、张说的建议，张九龄对于政局变化的迷惑，都必然影响张九龄选择再次入京赴吏部"释褐试"授官的时间。同时，如前所述，中宗时期考试内容和规则的变化也需要张九龄以一定的时间去准备。他会在自以为看清了政局变化的方向，同时对于应对考试有了较大把握后才决定参加"释褐试"而出仕。在看到张柬之等发动政变，武则天逊位、唐中宗李显继位后又贬斥五王，到张柬之等五王政治势力被韦武政治联盟消解之后，张九龄或许会认为朝廷政局已经完全稳定，而对于《老子》的修习也有了较大的进展。何况他的座主沈佺期，尤其是对他及其欣赏、视他为族子的张说均已回京，可以为张九龄入仕助一臂之力。作为一个待价而沽的青年俊才，确实应该出山了，因而才决定于神龙二年（706）秋入京，参加神龙三年（707）的吏部"释褐试"授官出仕。但因为中宗于神龙三年"二月，令举天下宏儒博学之士"，也就是开设"制科"，张九龄实际上未参加"释褐试"，而是参加了制科"材堪经邦科"的考试，获得"乙第"，得授秘书省校书郎，从此进入烟波浩渺的官场。

以上对于张九龄长安二年（702）到神龙三年（707）这六年的情况做了细致的研究和考辨。可以确认，张九龄长安二年参加进士考试及第后未能参加吏部举办的"释褐试"，因而未能授官的原因是其父的遽然辞世，张九龄必然返乡"丁忧"守制。换言之，张九龄之父张弘愈去世之年应该为长安二年（702），具体时间应为长安二年正月或二月初，张九龄"丁忧"守制也必然是在这个时间。

第三章

张九龄与科举考试

提要

　　张九龄进士中举时间，新旧《唐书》"张九龄传"无明确记载。历来主要有长安二年说、景龙元年说，今人又提出神功元年说，三说各有影响。《张九龄进士中举时间考辨》追根寻源，梳理三说来源，进行考辨，指出景龙元年说和神功元年说致误之由，论定张九龄确为长安二年进士。

　　张九龄长安元年（701）赴举如何翻越大庾岭的问题，至今无人详究。《张九龄赴举翻越大庾岭路线考》明确指出，在张九龄开凿大庾岭路即今梅关路前十五年，张九龄赴举不可能从此道过岭。还结合历史资料，提出来两个路线，即经小梅关秦汉古道或者乌迳古道。作者以西晋李耿家族南迁和武周杜正宇留居为佐证，提出张九龄也可能是经乌迳古道过岭至信丰入贡水至赣州东去的看法。

　　《张九龄长安元年赴举路线考——兼及对于张九龄几首诗的理解问题》研究张九龄长安元年离家赴举的经历。对于张九龄赴举的路线选择及其原因做出说明，还对张九龄赴举途中所作诗歌的内涵做出不同于既往研究者的结论的解析，提出了与一些研究者不同的看法。

一　张九龄进士中举时间考辨

张九龄何时参加科举考试得中进士，新旧《唐书》并无明确记载。《旧唐书》本传谓："九龄幼聪敏，善属文。年十三，以书干广州刺史王方庆，大嗟赏之，曰：'此子必能致远'。登进士第，应举登乙第，拜校书郎。玄宗在东宫，举天下文藻之士，亲加策问，九龄对策高第，迁右拾遗"。①《新唐书》本传谓："张九龄，字子寿，韶州曲江人。七岁知属文，十三以书干广州刺史王方庆，方庆叹曰：'是必致远。'会张说谪岭南，一见厚遇之。居父丧，哀毁，庭中木连理。擢进士，始调校书郎，以道侔伊吕科策高第，为左拾遗。"②两《唐书》均未记载准确时间，由此产生张九龄中进士举时间的多种说法，聚讼不已，造成纷扰。

一是长安二年（702）说。宋人晁公武《郡斋读书志》在张九龄《曲江集》后云："右张九龄子寿也。曲江人，长安二年进士。调校书郎，以道侔伊吕科策高等。为左拾遗。开元中，为中书令。"③这明确了张九龄应科举考试及中举的准确时间为"长安二年"。此说法多为后人所取。如清人徐松《登科记考》④、温汝适《张曲江年谱》、近人何格恩《张九龄年谱》和《张九龄诗文事迹编年考》、杨承祖《唐张子寿先生九龄年谱》、闻一多《唐诗大系》、张明非《张九龄生平

---

① 《旧唐书》"张九龄传"，卷九九，《二十五史》第5册，上海古籍出版社、上海书店1986年版，第3849页。
② 《新唐书》"张九龄传"，卷一百二十六，《二十五史》第6册，上海古籍出版社、上海书店1986年版，第4583—4584页。
③ 晁公武著，孙猛校证：《郡斋读书志校证》下册，上海古籍出版社2011年版，第838—839页。
④ 见孟二冬：《登科记考补正》，北京燕山出版社2003年版，第158页。

事迹考辨》①等。傅璇琮主编《唐五代文学编年史》初盛唐卷说：长安二年"二月，考功员外郎沈佺期知贡举，试《东堂画壁赋》，张九龄、徐秀等二十一人登进士第；复令李峤重试，张九龄再拔其萃，授秘书省校书郎。张九龄本年二十岁。"②李锦全《岭海千年第一相张九龄》一书说："据晁氏《郡斋读书记》：称张九龄考中武后长安二年（702）进士，徐浩《神道碑》则称：'弱冠乡试进士，考功员外郎沈佺期尤所激扬，一举高第。'按长安二年这个时间算张九龄25岁，《神道碑》只称弱冠，没有讲具体年龄，与20多岁对比，大体上还是符合的。"这里所讲的《神道碑》是指徐浩所撰《张九龄神道碑》。但在谈到张九龄唐中宗景龙元年进入官场时，却引新旧《唐书》及《曲江集》本传所记，怀疑晁公武《郡斋读书记》"说张九龄长安二年进士应该有误"。李锦全又认为："对照《神道碑》，称他为'弱冠乡试进士，'而《曲江集·本传》则只称他'弱冠乡试，'并无进士二字。看来他在长安二年，考的只是'乡试'，所以没有授官。"③顾建国《张九龄年谱》确切地说，长安二年张九龄"春应进士考，考功员外郎沈佺期尤所激扬，一举高第。"④王仲荦《隋唐五代史》⑤和熊飞《张九龄年谱新编》⑥《张九龄大传》⑦《张九龄集校注》⑧均从此说。何九盈、王宁、董琨所编《词源》也认为张九龄是"长安三年进士。"⑨《辞海》说：张九龄"长安进士。"⑩虽未确定具体年份，但把张九龄

---

① 以上诸说转引自见顾建国：《张九龄年谱》，中国社会科学出版社2005年版，第26—27页。
② 傅璇琮主编：《唐五代文学编年史》初盛唐卷，辽海出版社1998年版，第392页。
③ 李锦全：《岭海千年第一相张九龄》，广东人民出版社2005年版，第24页。
④ 顾建国：《张九龄年谱》，中国社会科学出版社2005年版，第26页。
⑤ 王仲荦：《隋唐五代史》上册，中华书局2007年版，第583页。
⑥ 熊飞：《张九龄年谱新编》，香港教育出版社2005年版，第18页。
⑦ 熊飞：《张九龄大传》，暨南大学出版社2013年版，第22—23页。
⑧ 熊飞：《张九龄集校注》，中华书局2008年版，第3页。
⑨ 《词源》第三版上册，商务印书馆2015年10月第22次印刷本，第1399页。
⑩ 《辞海》，上海辞书出版社2000年版，第1313页。

中进士举的时间定在武后长安年间，大致也是准确的。吴光兴指出："长安二年（702）二十五岁的九龄进士及第，座主是沈佺期；神龙三年（景龙元年，707）应制举时，曾得中书令李峤主持重试。"①

二是景龙元年（707）说。唐中宗景龙元年即由神龙三年九月改元而来。按照顾建国在其所著《张九龄年谱》"长安二年"条，景龙元年说出于《四部备要》本《曲江集》张九龄本传，谓张九龄"弱冠乡试，考功郎沈佺期尤所激扬，景龙元年擢进士第二人。"《四部备要》本《曲江集》为明文渊阁大学士邱浚于明宪宗成化五年（1469）从馆阁群书中手自抄录出来，交由韶州太守苏韡刊刻的，书中附有邱浚所作的序言可证。②此事原委可参熊飞先生《张九龄集校注》下册第1128—1129页所附邱浚《张文献公〈曲江集〉序》及苏韡《书文献张公文集后》二文。但需注意，《曲江集》曾经韶关官吏多次翻刻，既有成化本，又有万历十二年本、万历四十一年本、顺治本、雍正十三年本等。商务印书馆民国二十六年（1937）排印本并未见附有张九龄本传，只有雍正十三年本附有本传。按其体例，为当时明代成化本或万历本所附。顾建国所据，当是雍正十三年本。这个版本乃上海中华书局据祠堂本校勘后以宣纸石印，亦即《四部备要》本，该书亦存有《张文献公本传》。因此可以认定，景龙元年说滥觞于此时。《曲江集》所附本传言张九龄于景龙元年中进士，因此此说影响也较大。清人仇巨川辑《羊城古钞》也说张九龄"弱冠举于乡，考功员外郎沈佺期尤加激扬，中宗景龙元年，擢进士第二人。授校书郎。"③今人马茂元《唐诗选》④、刘大杰《中国文学发展

---

① 吴光兴：《八世纪诗风——探索唐诗史上的"沈宋的世纪"（705—805）》，社会科学文献出版社2013年版，第68页。

② 参考李世亮：《张九龄年谱简编》，见王镝非主编：《张九龄研究论文集》，广东高等教育出版社1990年版，第263页。

③ 仇巨川：《羊城古钞》，广东人民出版社1993年版，第147页。

④ 马茂元：《唐诗选》，上海古籍出版社1999年版。

史》第二册①均言张九龄为景龙初进士及第。林庚、冯沅君主编的《中国历代诗歌选》认为张九龄是"中宗景龙初进士。"②

三是神功元年（697）说。此说也出于傅璇琮先生。他在其《唐代诗人考略·张九龄》中认为张九龄中进士举"应为武后神功元年（697）。"③此种推测是傅先生根据徐浩《张九龄碑》中"弱冠乡试，进士考功员外郎沈佺期尤所激赏，一举高第"④中的"弱冠"二字臆测而得出的结论。古人"二十"称"弱冠"，因此，傅先生定张九龄中进士举的时间为二十岁。这个时间正好是武后神功元年。傅先生对于此说并未展开进一步的论证。因此此说论据薄弱，不可信从。由傅璇琮主编，陶敏、傅璇琮著的《唐五代文学编年史》则直接否定神功元年说而持长安二年说。⑤这似可视为傅先生已经纠正了自己的说法，但是由于傅璇琮先生的科举制度研究在学界的巨大影响力，神功元年说也产生了很大影响。如乔象钟在《中国历代著名文学家评传》中说张九龄"武后神功元年（697），乡试进士，年方弱冠的张九龄一举高第。"⑥马良春、李福田总主编的《中国文学大辞典》第5册中，刘正民撰写的张九龄词条说张"武则天神功元年（697）中进士，又中制举拔萃科"。⑦马茂元、王从仁《中国大百科全书·中国文学》中说张九龄"武后神功元年进士，官秘书省校书郎。"⑧作

---

① 刘大杰：《中国文学发展史》，复旦大学出版社2006年版。
② 林庚、冯沅君主编：《中国历代诗歌选》上编第二册，人民文学出版社1964年版，第211页。
③ 转自顾建国：《张九龄年谱》，中国社会科学出版社2005年版，第26页。
④ 徐浩：《张九龄神道碑》，见翁方纲著、欧广勇、伍庆禄补注《粤东金石略补注》，广东人民出版社2012年版，第167页。
⑤ 傅璇琮主编：《唐五代文学编年史》初盛唐卷，辽海出版社1998年版，第392页。
⑥ 吕慧鹃等编：《中国历代著名文学家评传》第二册，山东教育出版社1983年版，第69页。
⑦ 马良春、李福田总主编：《中国文学大辞典》第5册，天津人民出版社1991年版，第3233页。
⑧ 《中国大百科全书·中国文学卷》第2册第2卷，中国大百科全书出版社1992年版，第1236页。

为全国干部学习读本，由杨义、邓绍基主编的《古今文学名篇》下册中所选张九龄之《望月怀远》的注文中说：张九龄为"武则天神功元年（697）进士。"①这本书曾经多次印刷，至 2002 年 5 月，印数即达 15 万册，其后也曾重印，可见其影响范围之大。范晓燕《唐诗三百首赏析》也说张九龄是"武后神功元年进士"。②许远贤《张九龄研究若干历史问题考辨》也力主神功元年说，③马积高、黄钧主编的《中国古代文学史》也持此看法，认为张九龄"神功元年进士，授校书郎"④，都是依据傅璇琮这一说法的。要纠正这一说法，学界还需付出很大努力。

面对这样复杂的情况，一些著作对于张九龄中进士的具体的时间采取了回避的态度，只笼统地说他中进士而不言具体的时间。如民国李维《诗史》⑤，今人屈守元《中国文学简史》⑥，孙望、郁贤皓主编的《唐代文选》⑦，罗韬选注、刘斯奋审定的《张九龄诗文选》⑧，黄惠贤主编《二十五史人名大辞典》⑨，于景祥《中国骈文通史》⑩，蘅塘退士选编、彭东焕注释之《唐诗三百首》⑪，熊礼汇《隋唐五代文学史》⑫，章培恒、骆玉明《中国文学史》⑬，等均采取此种态度，显得颇为审慎，是一种负责任的态度。

---

① 杨义、邓绍基主编：《古今文学名篇》上册，人民出版社 2002 年版，第 125 页。
② 范晓燕：《唐诗三百首赏析》，南方出版社 2002 年版，第 40 页。
③ 许远贤：《张九龄研究若干历史问题考辨》，《韶关学院学报》第 28 卷第 10 期，2007 年 10 月。
④ 马积高、黄钧：《中国古代文学史》中册，人民文学出版社 2009 年版，第 46 页。
⑤ 李维：《诗史》，东方出版社 1996 年版。
⑥ 屈守元：《中国文学简史》，四川人民出版社 1980 年版。
⑦ 孙望、郁贤皓主编：《唐代文选》，江苏古籍出版社 1994 年版。
⑧ 罗韬选注，刘斯奋审定：《张九龄诗文选》，广东人民出版社 1994 年版。
⑨ 黄惠贤主编：《二十五史人名大辞典》，中州古籍出版社 1997 年版。
⑩ 于景祥：《中国骈文通史》，吉林人民出版社 2002 年版。
⑪ 蘅塘退士选编，彭东焕注释：《唐诗三百首》，四川美术出版社 2003 年版。
⑫ 熊礼汇：《隋唐五代文学史》，武汉大学出版社 2009 年版。
⑬ 章培恒、骆玉明：《中国文学史》，复旦大学出版社 2005 年版。

以上诸说，即长安二年说、景龙元年说、神功元年说三说并存，各自均有影响，造成学界混乱。但是，究竟何者为准确？以下试加辨证。

长安二年说出于宋晁公武《郡斋读书志》。晁公武生于宋徽宗崇宁年间（1102—1106），但是主要生活于南宋时代。他进士出身，曾在多地为官，同时也是一位治学严谨、著述十分丰富的学者。他的《郡斋读书志》"内容比较翔实。《读书志》著录各书，是晁公武的世纪收藏，故它介绍各书书名、卷数、篇名、篇数、编次以及迻录的有关序跋，咸可凭据，不是那些从抄旧目而成的目录所能比拟的。晁公武撰写解题，凡其人正史有传者则略，若史遗其行事者，则杂取他书详细记载，故其介绍的作者生平事迹、成书原委及其背景，前代书目的著录情况以及有关典章制度、掌故轶事，不是出于作者耳闻目睹，就是出于现在大部分已经佚失的史传文集（如唐宋两代历朝实录、登科记、宋历朝国史、唐开元四库书目等），其内容往往极可宝贵。"① 由此可见，晁公武《郡斋读书志》言出有据，其学术价值和记载的真实准确性是毋庸置疑的。因此，《郡斋读书志》关于张九龄长安二年进士及第的记载是不应该被怀疑的。

徐松《登科记考》一书也言张九龄于长安二年进士及第。徐松在其《登科记考·凡例》中系统梳理十余种唐代登科记的传播源流和残缺佚失情况，说明《登科记考》所依据的史料，可见是下了一番考据功夫，态度是极其严谨的。他指出其所据《登科记》，是宋人乐史在十余种唐人所作《登科记》性质的著作基础上整理的，他结合当时新出土、发现的唐人墓志、石刻拓片以及史籍、方志、类

---

① 孙猛：《郡斋读书志·前言》，见晁公武撰、孙猛校证：《郡斋读书志校证》，上海古籍出版社2011年版，第3—4页。

书、总集、别集笔记等，经过考证写成《登科记考》一书。①徐松的著述态度严谨，其依据翔实可靠。无论是晁公武的《郡斋读书志》还是徐松的《登科记考》，从其依据资料的原始性、著作态度的严谨性、记录事实的可靠性来说，都是后人所无法比拟的，如无更加过硬的原始材料，是很难以推翻的。因此，两书关于张九龄长安二年进士及第的记载是可靠可信的。

还有一个考证的角度，就是长安二年进士科考试的主考官即知贡举者是谁。无论是长安二年说，景龙元年说还是神功元年说，都有一个共同的特点，认为张九龄中进士举的知贡举者是沈佺期，这也与史书记载一致，现在研究者各方也无异议。只要确定沈佺期这位知贡举的主考官担任考功员外郎的时间，就确定了他知贡举的时间，也就确定了张九龄中举的时间。从现在见到的材料看，徐松《登科记考》是最早明确长安二年沈佺期知贡举的。书中"长安二年壬寅（702）"条下载："进士二十一人"，还记有明经科、龚黄科中举数人。列明："知贡举：沈佺期"②。今人王士祥《唐代试赋研究》长安二年（702）试《东堂画壁赋》条下说："徐松又据《旧唐书》'文苑传'、沈佺期《自考功员外授给事中诗》、武后《夏日宴石淙诗》刻石时间及张说《四门助教尹守贞墓志》考定，沈佺期知贡举当在长安二年。"③陶敏、易淑琼所著《沈佺期宋之问集校注》前言也说："长安元年（701）《三教珠英》修成，沈佺期迁考功员外郎，知长安二年贡举旋擢为考功员外郎。"④学界对沈佺期长安二年知贡举一直以来并无怀疑，已成共识。尤其是曾主张张九龄于神功元年中进

---

① 见徐松：《登科记考·凡例》、孟二冬：《登科记考补正·自序》，均见孟二冬：《登科记考补正》，北京燕山出版社2003年版，第17页，第1页。

② 徐松：《登科记考》，见孟二冬：《登科记考补正》上册，北京燕山出版社2003年版，第158—160页。

③ 王士祥：《唐代试赋研究》，上海古籍出版社2012年版，第167页。

④ 陶敏、易淑琼：《沈佺期宋之问集校注》，中华书局2001年版，第1页。

士举的古代文学研究大家傅璇琮先生也改变主张，承认了长安二年说，也确认长安二年知贡举者为沈佺期。傅璇琮主编，陶敏、傅璇琮著的《唐五代文学编年史》初盛唐卷还排出沈佺期任考功员外郎前后的仕历，考证严密细致，具有很强的说服力。

当然，关于沈佺期知贡举的时间，近来也有说是长安元年的。孟二冬在《登科记考补正》"长安二年"条所引其香港友人陈祖言所言，陈先生认为长安二年知贡举的为张说。但此说证据不足，疑点较多，孟二冬先生也提出疑问，未予置信。[①]

既然确定沈佺期长安二年知贡举，张九龄长安二年中进士举就与之高度契合，应该没有疑问。既确定张九龄的中进士举时间为长安二年，现在还有一定影响的景龙元年（707）说和神功元年（697）说其谬自明，本无再加申说之必要。但行笔至此，不吐不快，且指出致误之由对于支撑长安二年之说，亦不无助。

景龙元年说出于《四部备要》本《曲江集》张九龄本传，此说谓张九龄"弱冠乡试，考功郎沈佺期尤所激扬，景龙元年擢进士第二人。"其误在于将张九龄参加唐中宗景龙元年"材堪经邦科"入仕任校书郎的时间和长安二年中进士举混为一谈。这应是《曲江集》本传作者对于张九龄经历不够详明所致，也可能是误解唐代科举任官制度，以为中进士即授官所致。中宗景龙元年即神龙三年（707）。张九龄参加材堪经邦科的时间，《唐会要》卷七六《制科举》记为神龙二年。[②] 根据陈飞《唐代试策考述》一书考证，按照《唐会要》体例，张九龄参加材堪经邦科制举考试时间，当为神龙三年即景龙元年。考证可信，从之。《曲江集》本传之误，还在于不明张九龄得授校书郎，是因为参加材堪经邦科，而不是参加进士

---

① 均见孟二冬：《登科记考补正》，孟先生引其香港友人陈祖言《张说年谱》之言，北京燕山出版社 2003 年版，第 159 页。

② 《唐会要》卷七六"制科举"，中华书局 1955 年版。

科考试。这在徐松《登科记考》中有明确记载。① 所以《曲江集》本传说："景龙元年擢进士第二人"，是将张九龄参加的不同科目考试的时间混为一谈，且又将应考入仕的时间误为初次参加科举考试的时间，由此可见，《曲江集》张九龄本传景龙元年科举及第之误十分明了。

至于神功元年说，致误之因前已述及，就在于傅璇琮先生根据徐浩《张九龄碑》"弱冠乡试进士"一语认定张九龄弱冠即二十岁中举，可见证据十分薄弱。如前所述傅璇琮先生在他主编的《唐五代文学编年史》初盛唐卷中已经放弃此说，改信长安二年（702）说了。附带一说，在《唐五代文学编年史》中又说"张九龄本年二十岁"，这是前后矛盾的，也与张九龄的生卒年与经历不合。实际上张九龄长安二年是 25 岁。傅先生在他关于唐代诗人系列考证文章成书时，也未将张九龄的考证文章收入书中。② 似可认为傅先生已经觉察到问题所在了。应该注意的是，马茂元先生的《唐诗选》是持景龙元年说的，但在《中国大百科全书·中国文学》中，他和王从仁合撰的张九龄词条了却改为神功元年说，我认为这一词条或许并非马茂元先生自撰。关于徐浩《张九龄神道碑碑》中"弱冠乡试进士"一语，熊飞先生在他的《张九龄集校注·前言》中解释得最为通达。熊飞先生说："武后神功元年（697），乡试中式，得试进士资格。长安二年（702），入京参加进士试，'考功员外郎沈佺期尤所激扬，一举高第。'"③

综上所考，张九龄于武后长安二年中进士举确切无误，可为信史。至于他中进士举后何以至景龙元年即神龙三年，时隔五年方才入京参加"材堪经邦科"制举，长安二年进士科结果是否被废，他

---

① 孟二冬:《登科记考补正》上册，北京燕山出版社 2003 年版，第 171 页。
② 傅璇琮:《唐代诗人丛考》，中华书局 1980 年版。
③ 熊飞:《张九龄集校注》上册，中华书局 2008 年版，第 2—3 页。

是否参加重试，参加何种重试等系列问题，当在以后文章中予以考辨。

二　张九龄赴举翻越大庾岭路线考

关于张九龄赴举翻越大庾岭的具体路线，至今无人详考，也无人认为是一个问题。其实，张九龄应科举考试究竟是如何越过大庾岭的，或者说是沿着哪条路线越过大庾岭的，还真是个问题，需要予以研究。

张九龄选择沿浈江水路东出大庾岭，经赣州、洪州、江州入鄱阳湖，可见是向神都洛阳方向去的。从东都洛阳（武周朝称神都）至岭南韶州的道路，也就是张九龄逆向赴东都的道路。陈洪彝已经指出从东都洛阳至汴州（今开封）后，"从汴州向光州、黄州一线，经江州（九江）、洪州（南昌）虔州（赣州）向南，跨越大庾岭可通往韶州与广州。"[①] 张九龄自己也有诗，可以证明他是经过浈江水路，越大庾岭、入鄱阳湖的。但是更为具体的行程还需要研究。比如，张九龄赴举是从何处翻越大庾岭的呢？是沿着现在大家都熟知的梅岭关吗？这是值得进一步探讨的问题。

问题出在何处？从张九龄的《开凿大庾岭路序》中可以看出问题之所在。序文不长，录之如下：

"先天二载，龙集癸丑，我皇帝御宇之明年也。理内及外，穷幽极远，日月普烛，舟车运行，无不求其所宁，易其所弊者也。初，岭东废路，人苦峻极，行径寅缘，数里重林之表；飞梁嶪嵼（引注：四部全书本作'峨'），千丈层崖之半。颠跻用

[①] 陈洪彝：《中华交通史话》，中华书局2013年版，第265页。

惕，斩绝其元。故以载则曾不容轨，以运则负之以背。而海外诸国，日以通商，齿革羽毛之殷，鱼盐蜃蛤之利，上足以备府库之用，下足以赡江淮之求。而越人绵力薄财，夫负妻戴，劳亦久矣，不虞一朝而见恤者也！不有圣政，其何以臻兹乎？开元四载，冬十有一月，俾使臣左拾遗内供奉张九龄，饮冰载怀，执艺是度，缘磴道，披灌丛，相其山谷之宜，革其阪险之故，岁已农隙，人斯子来，役匪逾时，成者不日。则已坦坦而方五轨，阗阗而走四通，转输以之化劳，高深为之失险。于是乎镂耳贯胸之类，殊琛绝赆之人，有宿有息，如京如坻。宁与夫越裳白雉之时，尉佗翠鸟之献，语重九译，数上千双，若斯而已哉？凡趋徒役者，聚而议曰：'虑始者，功百而变常；乐成者，利十而易业。一隅何幸，二者尽就。况启而未通，通而未有，斯事之盛，皆我国家玄泽浸远，绝垠胥洎，古所不载，宁可默而无述也？盍刊石立纪，以贻来裔。'是以追之琢之，树之不朽。"①

对于这篇序文中所记之事，现在解释者还是有些争议，容后文考辨。但毋庸置疑的是，张九龄很明确地告诉我们几个事实：

一是原来岭东是有道路的，这条道路因"人苦峻极，行径寅缘，数里重林之表；飞梁槷巀，千丈层崖之半。颠踬用惕，斩绝其元。故以载则层不容轨，以运则负之以背"，道路险峻，山高林密，驿道功能已废，故称"岭东废路"。"而海外诸国，日以通商，齿革羽毛之殷，鱼盐蜃蛤之利，上足以备府库之用，下足以赡江淮之求"，因为道路的险峻，运输艰难，海外通商贸易、岭南鱼盐之利，不能为朝廷和中原、江淮官民所用。而岭南庶民"绵力薄财，夫负妻戴，劳亦久矣"，生存维艰。交通困难给越人输送贡物和商业运输带来

---

① 熊飞：《张九龄集校注》下册，中华书局2008年版，第890—891页。

巨大困难，"劳亦久矣"。朝廷恤民，开凿新路，黎民百姓因此受益，对于皇帝的"圣政"感恩戴德。这是讲开凿大庾岭路的原因及其意义：既利于国用，又利于民生，还减轻了岭南庶民负载之苦，意义很大。

二是讲清了开凿大庾岭路的过程。张九龄写明，先是他"饮冰载怀，执艺是度，缘磴道，披灌丛，相其山谷之宜，革其阪险之故"，亲临实地考察，历尽艰辛，按照山谷走向，制定了可行的开凿方案。于"开元四载，冬十有一月……岁已农隙，人斯子来，役匪逾时，成者不日"，终于按时完成开凿大庾岭路的浩大工程，使"岭东废路"焕然一新，恢复了驿道功能，"坦坦而方五轨，阗阗而走四通。转输以之化劳，高深为之失险"，成为一条沟通南北的坦途。

三是讲张九龄作序的原因。即"凡趋徒役者，聚而议曰：'虑始者，功百而变常；乐成者，利十而易业。一隅何幸，二者尽就。况启而未通，通而未有，斯事之盛，皆我国家玄泽浸远，绝垠胥洎，古所不载，宁可默而无述也？盍刊石立纪，以贻来裔。'""是以追之琢之，树之不朽。"因"趋徒役者"即各与事官员的提议而成文刊石，遗留后世。这是交代出"刊石立纪"的原因，既是要体现对于批准兴建这一旷古未有之工程的朝廷、皇帝的感恩戴德，还要给后人留下一种历史的记忆，让朝廷"圣政"流布久远。

既然大庾岭新路由张九龄总其事，于唐玄宗开元四年（716）冬十一月动工，不日建成，那么早在张九龄进京参加科举考试的武周长安元年（701），即大庾岭新路开凿前十五年，张九龄不可能经大庾岭新路，即今天还在使用的梅关道翻越大庾岭。

既然张九龄翻越大庾岭时大庾岭路并未开凿，而岭东一段久成"废路"，则张九龄必经由秦汉以来另一道路翻越大庾岭。但自秦汉以降，岁月悠悠，所谓"秦汉古道"的踪迹难觅，具体走向如何实难确定。

但考索史乘，秦汉以来，中原经江州、洪州、吉州、赣州而至岭南，是有秦汉古道的。这条唐开元四年（716）前即存在的秦汉古道经大庾岭的具体走向如何，需要研究。

考《史记》秦始皇纪："三十三年，发诸尝逋亡人、赘婿、贾人略取陆梁地，为桂林、象郡、南海，以时遣戍。""南海"注引晋人徐广言曰："五十万人守五岭"；张守节《正义》云："《广州记》云：五岭者，大庾、始安、临贺、揭阳、桂阳。《舆地志》注大庾岭云：一曰台岭，亦名塞上，今名大庾。"①

又，《史记》"南越列传第五十三"载："（任）嚣死，（赵）佗即移檄告横浦、阳山、湟溪关"，司马贞《索隐》曰："案《南康记》云，南野大庾岭三十里至横浦，有秦时关。其下谓为'塞上'。"② 又记："元鼎五年（前112年）秋，卫尉路博德为伏波将军，出桂阳，下汇水；主爵都尉杨仆为楼船将军，出豫章，下横浦。"③

杜佑《通典》卷一百八十二"虔州"条下有"大庾"："有大庾岭，一名塞上岭，即五岭之一。昔汉时吕嘉反，汉军伐之。监军姓庾，城于此，故谓之大庾岭，刘嗣之《南康记》云：'西汉杨仆讨吕嘉，出章郡，下横浦，即今县西南，故横浦废关见在此。'"④ 李吉甫《元和郡县图志》卷第三十四载"曲江县"："浈水，在县东一里。元鼎五年征南越，楼船将军下横浦，入浈水，即此水。""始兴县"条下又云："大庾岭，一名东峤山，即汉塞上也。在县东北一百七十二里。从此至水道所极，越之北疆也。越相吕嘉破汉将军韩千秋于石门，封送汉节，置于塞上，即此岭，本名塞上。汉伐南越，有监军

---

① 《史记·秦始皇纪》，《二十五史》第1册，上海古籍出版社、上海书店1986年版，第30页。

② 《史记》卷第一百十三"南越尉佗列传"，第327页。

③ 同上。

④ 杜佑：《通典》卷一八十二，第五册，中华书局1988年版，第4844页。

姓庾，城于此地，众军皆受庾节度，故名大庾。五岭之戍中，此最在东，故曰'东峤。'"①按此记载，张九龄越岭东去，经虔州而至洪州、江州转长江北上，必须经由湞江水路"至水道所极"，然后翻越大庾岭。

由这些记载可以看出，当时对于大庾岭的称呼是多种多样的。所谓"塞上""台岭""庾岭""大庾岭""东峤""横浦""横浦关"等，都是对于这一地区的称呼。但是细致地分析一下，还是可以看出其中的差异来。所谓"塞上""庾岭""大庾岭""东峤"等，一般是指五岭之中最东面西北—东南走向的那个大山岭，范围是比较大的。而"横浦"应该是指的江河的一段；"横浦关"等称呼，则主要是指在这个大山岭所建筑、用于驻军戍守的关城、军垒。当然这些地名，并非都在大庾岭上。

清初大学者顾祖禹《读史方舆纪要·广东》一："其重险则有梅关。""梅关，在南雄府北六十里大庾岭上，东北去江西南安府二十五里，雄杰险固，为南北之噤要。亦谓之横浦关。自秦戍五岭，汉武遣军下横浦关，常为天下必争之处。有驿路在石壁间，相传唐开元中张九龄所凿。宋嘉祐中复修广之。旧时岭上多梅，故庾岭亦曰梅岭，关曰梅关。今梅废而关名如故。有官军戍守。"②顾祖禹这里说的梅关，很明显，是指唐玄宗开元四年之后的大庾岭关，亦即张九龄所开凿的大庾岭关，而非秦汉时之古道。

顾祖禹《读史方舆纪要》卷一百二"广东三"有"南雄府"载："府当庾岭要口，为南北襟喉。秦王翦降百越，谪戍五万人守五岭。汉武平南越，遣杨仆出豫章下湞水，即此地矣。南汉置雄州，为北面重镇。"③又有"大庾岭"："府北六十里，一名东峤，以在五岭最

---

① 李吉甫：《元和郡县图志》下，卷三十四，中华书局1983年版，第901—902页。
② 顾祖禹：《读史方舆纪要》第九册，中华书局2005年版，第4590页。
③ 同上书，第4690页。

东也。汉初为南越北塞,武帝讨南越时,有将军庾姓者筑城于此,因名大庾岭。由豫章趣岭南,此为噤喉之道。唐开元四年诏张九龄开新道于此,自是益为坦途。大庾而东南四十里又有小庾岭,间道所经也。"①这里明确说"唐开元四年诏张九龄开新道于此,自是益为坦途",是张九龄所开的一条新路。

《读史方舆纪要》本卷中还有"梅关""小梅关"二条。其"梅关"条记:"在大庾岭上,两崖壁立,道出其中,最为高险。或以为即秦之横浦关也。旧志:'府东北四十里有秦关。《南康记》大庾岭横浦有秦时关,后为怀化驿。'盖横浦关秦所置也。唐宋以来谓之梅关,明成化中好事者更为岭南第一关。"其"小梅关"云:"在府东北四十里小梅岭上。山径荒僻,有路通三洲、五渡、龙南、信丰等处,贼每由此窥窃逞来。旧有土城,恃为限蔽。"②可见,顾祖禹所云"小梅关"就是南雄"府东北四十里"的秦关。

顾祖禹还从江西方向来考察大庾岭。他在《读史方舆纪要》卷八"江西"有《江西重险》,亦可参考:

"其重险则有大庾岭。大庾岭,在南安西南二十五里。广东南雄府北六十里,磅礴高耸,为五岭之一。《水经注》:'涟溪山即大庾岭也。'秦始皇三十三年以谪徒五十万戍五岭,又《秦纪》'秦使屠睢将兵十万守南楚之峤',谓此也。《广记》:'大庾在五岭最东,亦名东峤'。《图经》云:'山延袤二百里,上有横浦关。秦末赵佗欲据越,移檄告横浦诸关:盗兵且至,急绝道聚兵自守者也。'及汉武帝时吕嘉反,函封汉节至塞上(塞上即大庾),使杨仆讨之,出豫章,下横浦,盖踰岭而南也。在秦时谓之塞上,亦名塞岭。汉伐南越时有将军庾姓者诚此,故名大庾。又《汉志》亦名为台岭山,以岭上有石如台

---

① 顾祖禹:《读史方舆纪要》第九册,中华书局2005年版,第4690页。
② 同上书,第4691页。

也。或以形如廩庾，故谓之庾岭。又谓汉庾胜者，本梅鋗将，为汉守台岭，筑城岭下，因有大庾之名。晋义熙六年徐道覆以刘裕方伐南燕，劝卢循乘虚袭建康。（时循为广州刺史，道覆为始兴相）曰：'若裕平齐之后，自将屯豫章，遣诸将帅锐师过岭，恐君不能当也。'或谓之南康山，道覆谋为乱，先使人伐船材南康山中，盖岭在南康郡境也。梁太清末陈霸先为始兴太守，起兵讨侯景，遣其主帅杜僧明屯于岭上，霸先旋发始兴，至大庾。隋开皇十年，番禺黎帅王仲宣反，遣其党据大庾，立九栅。诏裴矩巡抚岭南。矩至岭，击破之。唐《十道志》：'江南名山曰大庾。'《张九龄集》云：'岭东废路，人苦峻极。'《志》：'东峤古路在今安里之游仙径。崎岖荦确，入蹀六七里，两山对峙，螺转而上，周围九磴，至顶而下又蹀七里，始平。上有横浦关。此古人入关之路。'开元四载冬，俾使臣左拾遗内供奉张九龄，缘磴道，拔灌丛，相其山谷之宜，革其坂险之故，人始便之。自九龄凿新路后，两壁峭立，中途坦夷，上多植梅，因又名梅岭。白居易云：'大庾多梅，南枝既落，北枝始开'是也。"①

"南安府"谓："府南扼交广、西距湖、湘，据江西之上游，拊岭南之项背。《史记》：'秦始皇三十三年使屠睢将兵十万守南埜之峤。又汉武帝元鼎五年遣将军杨仆讨南越，出豫章，下横浦。'今郡城南去庾岭不及一舍，为南北要冲，行旅往来必取途于此，盖犹秦汉故道矣。""大庾县"有"大庾岭"云："府南二十五里，为府镇山，即五岭之一也。高特磅礴，延亘绵远，为南北险阻。小梅关岭。有二，一在府北一里，与梅关相对；一在府西南十五里，较梅岭差平小。志云：小梅关相传唐开元以前入粤之路，由此度章水滩，故

---

① 顾祖禹：《读史方舆纪要》第八册，中华书局 2005 年版，第 3886—3888 页。

名。"① 顾祖禹所说的"秦汉故道""唐开元以前入粤之路",是从江西南安(治大庾)方向而言的,与其所记南雄方向的梅关和小梅关相合。值得注意的是顾祖禹区分了梅关与小梅关,指出小梅关是唐开元前入粤之路,并说小梅关有二处。

以上材料证明古代浈昌县即今南雄与南安(治大庾)之间的大庾岭确是中原通往岭南的古道,是从秦汉以来多次军事行动必经的通道,也是南北人员来往通行的道路。

但是大庾岭上通往岭南各地的道路不止一处,在顾祖禹《读史方舆纪要》书中记大庾岭上还有诸多的隘口,各自通向岭南各县和江西各地。江西方面有与"保昌(南雄)"相接的火迳隘、双坑隘,通往广东仁化、湖广桂阳县的右源隘,通往江西信丰县的游仙隘等②,南雄有平田凹隘、红梅隘、新茶园隘,还有南亩隘、杨婆岭隘等。③ 但是张九龄所开凿的梅关则是其中一条最为重要的驿路,而非仅可供人行走的小路。张九龄所开大庾岭新路,后人称为大梅关。大梅关之外,还有小梅关,小梅关又有二处。"一在府北一里,与梅关相对;一在府西南十五里,较梅岭差平小。志云:小梅关相传唐开元以前入粤之路,由此度章水滩,故名。"这条路或者又称秦汉古道,亦称"东峤古路","在今安里之仙游径",因为张九龄开凿大庾新路而废。顾祖禹所说的大小梅关及其与"府"的距离,都是从江西南安府(治大庾)角度来说的。南安府北一里、与张九龄开凿的梅关相对的小梅关,与南雄府北的那条路相通,是秦汉古道;南安府西南十五里的小梅关则是"唐开元以前入粤之路",也应是一条秦汉古道。

按照这些记载,张九龄越过大庾岭的具体路线的疑问似乎揭开

---

① 顾祖禹:《读史方舆纪要》第八册,中华书局2005年版,第4079—4080页。
② 同上书,第4079—4082页。
③ 顾祖禹:《读史方舆纪要》第九册,中华书局2005年版,第4691—4692页。

了谜底。那就是他可能是在长安元年（701）沿着南安府西南十五里、南雄府东北四十里的小梅岭的秦汉古道越过大庾岭的，也就是从浈水尽头上岸，越过小梅关，经那时的仙游径而东上虔州（今赣州）。因此，张九龄不可能经他开凿的梅岭关越岭应试，在一般情况下，有可能是经过秦汉以来的古道即小梅岭越过大庾岭了。

但是也有问题，即秦汉古道并非是一条普通道路，而是具有军事用途的道路。自秦汉以来，秦汉古道已历千载，悠悠岁月，人迹罕至，山高林密，道路失修，行走困难；而岭南地方，本来就人烟稀少，要走这样既难行，又毫无安全保障的道路，是要冒着极大风险的。而张九龄作为一个乡贡进士，是随着韶州土贡一起北上的。随着韶州土贡一起行动，必然还有押送贡品的人员，押送人员必然会确保贡品和贡人的安全。所经行的道路，必须安全，这就决定了张九龄等必定要经由贡路也就是驿路而行。因而，张九龄是否经由此道赴举，还需研究。

张九龄翻越大庾岭还有一种可能性，就是经乌迳古道越过大庾岭。近年来一些学者经过文献考察和实地踏勘，已经确定，现在的南雄市和江西信丰县之间乌迳镇，存在一条所谓的乌迳古道。[①] 这个乌迳古道，或许也就是秦汉古道之一，亦即顾祖禹所谓"小梅关，相传唐开元以前入粤之路。"其实，乌迳古道早有史书记载。明嘉靖《南雄府志》记载"乌迳路，通江西信丰。陆程二日，水程三四日抵赣州大河。庾岭未开，南北通衢也。"[②] 清初人顾祖禹也说，小梅关"在府东北四十里小梅岭上。山径荒僻，有路通三洲、五渡、龙南、信丰等处。"[③] 这里的所谓"府"，指的是清朝初年的"南雄府"。

---

① 赖井洋：《乌迳古道与珠玑文化》，暨南大学出版社2015年版。
② 《嘉靖南雄府志》，《天一阁藏明代方志选刊续编》第66册，上海书店出版社1990年版，第254页。
③ 顾祖禹：《读史方舆纪要》第九册，中华书局2005年版，第4691页。

所谓"山径荒僻",应该是指明清时期道路的情况。这里所说的"庾岭未开,南北通衢",综合该志记载来看,指的就是唐开元四年前,张九龄未开大庾岭新路之前的时间段落里翻越大庾岭的路线。因此,张九龄翻越大庾岭也可能是从这条路线走的。原因有四。

一是这条路线与顾祖禹所记大致相合。按照今人赖井洋的研究,乌迳古道的具体走向是:"乌迳古道水路从南雄县城浈江码头出发,溯浈江、昌水而上可直达乌迳新田圩码头,由新田圩码头转陆路,至九渡水为码头下桃江,入贡水,出赣江,至赣州乃至福建及长江流域和中原地区,两段水路行程超过 200 千米"。到赣州更加具体的行程是"古道水路由南雄县城溯昌水(浈江上源,发源于江西信丰爬栏寨)而上可抵乌迳新田码头,约 65 千米;然后陆路转乌迳圩、永锦街、石坳子、过锦龙圩、石盘江、迳口、到石迳圩;由石迳圩过老背塘、犁水圳、担水排、焦坑俚、分水坳、进入信丰九都镇潭头水。再到九渡水圩码头转水运,约 30 千米。乌迳古道水陆全程 100 千米"。①最近出版的《南雄市志》中也载有"乌迳路"一条,谓:"乌迳路是一条仅次于梅关的贯通南北、水陆联运的古道。"又说乌迳古道"相传是古时通往江西信丰县小道,名十里迳。迳深林密,乌鸦群集,因名乌迳。"关于其经行节点的记载与赖井洋所记相同。②二是按照顾祖禹所记的"有路通三洲、五渡、龙南、信丰"一语中的"三洲、五渡"均在南雄城外的浈江—昌江水路上。信丰正是乌迳古道所达的陆路终点。龙南则需要转换方向向西南而行,但也是这条路线可以通达的。三是乌迳古道走向与顾祖禹所记的小梅关在"府东北四十里小梅岭上"的行程也大致相合。按赖井洋的考察,由南雄县城溯昌江而上至新田圩转陆路,约 65 千米。水道蜿

---

① 赖井洋:《乌迳古道与珠玑文化》,暨南大学出版社 2015 年版,第 100 页。
② 南雄市人民政府地方志编纂委员会编:《南雄市志》,方志出版社 2011 年版,第 280、742 页。

蜒曲折，路程会比陆路远一些。如果是陆路，路程会减少一半以上。这也大致相合。四是既然有这样一条"南北通衢"，张九龄一行又何苦要去走所谓"人苦峻极"的小梅关秦汉古道呢？须知，张九龄是随着韶州土贡一起入京的，所经行的道路应该是贡路、驿站，绝不会冒险取荒径小路。而所谓"南北通衢"应该也是既指道路宽大易行，这也符合贡路的要求。

现在的问题是，顾祖禹所记"小梅关""在府东北四十里小梅岭上，山径荒僻，有路通三洲、五渡、龙南、信丰等处"①存在内在的矛盾。如果是"府东北四十里"的小梅关是指"与梅关相对"而居于北面的小梅关，则越岭东出后就只能到达大庾县辖地，而不可能"有路通三洲、五渡、龙南、信丰"。如果从目的地反推，则"有路通三洲、五渡、龙南、信丰"，顾祖禹所谓的小梅关则另有所指，应该是指循乌迳古道翻越的那段大庾岭山路上的某处所在。为写这篇文章，本人曾咨询韶关市规划部门人员，他们再咨询南雄规划部门，得到答复，现在南雄市雄州街道有一处被称为"小梅关"的地方，也不知顾祖禹所说的"小梅关"是否此地？不能肯定。但是可以肯定的是，顾祖禹所说通信丰等地的小梅岭、小梅关，绝不是指与梅关相对的南雄北面的小梅关。

乌迳古道在唐开元四年张九龄未开大庾岭新路前，有沟通南北的重要作用，既有史书记载，也有实地勘察成果的证明。近年来，有学者对于乌迳古道沿线开展了细致的考察，取得了丰硕的成果。②现在乌迳镇的新田村就是一个十分重要的例子。新田古村是在西晋建新三年（315）由李耿等人首先迁入而建的。关于李耿，方志出版社2011年9月出版的《南雄市志》中有其传记，还有他的裔孙李金

---

① 顾祖禹：《读史方舆纪要》第九册，中华书局2005年版，第4691页。
② 李娟：《乌迳古道》，《开放时代》，2009年12期。

马的传记。①

明嘉靖《南雄府志》表二"选举"中记"宪宗元和：李金马，保昌人，力学，有大节，累官户部侍郎、金紫光禄大夫。"②清道光《自隶南雄州志》卷二十五则有更加详细的李金马传记，或者真有其人。关于李耿、李金马，在《晋书》和新旧《唐书》中未见其传记，但地方志屡见其事迹记载，或并非空隙来风。然乌迳古道确是真实存在的，应该没有疑问。千百年来，乌迳古路上的乌迳区域，外迁氏族不少，人口稠密，早就成为南雄重要的居民聚居区。这当然与乌迳处在交通线上，是唐前入粤之大路，来往便捷紧密相关。这也反证了乌迳古道的交通功能，千百年来发挥着巨大作用。这或许就是顾祖禹所谓"南雄府东北四十里"的那条秦汉古道？

综上所述，张九龄赴举翻越大庾岭的路线，最可能的选择有二。一是选择今梅岭以北的小梅关秦汉古道，一是选择乌迳古道越过大庾岭。笔者个人认为如果要选择道路平旷安全的贡路，则乌迳古道作为"庾岭未开，南北通衢"③的一条大路，被选择的可能性为最大，这主要是张九龄随着韶州土贡运送的人员入京，必然要走驿路，必然需要考虑保障安全。如果确实如此，则张九龄一行人就是经由乌迳古道越过大庾岭，入赣江北上的。不仅是张九龄长安元年赴举道路经行此路，开元四年大庾岭新路开通前大批南来官员、行商，也可能是经由此路的。仅就武周朝和中宗朝而言，大批由西京长安或者神都洛阳南下赴任的官员如武后时期的广州都督王方庆等，以及魏元忠、张说、宋之问、沈佺期等大批贬官，也都是经由此路南下

---

① 南雄市人民政府地方志编纂委员会编：《南雄市志》，方志出版社2011年版，第602页、603页。

② 明嘉靖《南雄府志》，《天一阁明代方志选刊续编》，上海书店出版社1990年版，第132页。

③ 谭大初：《嘉靖南雄府志》，《天一阁藏明代方志选刊续编》第66册，上海书店1990年版，第254页。

广州，再赴各人任、贬、流放所在地的。确认这一点，对于我们深刻、准确认识唐开元四年前中原与岭南的南北交通状况，也具有重要意义。

2018 年 11 月 8 日

（致谢：本文写作，得到南雄市林小龙市长、南雄市政府办卢锦华主任、南雄市市志办同志和韶关市规划办和南雄市规划局同志的支持，谨致以诚挚谢意！）

三　张九龄长安元年赴举路线考——兼及对于张九龄几首诗的理解问题

张九龄于长安元年（701）秋赴京参与科举考试的经历，历来无人认真研究，或者语焉不详，一笔带过。但这又是张九龄生平经历中一段不得不搞清楚的问题，很有认真考证之必要。

这里主要涉及几个方面的问题。一是张九龄作为韶州的乡贡进士，是如何进京的呢？二是张九龄进京赴进士举，韶州地方官府是否还需要举行何种仪式？三是张九龄进京赴举的具体路线如何？四是作为韶州乡贡进士，进京之后还经过了何种手续？五是张九龄等举子入京还参与了正式考试之外的何种礼仪？以下逐一考辨。

一般而言，地方对于乡贡进士应该是非常重视的。因为这是当地文风鼎盛的标志，也是官员政绩的表现，还体现了为国家育才、选材的贡献，是很荣光的事情。按照朝廷的规定，凡乡贡进士，每年经州复试合格后，按照规定的人数，随物上供。《新唐书·选举志上》："每岁仲冬，州、县、馆、监举其成者送之尚书省；而举选不由馆、学者,谓之乡贡。皆怀牒自列于州、县。试已,长吏以乡饮酒礼,会僚属,设宾主,陈俎豆,备管弦,牲用少牢,歌《鹿鸣》之诗,因与耆艾叙少长焉。"①可见,州、县地方贡士,其礼仪是非常隆重的,这些举措无疑强化了士子的荣誉感、责任感,对后学也是一种启迪和激励。

今天很多人已经不知道何为乡饮酒礼了。那么,乡饮酒礼是一种什么样的"礼"呢?简单地说,乡饮酒礼是一个古老的礼仪。根据唐人杜佑的《通典》记载,所谓乡饮酒礼,起源很早:"周制,乡饮酒礼"属于"嘉礼"。最早的记载见于《周礼·地官》:"大司徒之职……以乡三物教万民而宾兴之。"郑玄曰:"诸侯之乡大夫,正月吉日受法于司徒,退而颁于乡吏。及三年大比而兴其贤者能者,以宾礼礼之,献于王庭,曰乡饮酒。"②施行乡饮酒礼有四种情况,杜佑在《通典》加按语说:"按乡饮酒之礼,其义有四,此则宾贤能乡饮酒也。又云六十者坐,五十者立侍以听政役。六十者三豆,七十者四豆,八十者五豆,九十者六豆,所以明养老正齿位,此乃党正饮酒,亦谓之乡饮酒。又按州长春秋习射于序,先行乡饮酒之礼,亦谓之乡饮酒。又有卿大夫饮国中之贤者酒,用乡饮酒之礼。"

这里说到的"豆",是一种盛食物的食器。形似高脚盘,在盘子里装东西。60岁至80岁的老人,设"豆"不同,也就是待遇是有区别的,目的是显示尊老。可见,所谓乡饮酒之礼,包括尊老敬贤在内,有四种用途,其中用于表彰和尊崇贡士,也就是"三年大比而兴起贤者能者"的礼仪,也属于用乡饮酒礼的范围。乡饮酒礼是起源于周代的乡饮酒礼仪之一。以后,后汉、晋以至于唐代,均

---

① 《新唐书》,卷第四十四"选举志",《二十五史》第6册,上海古籍出版社、上海书店1986年版,第4254页。
② 参见杜佑:《通典》第二册卷七十三,中华书局1988年版,第2002—2005页。

沿袭不改。①这实际上是体现了历代朝廷统治者对于学校教育和人才选拔的高度重视。

至于乡饮酒礼的具体议程，《通典》记载较多。现在看来也比较繁琐。这里引录《新唐书·礼乐志》的记载："州贡明经、秀才、进士身孝悌旌表门闾者，行乡饮酒之礼，皆刺史为主人。"刺史是乡饮酒礼活动的主人，也是责任人。乡饮酒礼准备活动很慎重，"先召乡致仕有德者谋之，贤者为宾，其次为介，再其次为众宾，与之行礼，而宾举之"。这个过程就是与州中退休官员有德者参与一起确定"宾"的人选和举办时间。举办时间当然要选择吉日吉时。然后就是刺史以主人身份以礼邀请通知宾客，被邀请担任主宾和介宾、众宾的人都需通知。其中对于主宾和介宾的邀请是十分慎重严肃的。到正式举办的乡饮酒礼的时间，主、宾和一干执事人员如何行坐起立、如何配置酒食、如何进食、如何跪拜、如何奏乐、演奏何种音乐等，都有十分具体的规定。如规定"设工人席于堂廉西阶之东，北面东上，工四人，先二瑟，后二歌。工持瑟升自阶，就位坐，工鼓《鹿鸣》，卒歌，笙入，立于堂下北面，奏《南陔》，乃间歌，歌《南有嘉鱼》，笙《崇丘》；乃合乐《周南·关雎》《召南·鹊巢》。"②由此可见，乡饮酒礼的举办，是很慎重的，也是很庄严、很诚敬、仪式感极强的。参与者在这样的环境中，必然受到一种熏陶、一种启迪。作为主要参与者的主"宾"和"介宾"，也自然受到激励，那是一件很荣光的事情。

当然，乡饮之礼在各州县是否真正按要求实行，也是应该注意的。其实，乡饮酒礼当时在各地实行情况并不完全相同。少帝唐隆元年（710）七月的敕书说是"废之久矣"。至开元十八年（730），

---

① 杜佑：《通典》第二册卷七十三，中华书局1988年版，第2002—2005页。
② 《新唐书》卷十九"礼乐志"，《二十五史》第6册，上海古籍出版社、上海书店1986年版，第4179页。

又由于宣州刺史裴耀卿上疏言："窃以乡饮酒礼颁于天下，比来唯贡举之日，略用其仪，闾里之间，未通其事。"由此可见，虽然"闾里之间，未通其事"，但是"贡举之日"地方刺史还是要"略用其仪"的。①傅璇琮分析，这个制度执行的情况如何，大约与刺史个人的出身有关，与对于此事的重视程度有关。他还认为，唐代乡酒礼的规定，其实并未得到全面的执行。然而，从傅先生所引裴耀卿的上疏中，恰好证明这个制度是得到执行的，只不过是"闾里之间，未通其事"，即在最基层的地区对于这一规定尚不了解。换言之，在州这个层面，还是"略用其仪"，即仪程未必那么严格，只是具备乡酒礼的形式而已。试想，作为一个具有相当权威的统一政权的教育政策和礼仪规定，各地执行的程度或有差异，但明目张胆地予以废弃，倒也未必尽然。因此我倒是宁愿相信，张九龄所在地韶州，因其地处大道，朝廷与地方之间，信息均较灵便，刺史也未必敢于明目张胆地废弃这一礼仪；何况韶州虽属下州，但却是岭南道除广州之外最为繁盛发达之地。《新唐书·地理志》记，韶州"户三万一千，口十六万八千九百四十八"；而"广州南海郡"作为中都督府所在地，"户四万二千二百三十五，口二十二万一千五百"；此外各州郡，人户、人口均无超过韶州的。即使作为中都督府的桂州始安郡，也才"户万七千五百，口七万一千一十人"②。人户人口最少的州，人户甚至不超过一千，如思唐州武郎郡、古州乐兴郡，分别户一百四十一、二百八十五。人口更少得可怜，以致《新唐书》都不予记载。从这些情况考虑，韶州可称是岭南仅次于广州的发达之地。唐代皇甫湜

---

① 杜佑：《通典》第二册，卷七十三，中华书局1988年版，第2007页；傅璇琮：《唐代科举与文学》，陕西人民出版社2007年版，第53页。

② 《新唐书》卷四十三"地理志"，《二十五史》第6册，上海古籍出版社、上海书店1986年版，第4248—4250页。

就说过："岭南属州，韶为最大。"① 身居岭南发达繁盛的韶州的张九龄离乡入朝赴举，韶州刺史一定是举行过这一礼仪的。

在这些必需的程序完成后，张九龄就要按照规定，随着韶州所上的土贡——也就是韶州地方对于中央的贡品，其实也就是当地的土特产品一道，踏上北上的行程了。

按照唐朝廷的规定，每年地方贡士，也是有严格的具体规定的。《唐六典》卷三十记："凡贡人，上州岁贡三人，中州二人，下州一人。若有茂材异等，亦不抑以常数。"②《新唐书》记："凡贡举非其人者，废举者，校试不以实者，皆有罚。"③ 这里说有罚，绝非虚文，而是有十分具体的法律规定的。《唐律疏议》"职志""贡举非其人"中存有《唐律》原文三条：

一、"诸贡举非其人及应贡举而不贡举者，一人徒一年，二人加一等，罪止徒三年（非其人，谓德行乖僻，不如举状者。若试不及第，减二等。率五分得三分及第者，不坐）。""疏议曰：依令，诸州岁别贡人。若别敕令举及国子诸馆年常送省者，为举人。皆取方正清循，名行相副。若德行无闻，妄相推荐，或才堪利用，蔽而不举者，一人徒一年，二人加一等，罪止徒三年。注云：'非其人，谓德行乖僻，不如举状者'。若使名实乖违，即是不如举状，纵使试得及第，亦退而获罪。如其德行无亏，唯只策不及第，减乖僻者罪二等。率五分得三分者，不坐，谓试五得三，试十得六之类，所贡官人，皆得免罪。若贡五得二，科三人之罪，贡十得三，科七人之罪。但有一人德行乖僻，不如举状，即以乖僻科之，纵有得第者多，

---

① 顾祖禹：《读史方舆纪要》，第九册卷一百二"广东"三，中华书局2005年版，第4674页。
② 陈仲夫校点：《唐六典》卷三十，"三府都护州县官官吏"，中华书局1992年版，第748页。
③ 《新唐书》卷四十四"选举志"，第4254页。

并不合共相准折。"①

二、"若考校、课试而不以实，及选官乖于举状，以故不称职者，减一等（负殿应附而不附，及不应附而附，致考有升降者，罪亦同）。""疏议曰：考校，谓内外文武官寮年终应考校功过者。其课试，谓贡举之人艺业伎能，依令课试有数。若其官司考、试不以实，及选官乖于所举本状，以故不称职者，谓不习典宪，任以法官，明练经史，授之武职之类，各减贡举非其人罪一等。负殿应附不附者，依令，私坐每一斤为一负，公罪二斤为一负，各十负为一殿。校考之日，负殿皆悉附状，若故违不附；及不应附而附者，谓蒙别敕放免，或经恩降，公私负殿并不在负限，若犯免官以上及赃贿入己，恩前狱成，仍附景迹，除此等罪，并不合附而故附，致使考校有升降者，得罪亦同，谓与考校、课试不实罪同，亦减贡举非其人罪一等。"

三、"失者，各减三等（余条失者准此）。承言不觉，又减一等。知而听行，与同罪"。"疏议曰：失者，各减三等，谓意在堪贡，心不涉私，不审德行有亏，得减故罪三等。自试不及第以下，应附不附以上，失者又各减三等。余条失者等此，谓一部律内，公事错失，本条无失减之文者，并准此减三等。承言不觉，亦从贡举以下，承校试人言，不觉差失，从失减三等上更减一等，故云又减一等。知而听行，亦从贡举以下，知非其人，或试不及第，考校、课试知其不实，或选官乖状，各与同罪，谓各与初试者同罪"。②

这些规定既十分明确，也十分具体，使地方和参与贡举的人员有所戒惧。目的是防止贡士泛滥和选士不公，贪污受贿和接受请托、弄虚作假，还有防止地方县、州学育人质量下降。

既规定各类州的贡士名额，又规定标准难于掌握的变通之法，

---

① 岳纯之点校：《唐律疏议》，上海古籍出版社2013年版，第149—150页。
② 同上书，第149—151页。

就使地方官员一般都会奉行多一事不如少一事的态度，严格按照规定的员额贡士了。这样，韶州本次的贡士也就是张九龄一名了。韶州较之中原各发达州、县，教育确实还是差距较大，有唐一代，除张九龄、张九皋、刘珂等之外，通过科举考试成为进士者寥寥无几，但在岭南，又是绝无仅有的。又据《新唐书·地理志》记，岭南诸州均属下州。韶州自然也是下州。《新唐书》还记：韶州始兴郡"土贡，竹布、钟乳、石斛"。① 就是每年要向朝廷进贡这些物品。如此，随同地方土贡一起入京的张九龄，很可能就是与押送这些土贡物品的人一道同行了。

周武则天长安元年（701）秋某日，张九龄辞别故乡和家人，从韶州曲江出发，经东路赴神都洛阳应试。按照当时士子赴举，一般都要早行。实际上，凡是官方行动运送贡品（包括贡物、贡士）经贡路入京，都是公务活动，都享受驿站接待的待遇，是有严格的行程规定的，也就是无论陆路或者水路，都要按照每日行程多少的规定，自然也都是要早行的。因此，张九龄应是黎明即起，拜别列祖列宗和家人，与运送土贡进京的人一道踏上征程。所行路线，有诗可证是水路。即在曲江登船沿湞水东行。他的《初发曲江溪中》诗②：

　　溪流清且深，松石复阴临。
　　正尔可嘉处，胡为无赏心。
　　我犹不忍别，物亦有缘侵。
　　自匪尝行迈，谁能知此音？

初发，即首发，这里是说第一次沿曲江溪出发参加科考，选择东路北上，沿溪而行，两岸青山，竹树掩映，松石蔽日，溪水虽深

---

① 《新唐书》卷四十三"地理志"，《二十五史》第6册，上海古籍出版社、上海书店1986年版，第4248页。
② 熊飞：《张九龄集校注》上册，中华书局2008年版，第265页。

而清澈，随着行舟，移步换形，本来是赏心悦目、令人叹赏不休的景致，却因为初离乡园，不忍辞别家人而伤感，沿溪两岸的竹树，也似乎是要缠住离人，不放远行。若非曾有过远行的经历，感受过各处江山的不同美景，是难于感受曲江溪行的特色的。这句可见，在此之前，张九龄也是"尝行迈"，出过远门的，比如《浈阳峡》所记。而此行又是参与科考，前路茫茫，在兴奋中又夹杂着惶惑不定的疑虑：此去前程如何？结果如何？这种复杂的心情，未曾经历者谁又能体会得到呢？这种对于前途未可预知的惶惑与期待交织的心理，即使在今天，也是可以理解的。

这里所说的曲江溪，就是指浈江。浈江指珠江水系北江干流的上游段，源头在江西省信丰县石溪湾，流经浈昌（南雄）、始兴、仁化、曲江，汇合武江后称北江，直下经英德、三水而至广州。唐嗣圣元年（684）大庾岭西侧设浈昌县（现南雄市）。

至于张九龄参加科举考试为何选择浈江水路而不循陆路的问题，主要是因为当时陆路难行，当时的韶州虽然是为岭南发达的州府，但是所辖地域辽阔，实际上也可以说是地广人稀，经陆路而行是很危险的。何况，杜佑《通典》"始兴郡"说："东至南康郡界七百里，""北至仁化县三百二十里，重山无路。""韶州"条："今理曲江县，""大唐置韶州，或为始兴郡。"即是说，韶州即始兴郡。从韶州州治曲江至仁化县，是没有陆路通行的。①而源发于大庾岭的浈江，当时称为"浈水""始兴江""始兴大江""溱水""真水"。李吉甫《元和郡县图志》说："溱水，一名始兴大江，北自韶州曲江衔接流入"。称"大江"，固然是指浈水汇合武水后至英德界那段江水。但当时浈江水量也很充沛，水路顺畅，航道安全，便于行船也是事实。不然，汉元鼎五年（前112年）楼船将军杨仆又何以能从这个水道

---

① 杜佑：《通典》，第五册"始兴郡"，中华书局1988年版，第4914页。

直下广州呢？《元和郡县图志》载韶州曲江："浈水，在县东一里。元鼎五年征南越，楼船将军下横浦，入浈水，即此水"①。这从北宋名臣余靖的一段话中也可得到印证。余靖也是韶州人，他在《韶州真水馆记》中说："真水出大庾岭。"这里的"真水"即指"浈江"。余靖还说："凡广东西之通道有三：出零陵下离水者由桂州，出豫章下真水者由韶州，出桂阳下武水者亦由韶州……自京都沿汴绝淮，由堰道入漕渠，溯大江，度梅岭，下真水至南海之东西江者，唯岭道九十里为马上之役，余皆篙工楫人之劳，全家坐而致万里，故之峤南虽三道，下真水者十七八焉。"②余靖是北宋人，北宋时期尚且如此，几百年前的武周时期更可想而知。可见发源于大庾岭上的浈江确实是一条去大庾岭的必经水路，也是进出岭南行人最多的道路。

至于为何浈江航道安全呢？简单地说，因为那是秦始皇统一岭南时，任嚣、赵佗进军时的水路。汉武帝时平定吕嘉之乱时，楼船将军杨仆也是经此水路到韶关再入北江下番禺（广州）的。南朝时陈霸先兵锋东指，建立陈朝，唐武德年间掠取岭南之地，也是沿浈江上下。大规模的军事行动当然需要整治航道，疏通险峻，保障舟船运输安全、便捷，后来即成水驿道路，因此浈江水路得以安全通畅，遗惠后人也是很自然的事情。

从余靖的《韶州真水馆记》中还可以得出这样的结论：至北宋时期，南来北往的人们大都是沿水路往返的。只要有水路，必然不走陆路。这主要是因为水路安稳舒适，无须去承受陆路的舟车劳顿，还因为相对安全，无须虑及强盗出没、狼虫虎豹的威胁。北宋时期尚且如此，那早前几百年的武则天时期，当然更是如此了。既然仁化方向"重山无路"，也就是没有驿路，那么至少这一段中的驿站，也只能是水驿了。何况水路既平稳又安全，走的人又多，张九龄只

---

① 李吉甫：《元和郡县图志》卷三十四"岭南道"，中华书局1988年版，第891、902页。
② 余靖：《武溪集》卷五，《韶州真水馆记》，书目文献出版社1998年版。

能选择走浈江水路越过大庾岭了。

  在唐朝时代，一般的情况下，自当时两京南下去岭南交通路线较为明确。从长安出发，"东南方，通往蓝田、商洛与武关，去今河南南阳、湖北襄阳"，至此分途，向西折向四川。另一条路线是"从襄阳向南通往荆州、武陵（常德）、潭州（长沙）"，① 然后乘船溯湘江南去，至衡阳分途西去，经灵渠、漓江至广西桂州（桂林）。南下则越过南岭的骑田岭，至韶州，由此进入岭南。至于东都洛阳至岭南诸州、县的道路，则是从东都洛阳至汴州（今开封）后，"从汴州向光州、黄州一线，经江州（九江）、洪州（南昌）虔州（赣州）向南，跨越大庾岭可通往韶州与广州。"② 由广州分途，由西江而上，去往广西各州。陆路向西南方，沿海而行，通往安南交趾各州。路途是很遥远的。

  至于张九龄本次赴举为何不走西北路（即越过骑田岭入湘江而至长江北上去长安）而是循东路（即越过大庾岭，经赣江过鄱阳湖至神都洛阳）而行，那是根据科举考试的举办地来确定的。而科举考试的举办地一般情况下当然是在京城，是在皇帝所在地。但唐代实行两京制：京师长安，东都洛阳，在武则天时期，洛阳又称为神都。究竟长安二年张九龄参加的这次科举考试举办地是在京师长安还是神都洛阳呢？

  我们知道，武则天称帝后的绝大多数时间，因为京师长安宫中闹鬼，武则天都是居住在神都洛阳的。那是否就可以确定长安二年的科举考试地就是神都洛阳呢？也不尽然。武则天执政时长期居住在神都洛阳，并不等于她就不到西京长安。至于这次科举考试的举办地，当然要看武则天这个时期是在京师长安还是神都洛阳来确定了。

---

  ① 陈洪彝：《中华交通史话》，中华书局2013年版，第263页。
  ② 同上书，第265页。

查《旧唐书》"则天皇后武氏传",长安元年"冬十月,幸京师,大赦天下,改元为长安。"①这样,武则天于长安元年冬十月到达西京长安,并改元,直到长安三年十月才回到神都洛阳,一共在长安住了整整两年。由此看来,既然武则天长安元年冬十月至长安三年冬十月均身在西京长安,那么张九龄参加的长安二年科举考试的举办地必然是在长安。

但是,还有一个情况值得注意。张九龄于长安元年(701)秋天某日从韶关曲江启程之时,武则天尚在神都洛阳,那么张九龄最先的赴举目的地自然也只能是神都洛阳。而武则天"冬十月幸京师"的消息,张九龄也应该是赴神都洛阳的半道上才得知的,因此,张九龄不得不改变路线,转道而去长安的吧。这就可以解释张九龄的科举考试地点是在长安,为何经东路的问题了,从张九龄赴京所选择的东越大庾岭路线也可得到印证。如果张九龄一开始就知道武则天将去长安,贡举将在长安举办,那就不会选择东路经虔州、吉州入京,因为如果选择西北路,路途里程为少近一千里(详后)。路线的选择,是古人确定行程的主要依据。如无特殊原因,是不会舍近求远的。

当然,唐代除"南选"之外,还有所谓"东选"和"两都试人"之举措。关于"东选",《新唐书·选举志下》记:"太宗时,以岁旱谷贵,东人选者集于洛州,谓之'东选'。"但那是指"铨选",即对于在职官员的考核选拔,并不是指贡举。《新唐书·选举志下》一开头就说:"至于铨选,其制不一。"②可见对于铨选和贡举的区分是很明确的。至于"两都试人",《新唐书·选举志上》记:"代宗广德二年……是岁,贾至为侍郎,建言岁方艰欠,举人赴省者,两都试

---

① 《旧唐书》"则天皇后纪",《二十五史》第5册,上海古籍出版社、上海书店1986年版,第3499页。

② 《新唐书》卷四十四,《二十五史》第6册,上海古籍出版社、上海书店1986年版。

之。两都试人自此始。"① 这里说的"两都试人",指的是科举考试。但是时间有误。傅璇琮在《唐代科举与文学》一书的第四章中有详实的考证,指出"两都试人"始于唐代宗时期的说法并不可靠。他引徐松《登科记》卷三所记的武后永昌元年(689),进士及第的,神都(洛阳)六人,西京二人,第二年天授元年(680)又是两都并试,神都十二人,西京四人,以此证明"两都试人"始于唐代宗之说有误。此后《登科记》就无武则天时期"两都试人"的记载了,傅璇琮先生分析"这大约是材料缺失之故"。也就是说,现实中可能也会存在"两都试人"的情况,只是因为"材料缺失"才未能在《登科记》中反映出来而已。他还指出:"武则天时期的两都并试,是由于政治上的原因"②,这就是说既要以"两都试人"收拢人心,还要表明对于唐初科举传统的继承延续。但是张九龄时期,武则天称帝已久,地位稳固,政治大局总的说比较安稳,可能延续"两都试人"的方式已无太大必要吧。即使还坚持"两都试人",从前两次取士数量看,神都试人大大高于西京。因此在武则天时期,神都试人可以视为士子入仕的主要渠道。因此,如无更加明确的信息,一说到参加科举考试,士子们自然首先想到的是赴神都洛阳了。这也就是张九龄赴举选择东路的重要原因。还有就是自韶州出发去神都洛阳,选择东路比选择西北路要近六百余里(详后)。这也是张九龄选择东路的原因之一。

从大的方向说,张九龄此次的路线,应该就是循着这个路线反向而行,即自韶州曲江出发,去东北方向,经浈昌(南雄),越大庾岭,到虔州(赣州)、吉州(吉安)、洪州(南昌)、江州(九江入江,到黄州、光州、汴州(开封)而至神都洛阳。道路的选择,应该是沿浈水东上,至浈昌(南雄),即须舍舟陆行,越过大庾岭,

---

① 《新唐书》"选举志上",《二十五史》第6册,上海古籍出版社、上海书店1986年版。
② 傅璇琮:《唐代科举与文学》,陕西人民出版社2007年版,第73—74页。

再至虔州（今赣州）入赣江，乘舟继续北上至洪州（今南昌），经九江入鄱阳湖（彭蠡湖）入长江，再北上而去东都，途中得知武则天已去长安，只得转道再赴长安。

还有一个问题需要说明。即张九龄选择循东路赴举，翻越大庾岭，经虔州、吉州、洪州入鄱阳湖后，还可以顺长江而下，到扬州再经漕运路线赴神都、长安。张九龄开元十五年（727）赴洪州任，即走此路。其诗集中多首诗如《当涂界寄裴宣州》《江上使风呈裴宣州》《经江宁览旧迹至玄武湖》可证。熊飞注《经江宁览旧迹至玄武湖》云："关于由东都至洪州之线路，可参考李翱《南来录》：盖李翱于元和四年正月乙丑应岭南节度使杨于陵之辟，由东都沿漕道，出洛下河，止汴梁口，遂泛汴流，通河于淮，经河阴、汴州、陈留、雍丘、宋州、永城、埇口、泗州、下汴渠入经盱眙、楚州、扬州，济大江至润州。"熊飞说："曲江公此行，疑亦沿漕道也……曲江公至江宁后，便溯江西上，经宣州当涂界，至江州入彭蠡湖经庐山而至洪州，则较为快捷也。"[1] 熊飞说的是张九龄开元十五年赴洪州任的路线，因是赴任，地位也不同了，从长安出发至东都，选择漕路赴任，也确实较为安适、便捷。但是在26年前的长安元年（701）张九龄参加科举，如选此路，则增加不少行程，赴举时是不会做如此选择的。何况漕路在唐开元年之前，通行时断时续，实为不便。[2] 因此张九龄赴举时选择漕路的可能性不大。

张九龄赴举的行程，按照《元和郡县图志》所言：自韶州去上都（长安）取郴州路三千六百八十五里，取虔州、吉州路去上都即长安，四千六百八十里。西北至东都取郴州路三千四百二十五里；取虔州、吉州路二千八百七十里。[3] 按《唐六典》户部卷第三，度支

---

[1] 熊飞：《张九龄集校注》上册，中华书局2008年版，第243页。
[2] 安作璋主编：《运河文化史》上册，山东教育出版社2001年版，第300—301页。
[3] 李吉甫：《元和郡县图志》卷第三十四，岭南道一，中华书局1983年版，第901页。

郎中规定:"凡陆行之程:马日七十里,步及驴五十里,车三十里。水行之程:舟之重者,溯河日三十里,江四十里,余水四十五里;空舟溯河四十里,江五十里,余水六十里"①。这个路程,按照当时行程规定,单程即需要两个多月时间。当然张九龄此行是与土贡人员一道的,是否日夜兼程,史无明载,不敢妄言。但张九龄此行,水陆兼程,路途遥远,确实是很辛苦的,新鲜感一过,也会产生一种孤单的感觉。

在此行途中,张九龄以离乡日远,乡绪时浓,发而为诗,有《初发道中寄远》一首②:

> 日夜乡山远,秋风复此时。旧闻胡马哀,今听楚猿悲。念别朝昏苦,怀归岁月迟。壮图空不息,常恐发如丝。

初发道中,即第一次入京的道路上。需要注意的是,这里我们说的道路,并非指陆路,水路亦可称"道中"。当然也可以是指翻越大庾岭后,或者是进入黄州而至光州的陆行路程中作此诗。因为诗中有"旧闻胡马悲,今听楚猿愁"之语。听到楚地的猿鸣,声音凄厉,触动乡愁。这是用典与写实兼具的写法。离乡寄远,以诗寄给远方的家人或朋友,或者就是寄给自己的妻子。寄诗的对象现在已难确考,但是诗中所表达的情感却很真实。在秋风吹拂的季节,随着离家的时日增长,一日复一日,离开家乡已是愈来愈远了。曾经读过《古诗十九首》中"胡马依北风,越鸟巢南枝"的名句,听到山崖树上悲猿的啼鸣,才感受到其中所蕴含的思念家乡和亲人的苦况。回想离别时候的情状,整天都沉浸在深深的怀念之中,什么时候才能回到家乡,与家人团聚呢?恐怕不是朝暮之间能做到的吧,所谓人在江湖,身不由己呀。更何况壮志未酬,宏图初绘,还需奋斗不息,我常常感受到岁月奄忽,深恐少壮不努力,老大徒伤悲,

---

① 陈仲夫校点:《唐六典》户部卷第三,度支郎,中华书局1992年版,第79—80页。
② 熊飞:《张九龄集校注》上册,第226页。

等闲之间就头白如丝，空度岁月，一事无成啊！

这首诗中，张九龄所表达的情感仍然是较为复杂的，既有对自己思念家乡、亲人的炙热深沉情感的表露，也有明显的自励之意。

此行张九龄还有《彭蠡湖上》诗：

> 沿涉经大湖，湖流多行泆。决晨趋北渚，逗浦已西日。所适虽淹旷，中流且闲逸。瑰诡良复多，感见乃非一。庐山直阳浒，孤石当阴术。一水云际飞，数峰湖心出。象类何交纠，形言岂深悉。且知皆自然，高下无相恤。①

关于这首诗，熊飞定为开元十四年张九龄出守洪州途中所作。他在《张九龄集校注》上册注这首诗说："开元十四年（726）赴洪州任途中所作。彭蠡湖（即鄱阳湖），在江西省境。北与长江通。九龄至洪（今南昌市），乃乘船入江再入湖。"②但笔者以为不然，这首诗应该是作于本次北行赴考期间。

这首诗其实是一首具有明显纪行意义的作品。似乎是在告诉人们此行的所见所感。"沿涉经大湖，湖流多行泆。决晨趋北渚，逗浦已西日"，是记录一天的行程的诗。"决晨"是早上，一大早，天还没有亮就出发了。向北出发，经过一天水上行程，感受到了湖面波涛汹涌，到达岸边驿站"逗浦"，也就是停船的时候，太阳已经西下了。这四句诗说的是，沿着湖面行进，看到湖里的水浪跌宕起伏，波涛汹涌。黎明时分就向北边湖中的洲岛进发，到达靠岸时，已是日落西山时分了。但是，熊先生在注释中却说是张九龄到洪州赴任时所作。如果是赴任时所作，怎么可能沿着大湖北行？只能是自长江入湖后由北往南行才符合赴洪州任的路线啊！所以，熊先生的说法与诗中所记不符，不可信从。

"所适虽淹旷，中流且闲逸，瑰诡良复多，感见乃非一。"这是

---

① 熊飞：《张九龄集校注》上册，中华书局 2008 年版，第 240 页。
② 同上书，第 240—241 页。

回顾一天水路行程的所见所感。北行水途之中，虽然感到湖水宽阔旷远，但是风平浪静，还是感到很平稳闲适的。在彭蠡（鄱阳）湖中航行，湖面在阳光照射下，瑰诡奇幻，变化莫测，丰富多彩，不可言说。这诗首句中的"淹旷"，熊飞注曰"言船行滞留时间虽长"。① 他批评刘（思翰）注"淹旷：辽远"和彭（庆生）注"淹旷：开阔""均误"。其实，刘、彭二先生所注均通，并无所谓"均误"的问题。"淹"既有淹留之意，也有渊博、广博远大之意。结合上下文看，在辽阔的鄱阳湖上行舟，波涛汹涌，"瑰诡良复多"，有惊心动魄之感，但是中流却是较为平静的，在这平静的玻璃水面上行进，还是给人以闲适之感的。倒是熊先生所注"滞留时间虽长"，显得扞格难通。试想，船在湖中行进，并未在湖中停船不进，何来滞留？整整一天行程才到达"逗浦"之地，何来"滞留时间长"？"旷"字所训，固然有"旷废"之意，但是那是指空缺、荒废、耽误之意，很少有"滞留"的含义。"耽误"是指人的主观行为导致的后果，而不是对于事物状貌的形容。显然，这里的"所适虽淹旷"，是指北行经过的彭蠡湖面宽阔博大，而不是因为滞留而耽误了时间。水路就是那么遥远，既要经过，必须那么多时间，谈不上"滞留时间虽长"的问题。而且作为一首概述一天行程的诗，采用的是倒叙手法，先综述一天来的观感，再具体按照时间顺序叙事，语义不可能如此夹缠重复。

"庐山直阳浒，孤石当阴术。一水云际飞，数峰湖心出。"登船北行，湖中遥望，庐山挡在鄱阳湖的北面。古人以山南为阳，水北为阳。《谷梁传》："水北为阳，山南为阳。"② 注："日之所照曰阳，然则水之南，山之北为阴可知矣。"庐山正当鄱阳湖北岸，鄱阳湖北

---

① 熊飞：《张九龄集校注》上册，中华书局2008年版，第241页。
② 阴：山的北面或水的南面。引自《辞海》上海辞书出版社2000年版，第504、507页。

面,所以称"阳浒"。大孤山等湖中的孤峰巨石似乎也横在北边的水路上,似欲拦住航行的客船。对这两句诗的注释,熊飞说:"庐山直阳浒:谓庐山正当北面的湖水。直,正当。阳浒,指在庐山之北的鄱阳湖。"① 这个注释完全把庐山的方位搞错了。庐山是在鄱阳湖的西北面,而不在南边。如果按熊飞所说,庐山在鄱阳湖南边,那相对于南面的庐山而言,鄱阳湖就该称为"阴浒"了。"阳浒"当然是指鄱阳湖,但是这里的"阳"是指湖在庐山南面,也就是说鄱阳湖在庐山的南边。"孤石当阴术",所谓"孤石",熊飞注曰:"阴术,北来的路。"② 古人五行学说认为,五行水,代表正北方位。术,指路,这里指向北的水路。但如果认定张九龄此行是南向而行,这完全是搞错了张九龄此行的方向。如果张九龄真是由北向南到洪州赴任,则所见到的只能是"南来的路",向南的路,而绝不可能是"北来的路"。"一水云际飞,数峰湖心出","一水"指的是在彭蠡湖口遥望所见的庐山瀑布,这个瀑布似乎是从云间飞出。张九龄在开元十四年(726)任洪州刺史时也曾写过《湖口望庐山瀑布水》,有"万丈洪泉落","洒落出重云",也是近似的意境。张九龄之后,著名诗人李白也写过《望庐山瀑布》诗:"日照香炉生紫烟,遥看瀑布挂前川。飞流直下三千尺,疑是银河落九天"这样流传千古的诗章。张九龄、李白刻画庐山瀑布美景各见特色,区别在于各自重点不同和表现手法的区别。"数峰湖心出",也就是写横亘在湖中的大孤山和落星石之类的水中山峰。后四句诗是感慨、感悟。"象类何交纠,形言岂深悉。且知皆自然,高下无相恤"。大自然奇观不尽,而又相互纠缠,相互辉映,其间的变幻纠结,是很难一下子就可以认识清楚的!造化的神奇安排使雄伟高矗的庐山和湖心的几座小山峰相互对照,各存其美,没有高下的区别。

---

① 熊飞:《张九龄集校注》上册,中华书局2008年版,第241页。
② 同上。

总结来看，这首诗实际上明确了两个问题。一是行路的方向是向北，是经过一整天的行程才到达"逗浦"的驿站。这个问题的确定，可以否定这首诗作于张九龄任洪州刺史入湖口就任之时。因为从长安到洪州赴任，方向是自北向西南方向行进，不会由南向北行进，这是可以明确的。终张九龄一生，只有入京赴举这次是取东路、经鄱阳湖入长江的。二是这首纪行诗所使用的口吻，完全是初次经过时叙说方式，是对一天行程的所见所感的记叙。从情绪上讲，具有初见奇景的强烈明确的新鲜感。这种移步换景，对于所见事物逐一写来的平实句法，一般均为初见奇景激发强烈的创作冲动之下所采用。两事既明，可以确定，这首诗是张九龄作于首次北行应试之时。

张九龄文集中还有《自彭蠡湖初入江》诗，各家所系作诗时间不一。熊飞从刘思翰所说的作于开元十五年。笔者认为还是系于张九龄初次入京参加科考为妥。《自彭蠡湖初入江》诗中名言是"初入江"，初入江即第一次进入长江，那么，这个时间必然是入京科考的时间，而不可能是其他时间。熊飞等认定为作于开元十五年（727），或是因为诗中使用了"于役"二字，"于役"就是有公务，公务在身。其实，乡贡进士本身就是公务，亦可称"于役"。

下面看他的《自彭蠡湖初入江》诗：

江岫殊空阔，云烟处处浮。上来群噪鸟，中去独行舟。牢落谁相顾，逶迤日自愁。更将心问影，于役复何求。[①]

水程行进，从相对平缓的彭蠡湖口进入激湍奔涌的长江，只见大江浩浩不息，两岸青山点点，云烟缭绕浮现，反倒映衬出江面的辽阔无际。成群的水鸟在江面上盘旋鸣叫，逆流北行的江船在无涯的水上孤独地行驶。如果是赴任时所作，作为一位刺史大员，不可

---

① 熊飞：《张九龄集校注》上册，中华书局2008年版，第237页。

能发出"劳落谁相顾"的感慨,况且他也绝不是单身赴任。面对这浩瀚的大江,孤独的情怀无人倾诉,剪不断的思绪愁怀时时浮现在心中。前途辽远,水路漫长,将自己的心来问问自己茕茕独立的身影,如此离家万里,奔走波涛,离思愁绪,纠缠不休,所要追求的究竟是什么?

　　这是对于自己所选择的科举仕途的追问,也是对于人生意义的追问。青年人的心理总是敏感的,情绪不稳定。在漫漫长路中,一个孤独的年轻人在期待与茫然交织的心理煎熬下,发出这样的疑问,其实是很自然的事情。

　　武周长安元年(701)十月前,张九龄与其他乡贡进士一样,经过山程水驿的长途跋涉,旅途劳顿,但怀着兴奋的心情,来到神都洛阳,先到尚书省,交验了地方官府的贡士文牒,安顿好在京师长安的食宿,这些乡贡进士们,如张九龄辈,就要准备接受来年正月举行的进士考试了。按照规定,乡贡进士进京后,还有一系列手续需要办理。"既至省,皆疏名列到,结款通保及所居,始由户部集阅,而关于考功员外郎试之。"[①]这里说的"省",就是指尚书省,就是到尚书省去缴交地方的推荐公文,缴交个人家庭父祖三代履历、身貌、家庭状况、学业状况等,还有就是与其他贡士联名结保。虽然乡贡进士允许"怀牒自列于州县",这是一种考试开放之举,但那时能够以符合规定身份参加科举考试的人家子弟还是不多的。而且对于"怀牒自列"的人还是有一套严格程序的,即使对于地方上送的贡士,也要经过这一手续。在尚书省办完手续,又由户部集阅,也就是集中点名,这一切手续完成后,士子们,也就是各州贡献的"贡士"们,还有一些活动需要参加。这中间最为重要的就是"元日引见"。

[①] 《新唐书》卷四十四,"选举志",《二十五史》第6册,上海古籍出版社、上海书店1986年版,第4254页。

傅璇琮《唐代科举与文学》第四章《举子到京后活动概说》:"原来古代社会,各地荐送的举子,也是被看作贡品由各地州府向朝廷进奉,并作为元日贺正的礼品,在元旦那天则由皇帝接见,表示收受。但在先前,举子们还不如物品,物品在元日陈列在'御前',也就是皇帝的跟前,接受皇帝的检视。而举子们则只能在外面朝堂拜列"。① 实际上众士子是见不到皇帝本人的,或者是不可能近距离见到皇帝的。但是武则天称帝后,"长寿二年(693),十月,左拾遗刘成庆上书,说:'岂得金帛羽毛升于玉阶之下,贤良文学弃彼金门之外,恐所谓贵财而贱义,重物而轻人。'他建议'贡人至元日引见,列在方物之前,以备充庭之礼。'这一建议得到武则天的许可,也就为以下各朝所遵行。"②

刘成庆的建言,是要武则天表现出对于人才的重视,不要给人"重物轻人"的感觉。这样张九龄也必然在长安二年正月初一日参见了皇帝武则天。对于一位出生于岭南韶州的读书人而言,这也是人生一件大事。在完成各种仪式之后,张九龄就和其他举子一道,满怀信心与期待,全心全意地准备考试了。

2018 年 10 月 10 日

---

① 傅璇琮《唐代科举与文学》,陕西人民出版社 2007 年版,第 83 页。
② 王溥:《唐会要》卷七十六"缘举杂录",上海古籍出版社 2006 年版,第 1638 页。

第四章

长安二年科举疑案考辨

提要

张九龄进士"重试"问题，与沈佺期作为主考官的长安二年（702）科举考试中是否"受赇"的问题紧密相关。《张九龄进士及第"重试"问题正误》一文中，依据翔实材料证明张九龄参加的该年进士科考试结果并未作废，张九龄拟参加由李峤主持的"重试"，非进士科重试而只能是吏部主持的"释褐试"。但张九龄未参加李峤主持的"重试"，而是直接参加了制科"材堪经邦科"考试，且一举中"乙第"。张九龄亦未曾受到沈佺期"考功受赇"案件影响。

《张九龄及第与沈佺期"考功受赇"问题辨正》重点破解长安二年科举考试沈佺期"考功受赇"疑案，以确凿的材料证明：徐浩《张九龄神道碑》中所谓沈佺期知贡举时"时有下等，谤议上闻"，实际指沈佺期任考功员外郎时对于已任官员的年度政绩考核中引发"谤议上闻"。指出考功员外郎既有知贡举的职责，也有对于地方官员年度政绩考核的职责，历来致误之由是对考功员外郎的职任理解不全面。由于武则天派正直无私的崔玄暐再任天官侍郎，纠正选司过误，而且崔玄暐在天官任职时间完全覆盖了沈佺期的任职时间，因此沈佺期长安二年知贡举"受赇"或者年度考课中"受赇"并无太大可能。

《沈佺期"考功受赇"谤议案真相探源》一文系统梳理了关于沈佺期"考功受赇"说的来龙去脉，并根据新旧《唐书》所载多人传记资料涉及此事的材料，勾画出当时的天官侍郎许子儒主持的这次考核中"考功受赇"案的原委，是许子儒侍郎在主持此次"冬集"考核中的失职而导致"补授失序，无复纲纪，道路以为口实"；确证所谓"谤议上闻"即指许子儒侍郎主持的考核存在不公问题，导致"道路以为口实"，指出所谓"考功受赇"非指沈佺期"受赇"而是指此次事件，但是作为考功员外郎、考功郎中，沈佺期亦有责任。但说沈佺期本人"受赇"并无确实证据。沈佺期的被弹入狱，较长时期未加判决，既因为未有确实证据，也是因为二张势力暗中救护，武则天也无意严加惩处；指出沈佺期被弹入狱，其实是武则天暮年时期朝廷中二张势力与崔玄暐等为代表的反张政治势力矛盾尖锐化时的政治牺牲品。

《"考功受赇""谤议上闻"案的政治背景和性质考辨》根据翔实材料指出发生于长安二年的所谓"考功受赇""谤议上闻"事件的前因后果、来龙去脉，前面已有涉及；指出主要责任人是当时执政专权的李迥秀和张易之、张昌宗等人。本案绝非仅仅是一次普通的买官卖官、行贿受贿的案件，在其背后有着深刻的政治原因。这就是在武则天支持下二张势力集团，既笼络朝中文士，形成一批围绕在他们身边的官僚集团，又试图通过所谓"十道举人"政策大力提拔非科举出身的杂色、不入流人士，以壮大其政治力量，扩大其权力基础，同时还利用此政策大量徇私舞弊、买官卖官。文中指出，武则天培植二张势力的原因，绝不仅仅是武则天对于宠臣、面首的感情和情欲的依赖，而是有着极其实在的政治考量。这在当时，也是为诸武集团、李唐（李显、李旦、太平公主）势力所深知，这样，才能理解诸武势力为何如此讨好二张集团，也才能够理解太子李显、相王李旦和太平公主等为何主动请武则天为二张封王。

一　张九龄进士及第"重试"问题正误

张九龄长安二年（702）进士及第结果是否被废，他是否参加重试，是否受沈佺期"考功受赇"一事牵连等问题，历来众说纷纭。最早提出此事者为稍晚于张九龄的徐浩所撰《张九龄神道碑》："弱冠乡试，进士考功郎沈佺期尤所激扬，一举高第。时有下等，谤议上闻。中书令李公，当代词宗，诏令重试，再拔其萃，擢秘书省校书郎。应道侔伊吕科对策第二等，迁左拾遗。"① 这是认为张九龄受长安二年科举知贡举沈佺期牵连、参加重试之滥觞。徐浩所撰《张九龄神道碑》立于唐穆宗长庆三年（823），重立于北宋天圣八年（1030），② 据徐松《登科记考》，徐浩于开元五年（717）明经及第，时年十五岁③，约小张九龄二十余岁。《张九龄神道碑》成文据张九龄去世时间最近，作者徐浩生活和仕宦时间有一段与张九龄重合，一般而言，其真实性不言而喻。

查新旧《唐书》本传对此未加记载。《旧唐书》本传谓张九龄："登进士第，应举登乙第，拜校书郎。玄宗在东宫，举天下文藻之士，亲加策问，九龄对策高第，迁右拾遗。"④《新唐书》本传谓："擢进士，始调校书郎，以道侔伊吕科策高第，为左拾遗。"⑤ 均未言张九

---

① 徐浩：《张九龄神道碑》，见翁方纲著，欧广勇、伍庆禄补注：《粤东金石略补注》，广东人民出版社2012年版，第166—167页。
② 同上书，第170—171页。
③ 徐松：《登科记考》，见孟二冬《登科记考补正》上册，北京燕山出版社2003年版，第219页。
④ 《旧唐书》"张九龄"传，卷九九，《二十五史》第5册，上海古籍出版社、上海书店1986年版，第3849页。
⑤ 《新唐书》"张九龄"传，卷一百二十六，《二十五史》第6册，上海古籍出版社、上海书店1986年版，第4583—4584页。

龄参加重试事。

《旧唐书》未记张九龄重试事,《新唐书》传记作者虽是北宋宋祁,但欧阳修作为《新唐书》的领衔撰稿者,也是向皇帝进《新唐书》的大臣,对于全书的情况也应该比较了解。他是见过徐浩《张九龄神道碑》的,自然知道徐浩碑中记有张九龄曾参加重试一说,但也未记此事,可能出于"为贤者讳"之目的未予记录,也可能是欧阳修并不认同此事,因而未予记载。

本文前所引徐浩碑据《粤东金石略补注》所收录《张九龄神道碑》,其断句实有误,是点校者误植标点所致,或者也可能为了坐实张九龄二十岁中进士一事,有意为之。正确的句读标点应为:"弱冠乡试进士,考功郎沈佺期尤所激扬",而不应为"进士考功郎沈佺期尤所激扬"。古人称官职时少见把出身放在前面的。其实当时乡试取得进京参加进士考试,是可以称为乡试进士的,也有称乡举进士的。《粤东金石略补注》如此标点实属有误。当然这一失误当由《粤东金石略补注》作者负责,不能归过于徐浩。卞孝萱主编的《中华大典·文学典》所附徐浩《唐尚书右丞相中书令张公神道碑》(即本文所称《张九龄神道碑》)即断句为"弱冠乡试进士",可为参正。①

徐浩《张九龄神道碑》指出张九龄得沈佺期"尤所激扬,一举高第",因"诏令重试"而参加重试,重试的原因是"时有下等谤议上闻",武则天下令号称"当代词宗"的"中书令李公"即李峤来主持重试。这些都应该是准确无误的事实。但是徐浩并未指明这个"下等"究竟是何种性质的"下等"以及"浮议"的具体内容;李峤主持、张九龄参加的重试究竟是何种性质的重试;又未明确"时有下等谤议上闻"的谤议究竟与张九龄是否相关;张九龄是

---

① 卞孝萱主编:《中华大典·文学典·隋唐五代文学分典》,江苏古籍出版社2000年版,第922页。

否真的参加了由李峤主持的"重试";等等,这就给后来的研究者带来了不小的困扰。尤其是张九龄是否参加重试,与沈佺期"考功受贿""谤议上闻"一事紧密相关。如参加重试,则意味着张九龄受到沈佺期"考功受贿"案的影响,也就意味着长安二年这次科举考试结果作废了;如未参加重试,则表明沈佺期主持的这届科举考试并未作废,沈佺期也未曾在科举考试中"受贿",所以徐浩所言"重试"是否发生,具体情况如何,其间关涉甚大、甚多,是轻忽不得的,需要彻底弄明白。

较早为张九龄诗文编年的近人何格恩认为:"沈佺期之遭浮议下狱,疑亦由于知贡举时受贿""沈氏下狱,对曲江公之登第,亦有影响也。"[①]乔象钟说:张九龄"乡试进士,年方弱冠的张九龄一举高第。大约因为他产自岭南,当时岭南尚属荒远之地,而又非出自名门望族,竟受人诽谤,上达武后,诏令当代词宗中书令李峤重试。再度拔萃,擢秘书省校书郎"[②]。顾建国的《张九龄年谱》认为:"长安二年沈佺期所主持的这次考试,如《徐碑》云:'时有下等,谤议上闻',即落第者对这次考试有非议,并告到了朝廷。经查后,朝廷处理的结果是'诏令重试',并委托中书令、当代词宗李峤主持。"他采何格恩说,认为这种影响有两个方面:"一是考试结果被废,所有登第者的名籍都被取消了;二是已登第者暂不因允许参加吏部试,不予授官录用。而此事一拖就是五年,因为李峤于神龙二年(706)七月始为中书令,亦即距离沈佺期主持的那次考试之后的第五年,张九龄才得以参加李峤所主持的'重试'。并第二次中进士。"他又据《登科记考》卷四载"神龙元年,进士六十一人,重试及第十二

---

① 何格恩:《张曲江诗文事迹编年考》,《广东文物》中册,1940年卷七,"人物考证门",转自顾建国:《张九龄年谱》,中国社会科学出版社2005年,第28页。

② 吴慧鹏等编:《中国历代著名文学家评传》第二卷,山东教育出版社1983年版,第69页。

人""神龙二年，进士及第三十二人：姚仲豫、薛令之、赵冬曦、赵安定。知贡举：赵彦昭""神龙三年，材堪经邦科：张九龄、康元瑰"等材料，说："是知'重试'一事确曾有过，但应在李峤任中书令之前；又知神龙二年知贡举者为赵彦昭，而未言及李峤，九龄亦未列入当年进士名下。凡此皆与《徐碑》所云稍异，姑存以备考。"顾建国在同书中神龙二年条下"张九龄行状"中又说："秋，九龄赴西京应吏部重试及第。"在注释中说："当年，张九龄参加的那场由沈佺期主持的考试，因由'谤议上闻'，后朝廷经查，致沈佺期'受贿入狱'，受此影响，直到本年，九龄等举子才得以参加由中书令李峤主持的'重试'，并'登进士及第'。"[1] 这是指明长安二年进士科考试结果被取消，而张九龄的进士资格也被取消。

但顾建国此说颇有问题。一是据何认定徐浩所说的"诏令重试"就是神龙元年（705）的"重试"？据何认定神龙元年主持重试者就是李峤？查徐松《登科记考》和孟二冬《登科记考补正》卷四，知神龙元年知贡举者为崔湜，并非是李峤。既知贡举，则如有重试，也必是由知贡举者主持，无再另诏他人主持的道理。这次科举进士及第者为姚仲豫等61人，重试及第12人，[2] 未记重试及第者之名，无从判断张九龄是否参加此次重试，亦无从判断李峤是否为此次重试之主持者。二是顾建国推测长安二年科举结果可能被废，所有中举者均被取消名籍，或者不许参加吏部铨试，不得授官，不悉何据，或仅为推测。按孟二冬《登科记考补正》卷四"长安二年"条下，其明经科进士庞履温，"长安二年，明经擢第，拜宣州参军。"[3] 至于与张九龄同时中举者徐秀（琇），颜真卿《颜鲁公集》卷八存《朝议大夫赠梁州都督上柱国徐府君神道碑铭》记"年十五为崇文生，

---

[1] 顾建国：《张九龄年谱》，中国社会科学出版社2005年版，第28、37页。
[2] 孟二冬：《登科记考补正》上册，北京燕山出版社2003年版，第163页。
[3] 同上书，第158—159页。

应举，考功员外郎沈佺期再试《东堂画壁赋》，公援笔立成，沈公骇异之，遂擢高第。调补幽都县尉。充相国尚书赵彦昭殊方节度判官"。①还有周诚、李迪及诸科中的骞晏，均是得第即解褐授职，可见，顾建国之推测不能成立。

熊飞《张九龄年谱新编》在为张九龄《初入湘中有喜》编年时也说："长安二年中举因有人告主考官沈佺期'受贿'而作罢，因此，张九龄也在中举后不久返乡。"②但他在其《张九龄大传》中就显得更为谨慎："如果按照徐浩《九龄碑》的说法，当时张九龄长安中登进士第，由于主试官沈佺期遭人谤议，说他接受了某人贿赂，所以朝廷下诏让中书令主持'重试'。张九龄此前登的是进士科，那么'重试'就只能是重试进士科。但与其他史籍及张九龄自己的记载有出入。徐浩或是将'重试'进士及第与制举材勘经邦科及第二试混为一谈也未可知。"他又说："张九龄是否进士科重试及第，这是一个历史疑案。就现有资料而言，要做出肯定的判断是困难的，因此只能存疑。"③

归纳以上诸说，可得要点如下：一是张九龄参加的长安二年科举考试结果被取消，即中举进士名籍被取消，张九龄受到牵连，被怀疑与沈佺期"受贿"有关，或者取消进士资格，或者要求参加"重试"；二是张九龄参加的"重试"应该是进士科；三是知贡举的沈佺期"受贿"；四是"下等谤议"者是参加进士科考试未及第者；五是主持"重试"者为中书令李峤。按照徐浩所言，张九龄参加"重试"和李峤主持"重试"应该无误，但这个"重试"是何种性质的"重试"则未考及。然而事实是否完全如此呢？

本文仅就张九龄参加长安二年进士科考试结果是否被废，张九

---

① 颜真卿：《颜鲁公集》，上海古籍出版社1992年版，第53页。
② 熊飞：《张九龄年谱新编》，香港教育出版社2005年版，第20页。
③ 同上。

龄参加的是何种性质的"重试",是否受到沈佺期"考功受赇"案件牵连诸事加以辨析,予以正误。其他如沈佺期是否"受赇"即受贿事、张九龄何以中进士举后未得授官等,另文考辨。

首先是张九龄参加长安二年科举考试的结果是否被取消的问题。长安二年进士考试结果全部被取消,或者张九龄个人科举考试结果被取消,是张九龄参加进士举"重试"的前提。前文已指出,长安二年中举者除张九龄外均释褐授官,可见这一说法不实,可以否定。

史书并无长安二年进士考试或者进士科重试的记载。恰恰相反的是《新唐书》卷四十五"选举志":"初,试选人皆糊名,令学士考判,武后以为非委任之方,罢之。而其务收人心,士无贤不肖,多所进奖。长安二年(702),举人授拾遗、补阙、御史、著作佐郎、大理评事、卫佐凡百余人。明年,引见风俗使,举人悉授试官,高者至凤阁舍人、给事中,次员外郎、御史、补阙、拾遗、校书郎。试官之起,至此始。时李峤为尚书,又置员外郎两千余员,悉用世家亲戚,给俸禄,使厘务,至与正官争事相殴者。又有检校、敕摄、判知之官。神龙二年,峤复为中书令,始悔之,乃停员外官厘务"。① 这里说李峤为尚书,即是指李峤当时任天官尚书。

《新唐书·选举志》这些记载说明,不仅长安二年进士科的考试结果未曾被取消,反而是大量授官,而且授官职务还很高。第二年即长安三年(703)"引见风俗使,举人悉授试官,高者至凤阁舍人、给事中,次员外郎、御史、补阙、拾遗、校书郎。"② 当然这里所说的举人,或可能是所谓"十道举人",不经科举考试,而由各地方官员直接荐举,而释褐授官,或者被举者本身有一定官职,经荐举后由吏部授予较高官职。这里面有多少是由于举选者"受赇"所得,

---

① 《新唐书》卷四十五"选举志",《二十五史》第6册,上海古籍出版社、上海书店1986年版,第4255—4256页。

② 同上。

现在难于考证。但是如此大量授官，必然挤占由进士入仕者的升迁名额，堵塞参与年度考课官员的升迁通道，引发"谤议上闻"是必然的。因此，所谓"考功受赇""谤议上闻"，更可能是由于这般"不试试官"的行为。而当时所授量大官高，这是武则天为了扩大统治基础而采取的特殊措施，但也反映出当时武则天急需合意的人才进入统治阶级队伍，满足其政治需求。如此，科举考试所得人才，亦是武则天扩充政治基础的一个途径，是不会轻易废除得第者名籍的。张九龄如无极其特殊情况，长安二年得第后即授官也属必然。

通过"十道举人"方式扩大官吏队伍，扩充适合武则天政治需要的人才队伍，也给当时的吏治带来巨大不良影响，那就是买官卖官盛行。到了中宗时期，吏治腐败情况就更为严重。在李峤任吏部尚书时，又授斜封官二千余员，不仅授官，还让这些非科举正途出身、凭金钱和宫中关系得到官位的人去履行职务，以致和正途官员相争殴打，酿成中国行政史上的一大笑话。

依据以上材料，可以明确地说，张九龄参加的长安二年科举考试结果并未被废，不仅未废，应该是所有及第者均正常授官。不仅是长安二年，在武则天后期，授官也是十分泛滥的。从以上材料还可以得出结论，虽然张九龄的"一举高第"与沈佺期"尤所激扬"相关，但其参加"重试"的原因则与沈佺期"受赇被劾"无关，也就是说，张九龄参加"重试"并非受沈佺期"受赇被劾"的影响。何格恩、乔象钟、顾建国等研究者可能因为未重视《新唐书·选举志》的记载，仅根据徐浩《张九龄神道碑》语焉不详、时序错乱的记载而得出了张九龄进士中举结论被废而"诏令重试"的结论。至于沈佺期究竟怎样"受赇被劾"，那是另一性质的问题，另文探讨。

既然长安二年的科举考试结果并未被废除，那么张九龄因沈佺期"考功受赇""考试结果被废"而参加"重试"就失去了依据。一切关于张九龄授沈佺期"受赇"案影响而"诏令重试"的看法，也就成为无根之谈，不足为信了。

或许人们所认识的受沈佺期牵连而"诏令重试"和徐浩碑中说的"诏令重试"是两个不同性质的问题。笔者以为张九龄参加"重试"应该属实。徐浩《张九龄神道碑》已明确记载张九龄"诏令重试"，这个说法不应怀疑，也就是张九龄应该参加了重试。但既然张九龄长安二年进士中举结果未曾被废，那么张九龄参加的"重试"必然非"进士"科重试。既非进士科"重试"，那他所参加的又是何种性质的重试呢？对此，史书并未记载。只能从徐浩《张九龄神道碑》中寻找端倪。按照碑文，张九龄"弱冠乡试进士，考功郎沈佺期尤所激扬，一举高第。时有下等谤议上闻。中书令李公，当代词宗，诏令重试，再拔其萃，擢秘书省校书郎。应道侔伊吕科对策第二等，迁左拾遗"。细读碑文，徐浩确实认为张九龄"诏令重试"与沈佺期因"时有下等谤议上闻"相关，但是为了洗清张九龄在此事中的嫌疑，他特地写出重试主考官是李峤，指出李峤在当时的地位和名望，"中书令李公，当代词宗，诏令重试，再拔其萃，擢秘书省校书郎"，以表明张九龄在沈佺期事件中的无辜和确实具有真才实学，因而在"重试"中"再拔其萃"。先抑后扬的写作手法可见其用心可谓良苦。考李峤神龙"二年正月戊戌，吏部尚书李峤同中书门下三品，""七月……丙寅，魏元忠为尚书右仆射兼中书令李峤守中书令"。① 徐浩碑既云"中书令李公"必指李峤无疑，时间是在神龙二年，说张九龄参加重试，必指其神龙三年参加材勘经邦科的制举。然而制举考试，乃皇帝亲策亲试，说李峤主持"重试"，显然有误。

可能因为徐浩并非事件当事人，撰碑文时间与张九龄去世相去多年，所据史料不足才形成如此误解吧。文中所谓"诏令重试，再

---

① 《新唐书》卷四"中宗纪"，《二十五史》第6册，上海古籍出版社、上海书店1986年版，第4145页。

拔其萃，授秘书省校书郎"，把张九龄参加重试和参加制举考试的授秘书省校书郎混为一谈，又将李峤主持的"重试"与张九龄任秘书省校书郎的时间直接衔接，则明显失次，误记十分明显。应该指出，张九龄授官秘书省校书郎，是因为他参加唐中宗主持的"材堪经邦科"的制举考试得中"乙第"，并非是由于参加进士科重试及第。同时，即使李峤以中书令身份主持进士考试，亦不可能授予得第者以秘书省校书郎的职务。唐制，制举考试的主持人只能是皇帝或受皇帝委托的太子，李峤是没有资格，也不可能主持制举考试的。但李峤担任过吏部尚书，为皇帝操持制举，则是分内之事。

指出徐浩《张九龄神道碑》的错误，并未解决张九龄参加的是何种性质的"重试"问题。既然长安二年科举考试张九龄中进士的结果并未改变，其"重试"必然非进士科可知。那么，他应该参加的又是何种性质的"重试"呢？

问题的解决还需要回到唐代武则天时代的科举制度上来。傅璇琮先生说过："制举登第后授官，与进士科也有不同。进士科及第后，还需经吏部考试，合格后才能授予官职。称'释褐'试，意思是从此脱去麻衣，步入仕途。如韩愈进士登第后，三试于吏部皆不成，十年还是布衣，而制举则一经登第，即可授以官职。"[①] 傅先生说韩愈登第十年未得授官，讲的是比较极端的情况，但在唐代中后期，进士科得第后授官确实很难。而在武则天时期以及唐开国后一段时间内，中进士即由吏部经"铨试"即"释褐试"授官则是制度规定，可见在张九龄参加进士科考试的时期，中举即授官还是较为普遍的。

由于长安二年、三年大规模授官，不仅举人授官，还有大量的墨敕官、斜封官，授官之滥，吏治之腐败，大为时人诟病。但是在张九龄神龙三年拟参加重试之时，神龙二年即由中书令李峤上奏唐

---

① 傅璇琮：《唐代科举与文学》，陕西人民出版社2003年版，第142页。

中宗，拟整顿吏治，取消了大量墨敕官、斜封官的任职，也可能影响进士科中举即普遍授官的情况。虽然此后墨敕官、斜封官问题并未彻底解决且更显混乱，但是在唐中宗同意李峤整顿吏治措施的当下，在具体授予官职问题上也必然会发生一些变化，即使是临时性变化也是可能的。有这样一个特殊的政坛变化的微妙背景，可以推论，既然张九龄长安二年进士资格仍然存在，他要参加的"复试"，必为吏部为授官而主持的"释褐试"无疑。但是即使"重试"通过，以其进士身份依制所授官职也并不会太高。

从现有的材料看，张九龄长安二年进士中举后并未授官，而是返乡待了五年之后才再次入京参加"重试"。但是确切的证据是长安二年当年"举人"即科举及第之人是全部授予官职的。张九龄未得官职，当然是有重大原因的，但这个原因与沈佺期无关则是明确的。

由此，可以明确地说，唐高宗神龙二年（706）张九龄确实是应参加吏部"释褐试"的重试，并非进士科的重试，而是由李峤主持的吏部的关试，即"释褐试"。因为进士资格存在，参加"释褐试"应该是自然的。至于为何"诏令重试"？那是因为张九龄长安二年参加的是武则天时代的进士科考试，虽然进士及第资格仍存，但神龙二年时已经是唐中宗重登皇位的第二个年头了，张九龄要参加释褐试"重试"，也必须取得新君的同意，因此才有"诏令重试"即参加释褐试，且此时的中书令为李峤，与徐浩《张九龄神道碑》所记"中书令李公，当代词宗"主持考试亦相合。至此，围绕沈佺期"考功受赇"案是否影响张九龄等中举者的前程和张九龄是否参加重试、参加何种科目、何种性质的"重试"的一切悬疑均已涣然冰释。

由此可知张九龄自神功元年至神龙三年参加考试的情况：长安元年（701）秋赴京应举，十月到京，长安二年（702）春初参加进士科考试及第；长安二年进士及第后却因故返乡；至神龙二年

（706）张九龄赴京拟参加"释褐试""重试"；神龙三年（707）大约因为吏部"释褐试"时间与制举时间相近，因而张九龄未参加吏部释褐试而直接参加制科"材堪经邦科"登乙第，授秘书省校书郎。

按唐代科举制度规定，科举考试时间是在春季一月或二月，及第者参加吏部"释褐试"，即"春关"的时间紧接各科考试之后。据徐松《登科记考》，神龙二年、三年的制科考试均在二月。① 这个时间正好与吏部的"释褐试"相近，因而，张九龄参加的"材堪经邦科"的应试时间应在神龙三年春二月。

之所以放弃释褐试而参加制举，是因为在正常情况下，进士及第者一般只能授予从九品的官职，而从九品还分上下两阶。《新唐书·选举志》下记科举初授官职规定："进士、明法，甲第，从九品上，乙第，从九品下"。② 但制举登第，则可以直接从优授官。非但如此，还因为是皇帝亲自主持并亲自裁定等级，如果登第，成为"天子门生"，对于未来仕途，也自然具有非同一般的意义。《新唐书·选举志》说："所谓制举，其来远矣。自汉以来，天子常称制诏道其所欲问而亲策之。唐兴，世崇儒学，虽其时君贤愚好恶不同，而乐善求贤之意未始少怠。故自京师外至州县，有司常选之士，以时而举。而天子又自诏四方德行、才能、文学之士，或高蹈幽隐与其不能自达者，下至军谋将略、翘关拔山、绝艺奇伎莫不兼取。其为名目，随其人主临时所欲，而列为定科者，如贤良方正、直言极谏、博通坟典达于教化、军谋宏远堪任将率、详明政术可以理人之类，其名最著。而天子巡狩，行幸、封禅太山梁父，往往会见行在，其所以待之之礼甚

---

① 徐松：《登科记考》，见孟二冬：《登科记考补正》上册，北京燕山出版社2003年版，第165、169页。

② 《新唐书·选举志下》，《二十五史》第6册，上海古籍出版社、上海书店1986年版，第4256页。

优,而宏材伟论非常之人亦时出于其间"。① 这或许也是张九龄既参加唐中宗主持的"材堪经邦科"制举,又在唐玄宗登基前再次参加其以太子身份主持的"道侔伊吕科"制举的根本原因。

张九龄参加的"材堪经邦科"制举的"制",自然就是中宗皇帝的诏令了。张九龄参加的这次制科是根据中宗的要求举办的临时性考试科目。皇帝以诏制形式提出各类问题,由应试者回答,由皇帝亲自主持、裁定应试者的等第,中试者优加任用。目的是选拔一些急需的人才加以培养。既应时需,也为今后储备行政人才。虽然在武则天时期、唐中宗和睿宗时期授官较为容易,有时还大量授官,但是当时制科得第后既即时授官,还授予美职。当时制科分为五等。一、二等虚悬不取,因此第三等就是制科的甲第,当时称为"状元"。等同于进士第一名。取得甲第,就由吏部"优于处分",也就是授予较高官职。第四等称乙第,也由吏部"即予处分",也就是立即授予官职,实际上授职也较高。果然,张九龄在通过制举考试获得"乙第"后,即被授予秘书省校书郎的职务。秘书省校书郎职数为八人,是一个正九品上的职务,比进士甲第授予的官职从九品上高出两个官阶。这也可能就是张九龄参加制科考试的内在动力吧。

综合以上所考可知,长安二年进士科考试结果并未作废,张九龄进士资格的取得与沈佺期"受赇"无关,亦未受其影响;由李峤主持、张九龄参加的"重试"绝非进士科重试,而只能是吏部为授官举行的"释褐试";但张九龄或因吏部"释褐试"与制科考试时间冲突,或需认真准备参加制科考试,也并未参加"重试",而是参加了唐中宗主持的制科"材堪经邦科"考试,得"乙第"后被授予正九品的秘书省校书郎官职。

---

① 《新唐书·选举志上》,《二十五史》第6册,上海古籍出版社、上海书店1986年版,第4255页。

二　张九龄及第与沈佺期"考功受赇"问题辨正

沈佺期于长安二年（702）以考功员外郎身份知贡举。考功员外郎本属吏部，武则天时期改吏部为天官。一直至中宗神龙元年又改为吏部。在武则天时期，吏部尚书、吏部侍郎称天官尚书、天官侍郎。《唐六典》"尚书吏部"条："吏部尚书一人，正三品"，注云："周之天官卿也"。自汉以来，官名几经改易。汉制置四曹，为常侍曹、二千石曹、民曹、客曹，后又增设三公曹。后汉光武又分六曹。常侍曹为吏部曹。汉末又改称选曹。魏改选曹为吏部，此后各朝均称吏部。唐"皇朝因之，掌文官选举，龙朔二年改为司列太常伯，咸亨元年复为吏部尚书。光宅元年改为天官尚书，神龙元年复故。"① 神龙元年，即神龙政变后武则天退位、唐中宗复位之年。"神龙元年复故"就是官名是唐中宗复位后所改。因之，沈佺期当时的职务应称为天官考功员外郎。唐制：考功员外郎"掌天下贡举之职"②，即知贡举。

长安二年知贡举沈佺期，是张九龄进士举的恩师。历来因为较张九龄小26岁的徐浩所撰《张九龄神道碑》的说法，尤其是新旧《唐书》的记载，使沈佺期考功"受赇"成为千古不刊之论，亦成千古谜案。徐浩《张九龄神道碑》说张九龄"弱冠乡试，进士考功郎沈佺期尤所激扬，一举高第。时有下等，谤议上闻。中书令李公，当代词宗，诏令重试，再拔其萃，擢秘书省校书郎。应道侔伊吕科对策第二等，迁左拾遗"③。新旧《唐书》均有更加明确的关于沈

---

① 李林甫等：《唐六典》，卷第二尚书吏部，中华书局1992年版，第26页。
② 同上书，第44页。
③ 徐浩：《张九龄碑》，见翁方纲著，欧广勇、伍庆禄补注：《粤东金石略补注》，广东人民出版社2012年版，第166—167页。

佺期考功"坐赃""受赇"的表述。《旧唐书》"沈佺期传"云:"沈佺期……进士举。长安中,累迁通事舍人,预修《三教珠英》,佺期善属文,尤长七言之作,与宋之问齐名,时人称为沈宋。再转考功员外郎,坐赃配流岭表。神龙中,授起居郎,加修文馆直学士。后历中书舍人、太子詹事。开元初卒。"① 这里说沈佺期"坐赃"亦即"受赇"之意。《新唐书·沈佺期传》云:"沈佺期……考功受赇,劾未究,会张易之败,遂长流驩州。稍迁台州录事参军事。"② 梳理以上材料,除了沈佺期自作诗文辩诬,从一个侧面直接证实因"坐赃""受赇"流放岭表之外,关于沈佺期"受赇"最早的说法来源于徐浩《张九龄神道碑》,新旧《唐书》张而大之,遂使沈佺期"考功受赇"一事流布天下,影响后世。

《旧唐书》成书于五代时期,《新唐书》成书于北宋仁宗年间。两书"张九龄传"和"沈佺期传"的作者应该是见过不少唐时宫廷资料的,也应该是见到过徐浩所撰的《张九龄神道碑》。至少欧阳修是见到过的。他的《集古录》即有关于徐浩所撰《张九龄神道碑》的记载:"唐张九龄碑"下注:"长庆三年"。然后考辨云:"右《张九龄碑》,按《唐书》列传所载,大节多同,而时有小异。传云'寿六十八',而碑云'六十三'。传'自左补阙改司勋员外郎',而碑云'迁礼部'。传言'张说卒,召为秘书少监、集贤院学士、知院事',碑云'副知',至后作相迁中书令,始云'知院事'。其所载张守珪请诛安禄山事,传云'九龄判守珪状',碑云'守珪所请留中不行,而公以状谏',然其为语则略同。碑长庆中立,而公薨在开元二十八年,至长庆三年实八十四年。所传或有同异,而至于年

---

① 《旧唐书·沈佺期传》卷一百九十,《二十五史》第5册,上海古籍出版社、上海书店1986年版,第4079页。

② 《新唐书·沈佺期传》卷二百二,《二十五史》第6册,上海古籍出版社、上海书店1986年版。

寿、官爵，其子孙宜不谬，当以碑为是也。治平元年二月十日书。"[①] 可见欧阳修对于徐浩碑还是下了一番功夫的。欧阳修作为《新唐书》编纂的主持者之一见到过徐浩碑，因此，《新唐书》"张九龄传"、"沈佺期传"的作者们也必然能见到徐浩撰《张九龄神道碑》。他们记沈佺期考功"受赇"或"受贿"事是受到徐浩《张九龄神道碑》的影响，或者他们以《旧唐书》为依据，或见到其他唐代材料，因徐浩碑而强化了这一认识应该是有依据的。

以徐浩的巨大影响力，他的含混不详的说法，以其与张九龄时代相近之人和极高的政治地位，又是为张九龄所作的神道碑文，经张氏子孙刻于碑版，当然具有很强的权威性和巨大的影响力。尽管碑文并未坐实沈佺期"受赇"，但是语焉不详的表述，足以引发人们的想象。因此，沈佺期一再表白他未有"受赇"事实，他的被流放是因为其"平生守直道，遂为众所疾"。[②] 他一再表白自己的无辜："任直翻多悔，安身遂少徒。一朝逢纠谬，三省竟无虞。"[③] "吾怜曾家子，昔有投杼疑。吾怜周公旦，非无鸱鸮诗。臣子竭忠孝，君亲惑谗欺。"[④] 他申述自己的冤屈，认为自己竭尽忠孝之心，但是皇帝因为惑于"谗欺"而使自己下狱。他又说："昔日公冶长，非罪遇缧绁"，称自己"我无毫发瑕，苦心怀冰雪"。[⑤] 但有徐浩碑言辞闪烁之于前，又有新旧《唐书》记之于后，再加上他是武则天的文学宠臣，又与武则天的面首张易之、张昌宗等人交往密切，成为由二张领衔的《三教珠英》一书重要编撰者，被视为依附二张，在当时身名本已狼藉不堪。即使他自己屡屡辩诬，但由于身处嫌疑之地，很难引起重视了。

但是细读徐浩碑文，并未有关于沈佺期"考功受赇"的明确具

[①] 欧阳修：《欧阳修全集》第五册，中华书局2001年版，第2283页。
[②] 沈佺期：《被弹》，《沈佺期宋之问集校注》第1册，中华书局2001年版，第66页。
[③] 沈佺期：《移禁司刑》，《沈佺期宋之问集校注》第1册，第68页。
[④] 沈佺期：《枉系二首》，（其一），《沈佺期宋之问集校注》第1册，第68页。
[⑤] 沈佺期：《枉系二首》，（其二），《沈佺期宋之问集校注》第1册，第72—75页。

体记载。他只是说沈佺期于长安二年主持科举考试时张九龄为"考功郎沈佺期尤所激扬,一举高第。时有下等,谤议上闻。中书令李公,当代词宗,诏令重试",这里的关键词是"时有下等,谤议上闻",并未明确说到"谤议"的具体内容。且"谤议"一词本身就有对于传闻的否定之意。唐时考进士,考中者为得第,落选者称"下第,"很少有称"下等"的。此为疑点之一。到了《旧唐书》才说:"再转考功员外郎,坐赃配流岭表。"其中提到"坐赃"二字,"坐赃"即"因为受赃"之意,但《旧唐书》也未将"坐赃"与任何具体事项联系在一起,更未说与长安二年即沈佺期知贡举相关。且将沈佺期"坐赃流配岭南"一事置于"再转考功员外郎"之后。一直到《新唐书》才明确说沈佺期"由协律郎累除给事中。考功受赇,劾未究,会张易之败,遂长流驩州"。这才明确将沈佺期"受赇"一事以更加明确的语言记载下来。但是也只是说"考功受赇",并未指明沈佺期是任考功员外郎知贡举时"受赇"。应该注意的是,徐浩《张九龄神道碑》说沈佺期的职务是"考功郎沈佺期",与新旧《唐书》所记的沈佺期被流放时间系于"考功郎"之后,流放的原因是"坐赃"或"考功受赇",还有就是"会张易之败"这些表述有重大差别的。这也是一个疑点,需要加以辨正。

按照唐制,在唐玄宗二十四年(736)前,知贡举者是考功员外郎,非考功郎中。唐玄宗二十四年因为考功员外郎李昂被当时举人所轻视,唐玄宗下旨才将知贡举职权划归礼部,由礼部侍郎担任知贡举,负责主持科举考试。沈佺期确实任过考功郎中,那是在以考功员外郎职务、知贡举身份主持长安二年科举以后不久提拔至考功郎中一职的。唐制,考功郎中为从五品官位,考功员外郎为从六品官位。①

---

① 李林甫等:《唐六典》卷第二,尚书吏部,中华书局1992年版,第41、27页。

按：沈佺期长安元年尚任通事舍人，与修《三教珠英》，长安元年（701）十一月书成，与事者各有升赏。如张说迁右史，徐坚迁司封员外郎，李适迁户部员外郎，沈佺期也迁为考功员外郎，考功员外郎即知贡举。可见沈佺期知长安二年（702）贡举，其实是长安元年十一月后任考功员外郎，主持的是长安二年春正月或二月的进士考试。

　　但沈佺期等人的任职时间也还有些疑问。《三教珠英》于长安元年十一月十二日上奏修成，并不是说《三教珠英》就是那一天完成的。可能在此之前一段时间内即已完成，并写出数部上奏。这个上奏的时间是十一月十二日。修书完成应在当年的"冬集"上计即年终考核之前，因此一干人等因修书之功得到升赏。那也就是说，沈佺期之任考功员外郎必在长安元年十一月十二日之后了。

　　沈佺期长安二年知贡举后不久即升为考功郎中。由傅璇琮主编，陶敏、傅璇琮著的《唐五代文学编年史》于长安二年（702）条记："本年，沈佺期自考功员外郎迁考功郎中。"[①] 按：考功郎中为从五品上，[②] 长安三年正月他即升为给事中了。[③] 给事中属于门下省，按照《唐六典》记："给事中四人，正五品上。"[④] 因此，他升任考功郎中应在长安二年年中，不可能刚刚升任从五品上的考功郎中一个月后就升为正五品的给事中。按照唐初至武则天时期制度，既知贡举，沈佺期的职务必为考功员外郎，而非考功郎中。应该指出，沈佺期在短期内未依正常考核程序连升数级，看似不正常，但也有制度依据。《唐六典》卷第二尚书吏部："五品以上以命闻，送中书门下，

[①] 傅璇琮主编，陶敏、傅璇琮著：《唐五代文学编年史》，长安二年（702）条，辽海出版社1998年版，第396、399页。

[②] 李林甫等：《唐六典》，卷第二尚书吏部，中华书局1992年版，第41页。

[③] 傅璇琮主编，陶敏、傅璇琮著：《唐五代文学编年史》，长安二年（702）条，第396、399页。

[④] 李林甫等：《唐六典》卷第八门下省，第244页。

听制授焉。""若都畿、清望、历职三任,经十考已上者,得隔品授之。"①也就是说,沈佺期是隔品授职,他的五品职务是由武则天批准授予的。由此可见其确实是受到二张集团的重视和武则天的宠遇。

辨明沈佺期长安二年时担任的职务,明确这些职务各自的执掌,对于准确理解徐浩所谓"时有下等,谤议上闻"的具体内容很有帮助。据傅璇琮主编的《唐五代文学编年史》考证,长安元年十一月《三教珠英》书成后任考功员外郎,知长安二年贡举。长安二年至长安三年正月自考功员外郎迁考功郎中、给事中。②徐松《登科记考》亦记沈佺期知长安二年贡举。徐浩所谓"时有下等,谤议上闻"之事,应该就发生在沈佺期任考功员外郎的长安元年十一月十二日之后至长安二年年中,或者是年中任考功郎中至长安三年正月给事中期间。

当然考功员外郎与考功郎中,二者均可省称简称为"考功"。但"考功"一语,既可指代职务,更是指的一种职责、一项工作。也就是负责每年对于全国官员履行职务的成效进行考察,确定其履职的业绩,并依据京内外各级主官报上来的材料,即"上计"评定等级,以之为依据确定官员的升赏去留。据《唐六典》卷第二尚书吏部:吏部"考功郎中从五品上,员外郎从六品上。考功郎中、员外郎之职,掌内外文武官吏之考课。郎中判京官考,员外郎判外官考"。也就是说,考功员外郎既可参与"内外文武官吏之考课",负责对外官的考课,也"掌天下贡举之职"③,即还专责科举考试。这两个职务的执掌既有交叉,也有各自明确的分工职责,徐浩开元五年即以明经科中举,曾长期任职于唐中央政府,亦曾任广州刺史、岭

---

① 李林甫等:《唐六典》卷第二尚书吏部,中华书局1992年版,第27页。
② 傅璇琮主编,陶敏、傅璇琮著:《唐五代文学编年史·初盛唐卷》,辽海出版社1998年版,第388、392、399页。
③ 李林甫等《唐六典》卷第二尚书吏部,第44页。

南节度使，对于唐代科举制度应该十分熟悉，不可能、也不会把知贡举的考功员外郎和考功郎中故意混为一谈。徐浩说沈佺期知贡举时任"考功郎"，当属对于沈佺期知贡举时职务的误记。

按：古人撰写碑文，对于墓主和其他相关人员的仕历记载，因碑文字数所限，不可能详尽，为求文字简省，略去一些撰者认为次要的职务，对于一些相关人员的事迹语焉不详，也是可以理解的。因此，徐浩《张九龄神道碑》中关于沈佺期的含混记载也情有可原，不足深责。

回到沈佺期任考功员外郎、考功郎中时所谓"时有下等，谤议上闻"具体所指。笔者在《张九龄进士及第"重试"问题正误》[①]已经考得长安二年科举考试结果并未作废。既然沈佺期以考功员外郎身份知贡举结果并未作废，那么所谓"时有下等，谤议上闻"中的"下等"必非进士落第者可知。徐浩《张九龄神道碑》中所谓"谤议上闻"的"谤议"必然涉及进士科之外的其他事件。所谓"谤议"也确实并非空穴来风。

对于所谓"时有下等，谤议上闻"的具体情况，我们可以从《旧唐书》当时人物的传记中窥出一些端倪来。《旧唐书·崔玄暐传》谓：崔玄暐"遵奉母氏教诫，以清谨见称。寻授天官郎中，迁凤阁舍人。长安元年，超拜天官侍郎。每介然自守，都绝请谒，颇为执政者所忌。转文昌左丞。经月余，则天谓曰：'自卿改职以来，选司大有罪过。或闻令史乃设斋自庆，此欲盛为贪恶耳。今要卿复旧任。'又除天官侍郎，赐杂彩七十段。三年，拜鸾台侍郎、同凤阁鸾台平章事，兼太子左庶子。四年，迁凤阁侍郎，加银青光禄大夫，

---

① 张效民：《张九龄进士及第"重试"问题正误》，《广东社会主义学院学报》，2017年第3期。

仍依旧知政事。"①

《新唐书·崔玄暐传》所记略同。②两《唐书》这些记载表明，崔玄暐为人十分正直，长安元年任天官侍郎，杜绝请谒，使"执政忌之"，"改文昌左丞"，调离了主持人事选举的关键岗位。其后武则天发现"选司大有罪过"，又令其复任该职，距其离任时间不足一月，或仅月余。其后任天官侍郎，一直到长安三年拜鸾台侍郎同凤阁鸾台平章事。按两《唐书》对于其任鸾台侍郎未记更加准确的时间。但两《唐书》"武后传"则记其长安四年"迁凤阁侍郎，加银青光禄大夫，仍依旧知政事"的准确时间是该年"六月"③，《新唐书》记六月"乙丑，天官侍郎崔玄暐为鸾台侍郎同凤阁鸾台平章事"。如无误，则他任天官侍郎的时间是长于沈佺期任职天官考功员外郎、天官考功郎中的时间，因沈佺期大约于长安三年即已离开天官考功郎中任升为给事中了。但笔者认为，崔玄暐既于长安三年"拜鸾台侍郎、同凤阁鸾台平章事，兼太子左庶子"，不可能长安四年六月还为天官侍郎。

新旧《唐书》说崔玄暐为"执政忌之"，当时执政者是谁呢？一般而言，执政者当指当时的宰相，亦即平章政事或同平章政事的人，或者是能够对于执政者能够直接和强有力影响的人。长安元年，"六月庚申，夏官侍郎李迥秀同凤阁鸾台平章事。"④冬十月，武则天幸京师，大赦天下，改元为长安。李迥秀任凤阁鸾台平章事直到长安四年被贬庐州刺史。史称李迥秀依附二张，为时人所不齿。《旧唐书》记其"长安初，历天官、夏官二侍郎，俄同凤阁鸾台平章事。

---

① 《旧唐书》卷九十一"崔玄暐传"，《二十五史》第5册，上海古籍出版社、上海书店1986年版，第3829页。

② 《新唐书》卷一百二十"崔玄暐传"，《二十五史》第6册，上海古籍出版社、上海书店1986年版，第4571页。

③ 《旧唐书》卷六"则天皇后纪"，第3499页；《新唐书》卷四"则天纪"，第4144页。

④ 同上。

则天令宫人参问其母，又尝迎入宫中，待之甚优。迥秀雅有文才，饮酒斗余，广接宾朋，当时称为风流之士。然颇托附权幸，倾心以事张易之、昌宗兄弟，由是深为谠正之士所讥，""迥秀托附，实污台司"。① 而当时"后既春秋高，易之兄弟专政"②，那么这个执政，除了李迥秀之外，应该是指实际上左右政局的二张兄弟，即张易之、张昌宗二人。因此，"执政忌之"的执政，必然是指二张及依附二张的李迥秀等人。这在《新唐书》"马怀素传"中已透出消息："时夏官侍郎李迥秀恃张易之之势，受纳货贿，怀素奏劾之，迥秀遂罢知政事。"③《旧唐书》卷七十八："长安二年，易之赃贿事发，为御史台所劾下狱，兄司府少卿昌仪、司礼少卿同休皆贬黜。"④ 至此，情况已经清晰，在崔玄暐任天官侍郎时，因为二张集团卖官鬻爵可能受到阻遏，因此千方百计把他调离这个岗位，换上自己满意的人，以方便逞其私欲。而张易之、李迥秀"受纳货贿"是由马怀素所揭发，再由御史台弹劾，因而引致二张及其他当事人被罢黜。当然罢黜时间不长，又被武则天召回。

崔玄暐改任文昌左丞离开天官侍郎任后，天官衙门之书令史们以为崔的去职，使他们在对内外官员考评中能够弄虚作假顺利过关，或者也庆幸又有接受贿赂请托的机会，因此才"设斋自庆"，这些情况被告到武则天处，引起武则天重视，武则天即召见崔玄暐说："自卿改职以来，选司大有罪过。或闻令史乃设斋自庆，此欲盛为贪恶耳。今要卿复旧任。"

长安元年为大足元年十月改元而称。既曰长安元年，则可见崔

---

① 《旧唐书》卷六十二"李大亮传"附李迥秀传，《二十五史》第5册，上海古籍出版社、上海书店1986年版，第3763页。

② 《新唐书》卷一〇四"张行成传"附二张传，《二十五史》第6册，上海古籍出版社、上海书店1986年版，第4536页。

③ 《新唐书》卷一九九"马怀素传"，第4732页。

④ 《旧唐书》卷七十八"张行成传"附二张传，第3801页。

玄暐初任天官侍郎的时间当至长安元年十月，其后被调任文昌左丞。考新旧《唐书》可知，在崔玄暐之前任天官侍郎者，应该是顾琮、李迥秀。《旧唐书》卷六"则天皇后纪"："大足元年……五月，天官侍郎顾琮同凤阁鸾台平章事。"①《新唐书》卷九九"李迥秀传"谓其"大足初检校夏官侍郎，仍领选。铨汰文武，号称职。进同凤阁鸾台平章事，张易之兄弟贵骄，因挠意谐媚，士论顿减。"②大足初即长安初，"仍领选"即仍然负责选举事宜，可见还是履行天官侍郎职事，或者就是以天官侍郎身份检校夏官侍郎，则崔玄暐可能就是接顾琮任凤阁鸾台平章事后所遗天官侍郎之职，一直到该年十月初任文昌左丞。

按照《唐六典》卷二"吏部"规定，天官侍郎职数为二人。③则与崔玄暐同任吏部侍郎者还另外有人，今考《新唐书》卷四"则天中宗纪"，长安二年"十月甲辰，顾琮薨"，长安四年正月"壬子，天官侍郎韦嗣立为凤阁侍郎同凤阁鸾台平章三品"④，则韦嗣立此前任天官侍郎，或与崔玄暐同事。又《旧唐书》卷八八"韦承庆传"谓其"长安初，入为司仆少卿转天官侍郎兼修国史。承庆自天授以来三掌天官选事，铨授平允，海内称之。"⑤韦承庆与韦嗣立为兄弟，当时兄弟相代，世传为美谈。由此，则崔玄暐与韦承庆、韦嗣立或先后相承，或同时任天官侍郎。

武则天所说的"选司大有罪过"，即指天官、吏部的考功司有罪，其职责在于主管官吏选拔任命、年度政绩考核和科举考试。这

---

① 《旧唐书》卷六"则天武后纪"，《二十五史》第5册，上海古籍出版社、上海书店1986年版，第3499页。
② 《新唐书》卷九九"李迥秀传"，《二十五史》第6册，上海古籍出版社、上海书店1986年版，第4524页。
③ 李林甫等：《唐六典》"尚书吏部卷第二"，中华书局1992年版，第26页。
④ 《新唐书》卷四"则天武皇后纪"，第4144页。
⑤ 《旧唐书》卷八八，"韦思谦等传"附，第3820页。

里说的令史，是指天官衙门里的具体办事人员。令史全称为"书令史"。《唐六典》记当时规定，唐中央政府各部均设有书令史若干人。而吏部即武周时期的天官衙门内，书令史编制为60人。① "令史设斋相庆"在当年崔玄暐离开天官侍郎职务之后，亦即长安元年十月间。

武周时期，官员年度课考沿袭唐初制度，具体时间是在当年十月。唐制规定："吏部尚书、侍郎之职，掌天下官吏选授、勋封、考课之政令……尚书、侍郎总其职务而奉行其制命。凡中外百官之事，由于所属，皆质正焉。凡选授之制，每岁孟冬，以三旬会其人：去王城五百里之内，集于上旬；千里之内，集于中旬；千里之外，集于下旬。以三铨分其选，以四事择其良，以三类观其异。年度考核所定等级即为职务升降依据。"其优者擢而升之，否则量以退焉。所以正权衡，明与夺，抑贪冒，进贤能也。"② 又说："考功郎中、员外郎之职，掌内外文武官员之考课。凡应考之官，皆具录当年功过、行能，本司及本州长官对众读，议其优劣，定为九等考第。"具体进退之法，"诸食禄之官，考在中上已上，每进一等，加禄一季；中下已下，每退一等，夺禄一季。若私罪下中已下，公罪下下，并解现任，夺当年禄，追告身；周年，听依本品叙。""其流外官，本司量其行能、功过，立四等考第而勉进之"，如果考为下下，则要解除现任职务。③ 可见，对于内外官员的年度考功，也就是年度政绩的考核，是一件与官员个人职务擢降甚至丢官、个人物质利益分配多寡紧密相关的大事。而且，对于官员考课业绩的确定，是分上中下以"九等考第"来确定的。可见，这个"等"实际上是官员考课的专用词汇。后人不明，将"下等"与"下第"混为一谈，产生误解。

---

① 《唐六典》"尚书吏部卷第二"，中华书局1992年版，第25页。
② 同上书，第27页。
③ 同上书，第43—45页。

因此,"时有下等"者到处呼号不公即所谓"谤议",以致告到武则天那里,是完全可以理解的。而武则天既说"选司大有罪过",则可见天官亦负责考核内外官员的考功司接受请托、选授不公已成事实。因此那些令史才"设斋自庆"。事情被发现后,武则天即召见崔玄暐,指出那些令史"欲盛为贪恶耳","今要卿复旧任",也就是再次让崔玄暐担任天官侍郎,主管考功事宜,是为了纠正天官衙门过失的举措。当然,"时有下等"者能够把选司的情况一直告到武则天那里,引起武则天的注意,必然另有渠道,当为朝中正直大臣所为,这关涉到当时一场重大的政治斗争,另文考证。

而沈佺期之任考功员外郎时间是长安元年(701)十一月,则沈佺期到任天官考功员外郎的时间,晚崔玄暐任天官侍郎一个月,也就是说,武则天所说"选司大有罪过"的"罪过",即与沈佺期无关,因为沈佺期到任之时,对于内外官员的年度考核已经结束了。如果沈佺期真"考功受赇",即对内外官员进行年度考核中"受赇",则只能在长安元年十一月之后,到长安三年(703)正月任考功郎中这个时间段落之内。

但是因为崔玄暐任天官侍郎直到长安三年,在长安二年的进士科考试,沈佺期即使有意作弊,也没有太多的机会。由此可证,长安二年进士考试是不可能出现大规模行贿受贿事实的。换句话说,沈佺期是不可能在知贡举时"受赇"的。因此,所谓沈佺期"考功受赇"之说不能成立。

由此可以看出,徐浩《张九龄神道碑》中,所谓"时有下等,谤议上闻"中的"下等",指的应该就是在官员冬集考核中被判为下等而遭贬黜者;所谓"谤议",就是指对于崔玄暐离开天官侍郎职位后,负责考核各级官吏的职官"盛为贪恶"的行为进行上诉而形成的社会舆论,也可能包含应选官员对于"十道举人"皆得授高官的不满。崔玄暐任天官侍郎一直到长安三年(703),才转任鸾台侍郎，同凤阁鸾台平章事、兼太子左庶子，可见武则天对他的信任。在这样一个非二张集团的吏部侍郎的掌控之下，要想完全遂二张贪赃枉法、贿赂公行、卖官鬻爵之意，基本上不可能办到。由此可见，武则天"掺沙子"的用人策略还是起到了一种制约作用的。

应该注意的是，正是在这个时期，沈佺期任天官考功员外郎、考功郎中。或许因为沈佺期与张易之、张昌宗关系密切，又因为接替崔玄暐任天官侍郎者也是二张集团中人，所以天官衙门的办事人员（即令史们）才认为方便他们上下其手，因而"设斋自庆"吧。由此可见，徐浩《张九龄神道碑》中所谓"时有下等，谤议上闻"事实已明。《旧唐书》所谓沈佺期"坐赃"、《新唐书》所谓沈佺期"考功受赇"事，其实指的就是对于官吏政绩的考核的"考功"，而非"知贡举"的考功。但沈佺期究竟是否"受赇"，是否应该承担责任，如果应该承担责任，那应该承担多大责任，情况比较复杂，是非本文可以说明白的。

三 沈佺期"考功受赇"谤议案真相探源

徐浩《张九龄神道碑》说，张九龄"弱冠乡试，进士考功郎沈佺期尤所激扬，一举高第。时有下等，谤议上闻"①，这本是一个较为含糊的表述，并未明言沈佺期在张九龄参加的那场科举考试中收受贿赂，只是说"谤议上闻"，也就是说当时确有关于此次科举考试的"谤议"，而且"上闻"了，即上报武则天知道此事了。但到了五代编撰《旧唐书》之时，就明确说沈佺期"坐赃"了。《旧唐书》"沈佺期传"云："沈佺期……进士举。长安中，累迁通事舍人，预

---

① 徐浩：《张九龄神道碑》，见翁方纲著，欧广勇、伍庆禄补注：《粤东金石略补注》，广东人民出版社2012年版，第166—167页。

修《三教珠英》，佺期善属文，尤长七言之作，与宋之问齐名，时人称为沈宋。再转考功员外郎，坐赃配流岭表。神龙中，授起居郎，加修文馆直学士。后历中书舍人、太子詹事。开元初卒。"①这里说沈佺期"坐赃"亦即"受赇"之意。北宋欧阳修、宋祁等人编撰的《新唐书·沈佺期传》云："沈佺期……考功受赇，劾未究，会张易之败，遂长流驩州。稍迁台州录事参军事。"②

这就明确了沈佺期流放驩州是因为"考功受赇"了。然而，既然徐浩《张九龄神道碑》作为唐代关于沈佺期主考的那届科举考试未有他"受赇"的明确记录，只说是"谤议上闻"，定性为"谤议"，可见是对于当时沈佺期是否"受赇"还是持怀疑态度的。那么新旧《唐书》又是根据什么材料断言沈佺期是"坐赃""受赇"呢？目前人们所能见到的材料，只有沈佺期自作的为自己辩诬的一批诗文可以视为反证，从一个侧面证实因"坐赃""受赇"的指控和罪名流放岭表之外。关于沈佺期"受赇"最早的说法来源于徐浩《张九龄神道碑》中的"谤议上闻"一语，而沈佺期自己的数首自辩诗恰好从反面证实了曾经因"受赇"的指控入狱，新旧《唐书》又张而大之，遂使沈佺期"考功受赇"一事流布天下，影响后世，直至今日。

南宋计有功辑撰的《唐诗纪事》载："佺期，字云卿。相州人。除给事中、考功郎，受赃劾，未究；会张易之败，遂长流驩州。"③元人辛文房《唐才子传》卷一沈佺期条："由协律、考功郎受赃，长流驩州。"④按《唐诗纪事》《唐才子传》二书为后世治唐诗学者必读书籍，其影响可想而知。陆侃如《中国诗史》说：沈佺期"受赃，劾

---

① 《旧唐书·沈佺期传》，卷一百九十中，《二十五史》第5册，上海古籍出版社、上海书店1986年版，第4079页。

② 《新唐书·沈佺期传》，卷二百二，《二十五史》第6册，上海古籍出版社、上海书店1986年版。

③ 计有功：《唐诗纪事》卷十一，162页，上海古籍出版社2008年版，第162页。

④ 傅璇琮主编：《唐才子传校笺》第一册，中华书局1987年版，第76页。

未究，会张易之败，遂长流驩州。"①郭预衡主编《中国古代文学史长编》隋唐五代卷也强调沈佺期受赇事，认为他"受赇入狱在长安四年。"②陈子展《唐代文学》说沈佺期"累除给事中考功，受赇劾未究，会张易之败，遂长流驩州。"③萧涤非、程千帆、马茂元、周汝昌、周振甫、霍松林领衔撰写的《唐诗鉴赏辞典》附录的"诗人小传"中也说沈佺期"曾因贪污及谄附张易之，被流放驩州"。④谭优学作《沈佺期行年考》，于"武则天长安四年"条下说此时沈佺期在洛阳，"以考功受赇下狱"。⑤马良春、李福田总主编的《中国文学大辞典》中说沈佺期"长安四年，因受赃下狱，但以依附张易之兄弟，不久获释。唐中宗神龙元年（705）二张伏诛，沈佺期被流驩州"⑥，这里说沈佺期入狱后"不久获释"是错误的。

《中国大百科全书·中国文学卷》中由孙望、郁贤皓撰写的"沈佺期"词条说：他"由协律郎累迁考功员外郎，曾因受贿入狱，出狱后复职，迁给事中。中宗即位，因谄附张易之，被流放驩州。"⑦由此可见，沈佺期"考功受赇"之说，影响确实深远，有必要认真研究，予以澄清，不唯可以为沈佺期辩诬，为张九龄洗清不明不白的嫌疑，还可以弄清历史真相，还历史以本来面目。

既然最早关于沈佺期长安二年主持科举时是否"受赇""坐赃"的记载是含混的、不明确的，沈佺期的那些诗文又属于自辩性质，

---

① 陆侃如：《中国诗史》，百花文艺出版社2008年版，第238页。
② 郭预衡主编：《中国古代文学史长编》隋唐五代卷，首都师范大学出版社2000年版，第97页。
③ 柳存仁等：《中国大文学史》上册，上海书店出版社2001年版，第222页。
④ 萧涤非等：《唐诗鉴赏辞典》，上海辞书出版社1983年版，第1400页。
⑤ 谭优学：《唐代诗人行年考》，巴蜀书社1987年版，第47页。
⑥ 马良春、李福田总主编：《中国文学大辞典》第五册，天津人民出版社1991年版，第3163页。
⑦ 《中国大百科全书》中国文学卷第2册，中国大百科全书出版社1992年版，第719页。

确实不能够确证他在长安二年（702）真正受贿的事实，也不能证明他确实未曾"受赇"的清白之身。

相比较而言，对沈佺期是否"受赇"一案，林庚、冯沅君等主编的《中国历代诗歌选》[①]、中国科学院文学研究所《中国文学史》[②]、王仲荦《隋唐五代史》[③]、章培恒、骆玉明《中国文学史》[④]、马积高和黄钧《中国古代文学史》[⑤]、熊礼汇《隋唐五代文学史》[⑥]、《辞海》[⑦]、《辞源》[⑧]的态度就要谨慎得多。他们在叙及沈佺期时，均只叙其谄附张易之兄弟，属于二张之党，是武则天的文学宠臣等事，而不及其"受赇"事。尤其是《辞源》的说法更为客观，认为沈佺期"曾以与张易之有牵连，流放驩州。"而傅璇琮主编，陶敏、傅璇琮著的《唐五代文学编年史》初盛唐卷"长安四年"也仅说沈佺期是"被弹"[⑨]，并多次征引沈佺期自辩之词，可见傅璇琮先生等也不相信沈佺期真是"受赇"，且行文中还隐含有替沈佺期辩诬之意。

真正公开明确为沈佺期辩诬的是陶敏和易淑琼等。在《沈佺期宋之问集校注》的前言中，他们明确提出沈佺期、宋之问的"考功受赇"案是冤案，指出"沈、宋长期遭受贬抑的原因之一，就是他们人品的卑污……但是，这里确实有一些不实之词。"[⑩]在为宋之问辩诬之后，又说："沈佺期考功受贿事也当是一个冤案。他于长安四年春被劾下狱，在狱中，写了好几首诗反复辩诬，认为这完全是一

[①] 林庚等主编：《中国历代诗歌选》上编二，人民文学出版社1964年版，第295页。
[②] 中国科学院文学研究所：《中国文学史》第二册，人民文学出版社1962年版。
[③] 王仲荦：《隋唐五代史》下册，中华书局2007年版，第1109—1110页。
[④] 章培恒、骆玉明：《中国文学史》，复旦大学出版社2005年版。
[⑤] 马积高、黄钧：《中国古代文学史》，人民文学出版社2009年版。
[⑥] 熊礼汇：《隋唐五代文学史》，武汉大学出版社2009年版，第43页。
[⑦] 《辞海》1999年版缩印本，上海辞书出版社2000年版，第1077页。
[⑧] 《词源》第三版，商务印书馆2015年版，第2297页。
[⑨] 傅璇琮主编，陶敏、傅璇琮著：《唐五代文学编年史》，辽海出版社1998年版，第406页。
[⑩] 陶敏、易淑琼注：《沈佺期宋之问集校注》前言，中华书局2001年版，第3—4页。

桩'事间拾虚证,理外存枉笔'的冤假错案,是由于自己'平生守直道,遂为众所嫉'(《被弹》)造成的。佺期在狱中一年仍'劾未究',即未能定罪结案,次年二月才因附二张而流放,看来,控方的证据一定十分薄弱,佺期说是'千谤无片实'也并非夸大。"这是陶敏、易淑琼为沈佺期辩诬的全部文字。为沈佺期辩诬的证据实际上只有两条,一是沈佺期"写了好几首诗反复辩诬";二是在狱中一年未曾判决。但是这些也仅仅是推论,未曾拿出其他有力的直接证据来证明沈佺期被劾入狱的诬枉。一般而论,犯罪者不可能自认犯罪,必须有确切的证据才能使罪犯承认自己的犯罪事实。因此沈佺期的一系列自辩诗,既不能作为他"受赇"的证据,也不能作为确定他未曾"受赇"的可靠证据,不能证明他未曾"受赇"。至于沈佺期被关在狱中一年未曾判决,原因可能多种多样,也不能作为他未曾"受赇"证据,因为那时尚无"疑罪从无"的具体法律规定,何况沈佺期在狱中也还曾经惧于严刑拷掠而"偷金每自污"呢!在那样严酷的法律环境之下,一旦入狱,想要得到公正的判决,几无可能。因此,如果仅仅依靠这两条证据就想洗脱沈佺期"受赇"的罪名和污点,在当时难乎其难,在后世也不能使人信服。

笔者在《张九龄进士及第"重试"问题正误》《张九龄及第与沈佺期"考功受赇"问题辨正》两文中已经以确凿证据证明,沈佺期在长安二年任考功员外郎主持贡举期间不可能受贿,也证明当时所谓"谤议上闻"的事实必然发生过。而所谓"谤议",当指考功司对于内外官员的年度考试可能存在"受赇"这一不公正之事。但不能确认就是沈佺期所为,或者是沈佺期迫于执政者的压力,在对于内外官员进行考核时有不公现象,所以才导致"谤议上闻",引起了武则天的注意,才采取了措施让已经调职的崔玄暐复任,但沈佺期并无"作案"的时间,有崔玄暐这样熟悉天官授官操作程序,又为人正直、不受请谒的精明上司的监管之下,沈佺期又如何可能

"受赇"？当然，既然武则天要求崔玄暐复任，且言"选司大有罪过"，必然也会要求崔玄暐去查明真相，予以处理，崔玄暐必然也会认真查办此案。

据新旧《唐书》，崔玄暐长安元年（701）十月首任天官侍郎即吏部侍郎，但由于"执政忌之"，改任文昌左丞，但是期间，由于武则天得知崔玄暐改任后，天官（即吏部）的书令史们视其改任为他们肆其私欲的机会后，又让崔玄暐复任天官侍郎。武则天对崔玄暐说："卿向改职，乃闻令史设斋相庆，此欲肆其贪耳，卿为朕还旧官。乃复拜天官侍郎，厚赐彩物。"由此则可以认定，天官衙门中书令们所庆祝的"受赇"事件，就发生在崔玄暐初任天官侍郎转任文昌左丞这一个月或月余时间内，那这个时间谁主管此事，谁就具有巨大嫌疑。

考《太平御览》卷二百一十五："天后以许子儒为天官侍郎，儒不以藻镜为意，其补官悉以令史勾直。时谓'勾直'、曰'平配'。后崔玄暐为之，介然自守，绝于请谒，为执政者所忌，转文昌左丞，选司令史乃设斋自庆。武后闻之，复拜为天官侍郎。"一直到长安三年。①《资治通鉴》关于长安元年也有类似记载。②《旧唐书》谓："许叔牙，润州句容人。少精于《毛诗》《礼记》，尤善讽咏……子子儒。子儒，亦以学艺称。长寿中，官至天官侍郎、弘文馆学士。子儒居选部，不以藻鉴为意，委令史勾直，以为腹心。注官之次，子儒但高枕而卧，时云'勾直平配'。由是补授失序，无复纲纪，道路以为口实。其所注《史记》，竟未就而终。"③这些材料说，许子儒是许叔牙之子，出生于儒学之家，但是可能专注于儒学，不长于政务，

---

① 李昉等：《太平御览》第3册卷二百一十五，上海古籍出版社2008年版，第123—124页。

② 《资治通鉴》，四库荟要本影印本，吉林人民出版社2005年版，第358页。

③ 《旧唐书》，许叔牙、许子儒本传，卷第一百八十九儒学上，《二十五史》第5册，上海古籍出版社、上海书店1986年版，第4072页。

才为令史们所乘，也可能许子儒确实知道年度考核存在问题，但是由于对方来头太大，所以干脆就放任不管，任其所为。但是这里说长寿中任天官侍郎，有误，应为"长安中任天官侍郎"。长寿年号，使用时间起于692年10月，止于694年6月，而后改元为延载。但许子儒这个任职时间或亦有误。因为《太平御览》和《资治通鉴》所记，是在许子儒之后直接写"后崔玄暐为之，介然自守，绝于请谒"，与许子儒任天官侍郎时形成鲜明对比，为前后任的关系，而且说许子儒在天官侍郎任的行为"道路以为口实"，也正与徐浩碑"时有下等，谤议上闻"相符。由于武则天的干预，正直无私的崔玄暐因此得以复任。在这位正直无私、精明强干的人物手下负责科举考试和官员年度考核，一般而言，沈佺期是不可能逞其私欲，上下其手，大肆买官卖官的。因此，长安二年（702）的科举考试，沈佺期在主持进士科考试时"受赇"之事，实难于成立。他任考功员外郎或考功郎中期间主持的另一项工作，就是在对于官吏的年度考核中是否存在"受赇"问题，或者虽自己未"受赇"营私，贪赃枉法，但是否存在受执政者指使，以致考核不公，滥授官职，则还需要认真考析。一般而言，笔者认为无此可能。理由是，如果长安二年间沈佺期主持内外官员考课时导致"谤议上闻"，那为何长安年间沈佺期竟然连升数级，从一个从六品上的考功员外郎，经从五品上的考功郎中升至正五品上的给事中？须知，这些职务的任命都是要经过皇帝批准的，如果沈佺期在天官任职者数年中真有"受赇"事由，又"谤议上闻"，武则天还可能批准他如此快速升官吗？可见，"谤议上闻"事必然与之无关，"考功受赇"事亦不可能。

根据以上材料，我们可以对沈佺期任考功员外郎、考功郎中时发生的所谓"浮议上闻"事件，理出一条较为明显的线索。

事实是，长安元年十月之前任天官（吏部）侍郎的崔玄暐因为"执政忌之"，亦即张易之、张昌宗、李迥秀等对于正直刚劲的政治对手的忌惮而改任后，即由许子儒继任天官侍郎，主持对于内外官员的年度考核。许子儒出生于儒学之家，本人亦有名于时，《旧唐书》有传，记载了他的行状及著述。许子儒或因为来自执政者的压力太大，因而采取了放任不管、消极怠工的办法，这是有可能的。《新唐书》"马怀素传"就说："宰相李迥秀藉易之势，敛赇诿法"①，可见当时确实存在着李迥秀和二张势力对于选人官员的干预，其背后就是"受赇"，就是赃污狼藉。也可能许子儒处理行政事务的能力明显不足，专注著述，对于选官也缺乏责任心，或者是迫于压力，又不愿同流合污，因而采取了放任自流的办法，以致发生如《太平御览》所言："不以藻镜为意，其补官悉以令史勾直。时谓'勾直'、曰'平配'"。《旧唐书》"许叔牙传"附其本传说："子儒，亦以学艺称。长寿（安）中，官至天官侍郎、弘文馆学士。子儒居选部，不以藻鉴为意，委令史勾直，以为腹心。注官之次，子儒但高枕而卧，时云"勾直平配"。由是补授失序，无复纲纪，道路以为口实。"②由于许子儒未能认真履行职责，选官事务，一概委于令史，使令史们也能上下其手，从官员考核中得到好处。这也就是那帮令史们"设斋相庆"的原因。其实，对于许子儒的失职，当时人就十分清楚。杜佑《通典》卷第二十三"职官五""吏部尚书"条下："侍郎二人。大唐文皇帝永徽时，马载、裴行俭为吏部上朗，贞观以来，最为称职。又郑玄挺为此官不称职，甚为时人所鄙。常患消渴，选人因号为'郑渴'，坐此迁澧州刺史，有能名。武太后重拜为天官侍郎，其弊愈甚。又以许子儒为之，子儒不以藻鉴为意，其补官悉以令使勾直、时曰'平配'。后崔玄暐为之，介然自守，绝于请谒，为执政者所忌，转文昌

---

① 《新唐书·马怀素传》，卷一百九十九，《二十五史》第6册，上海古籍出版社、上海书店1986年版，第4732页。
② 《旧唐书·崔玄暐传》，卷九十一，《二十五史》第5册，上海古籍出版社、上海书店1986年版，第3829页。

左丞,选司令史乃设斋自庆,武太后闻之,复拜为天官侍郎。"① 可见唐人对于长安二年前后吏治腐败的情况很是了解。

据《新唐书·选举志下》记载,长安二年大量授官,而且授官职务还很高。"举人授拾遗、补阙、御史、著作佐郎、大理评事、卫佐凡百余人。"长安三年,吏部尚书李峤"又置员外郎二千余员,悉用势家亲戚,给俸禄,使莅务,至与正官争事相殴者。又有检校、敕摄、判知之官。神龙二年,峤复为中书令,始悔之,乃停员外官釐务"。② 由于张易之、张昌宗、李迥秀等权势人物的干预,当时授官确实到了极其泛滥的程度,终于引起舆论大哗。加上二张势力的政治对手如崔玄暐、宋璟等人的揭发,终于"谤议上闻",引起武则天的关注重视,因而才有撤换许子儒,让崔玄暐复任天官侍郎,并对相关人员予以查处的举措。当然,崔玄暐与二张和李迥秀分属不同的政治势力,既然有了武则天的尚方宝剑,崔玄暐对于此案的查处也是必然的。既然沈佺期当时任考功员外郎后任考功郎中,不管他是否"受赇",都是负有一定职责的。

其实,长安年间出现的滥授官职问题,实际上也是武则天"十道举人"的政策所引发,既有如此政策,各级官员利用此政策的漏洞从中取利也是官场常态,是十分普遍的现象。尤其是二张及其亲族更是横行枉法,无所顾忌,令人发指。时人张鷟《朝野佥载》卷三记:"张昌仪为洛阳令,借易之权势,属官无不允者。有一人姓薛,赍金五十两,遮而奉之。仪领金,受其状,至朝堂,付天官侍郎张锡。数日失状,以问仪,仪曰:'我亦不记,得有姓薛者即与。'锡检案内姓薛者六十余人,并令与官。其蠹政也如此。"③ 张鷟这里所

---

① 杜佑:《通典》第1册,中华书局1988年版,第632页。
② 《新唐书·选举志下》,《二十五史》第6册,上海古籍出版社、上海书店1986年版,第4256页。
③ 张鷟:《朝野佥载》卷三,中华书局1979年版,第78页。

批评的"蠹政",实际所指,就是以"十道举人"政策为代表的武则天的用人政策。因为"十道举人"政策的影响,必然在很大程度上影响已经入仕多年各级官员的"冬集"岁考的等次,进而影响其升迁,必然引起那些"选人"们的不满。这些情况为二张势力之反对派势力所掌握,所谓"谤议上闻"是必然的。

关于这个问题,张鷟《朝野佥载》记载有沈全交"南院续诗"事件,可以为证。"则天革命,举人不试皆与官,起家至御史、评事、拾遗、补阙者,不可胜数。张鷟为谣曰:'补阙连车载,拾遗平斗量。杷推侍御史,椀脱校书郎。'时有沈全交者,傲诞自纵,扬才露已,高巾子,长布衫,南院吟之,续四句曰:'评事不读律,博士不寻章。面糊存抚使,眯目圣神皇。'遂被杷推御史纪先知捉向左台,对仗弹劾,以为谤朝政,败国风,请于朝堂决杖,然后付法。则天笑曰:'但使卿等不滥,何虑天下人语?不须于罪,即宜放却'。限制于是乎,先知于是乎面无色。"①张鷟作诗,沈全交续诗攻击"十道举人"政策,经过左台御史纪先知的检举揭发,上达武则天,这也是所谓"谤议上闻"的内容无疑。

对于滥授官职之事,武则天也是心知肚明的。但她把"谤议上闻"事件责任定性为书令使们的行为,说"选司大有罪过",就是不愿把此事与她所奉行选人政策联系起来,也是给崔玄暐查处此案划下一条明显的红线。

当然从当时人的记载中,并未发现沈佺期直接参与卖官枉法一事的记载。如果是沈佺期本人直接"受赇"枉法,当时人是不会为他讳言的。由此可见,沈佺期在此案中并非直接当事人,但他可能也如许子儒一样采取了放任自流的办法,或者是碍于二张权势未曾予以约束、举报,任由令史们去做手脚了。这或许也是沈佺期在被

---

① 张鷟:《朝野佥载》卷四,第89页。

弹入狱后不断鸣冤叫屈的真正原因。

　　由此可见,徐浩《张九龄神道碑》说"谤议上闻"的"谤议"当指当时发生的考核不公的事实以及强大的舆论压力。《旧唐书》说他"坐赃配流岭表",《新唐书》说他"考功受赇,劾未究,会张易之败遂长流驩州",均无可靠依据。

　　行文至此,我们可以说已经弄清了沈佺期"考功受赇"案的来龙去脉了,也证实了沈佺期在长安二年科举考试中并未"受赇",也并非官员"冬集"考核"受赇"的直接责任人。

　　这里还有个问题需要说明。既然为人正直、精明强干的崔玄暐为吏部侍郎,何以继长安二年之后,长安三年又发生滥授官职的事件?原因就在于崔玄暐在复任天官侍郎后按照武则天要求查处长安二年"谤议上闻"事件中,因矛头直指二张及李迥秀等执政势力,可能引发政坛的混乱,也引起武则天的警觉,所以将其调升新职。《新唐书·崔玄暐传》载:"(长安)三年,授鸾台侍郎、同凤阁鸾台平章事,兼太子左庶子。四年,迁凤阁侍郎"①。离开了天官侍郎岗位的崔玄暐对于冬集选官事务由此失去了话语权。可见,买官卖官,贪赃枉法,确实是官场易发的顽症。

　　当然这也可能和武则天的"务收人心"政策导致"士无贤不肖,多所进奖"的选官政策紧密相关。因为长安二年、三年选司收官出现的"赃滥"问题是由武则天的过宽的选官政策所导致,也是武则天纵容二张产生的后果,崔玄暐复任时武则天明确说是"选司大有罪过,"更明确说"乃闻令史设斋相庆",武则天实际上也是把此次事件的责任限定在选司、限定在"书令史"们,因此崔玄暐在查处时也不得不顾及武则天的态度。他所代表的政治势力欲借此打到二张和李迥秀的愿望因投鼠忌器而未能达到目的。

----

① 《旧唐书·崔玄暐传》,卷九十一,《二十五史》第5册,上海古籍出版社、上海书店1986年版,第3829页。

也可能正是这个原因,沈佺期在被弹入狱后较长时期内未能判决,一直到张柬之等五王发动政变,杀死二张,逼武则天退位后才被流放驩州。因为沈佺期与二张关系密切,沈佺期是因为长安二年"谤议上闻"受到牵连入狱的,同时此案的牵连也必然不仅沈佺期一人。他在狱中有诗《同狱者叹狱中无燕》①,就泄露了这一消息。同一阵营的二张、李迥秀为了自保必然会予以救护。甚至武则天本人也可能因为牵涉到他的两个男宠而不愿穷究到底,他在对崔玄暐交代时说"乃闻令史设斋相庆",实际上就是责任则认定在书令史身上了。武则天这个态度,审案者也不得不有所顾忌。

这样看来沈佺期被弹入狱,可以对于舆论有所交代了。同时也可能是由于沈佺期入狱后一直不承认自己"坐赃",申明自己"我无毫发瑕,苦心怀冰雪"②,他对于武则天的心思还是心中有数,对于二张营救他出狱的希望也是很强烈的。他的《狱中闻驾幸长安二首》诗就说:"传闻圣旨向秦京,谁念羁囚洛阳城。扈从由来是方朔,为申冤气在长平。"虽然也有些怨言,但是"为申冤气"的期望还是很强烈的。"无事今朝来下狱,谁期十月是横河。君看鹰隼俱罢击,为报蜘蛛收网络。"③他以为很快就会结案出狱,谁知道竟然拖到秋末冬初,也含有一些不满和失望。但因为未能交代出对自己不利、政治对手无法扳倒二张势力的证据而无法定案。

也许有人还有疑问,既然二张势力甚至武则天都可能在暗中保护沈佺期,那他为何还要入狱呢?这主要是因为崔玄暐于长安二年复任是由于武则天认为"选司大有罪过",并将事件定性为"选司大有罪过",说明"受赇"枉法事件已经发生,要求崔玄暐予以查

---

① 沈佺期:《同狱者叹狱中无燕》,见陶敏、易淑琼校注:《沈佺期宋之问集校注》上册,中华书局2001年版,第76页。
② 沈佺期:《枉系》之二,陶敏、易淑琼校注:《沈佺期宋之问集校注》上册,第75页。
③ 沈佺期二诗见《沈佺期宋之问诗校注》上册,"前言",第78—79页。

处，那么作为选司的主要负责官员的沈佺期是不可能全身而退的，总得有人负责吧！何况崔玄暐与沈佺期本来就属于相互对立的政治阵营，打击沈佺期就是打击二张势力。何况许子儒任天官侍郎时因"补授失序，无复纲纪"，导致"道路以为口实""谤议上闻"，是最高统治者所不乐见的事情！对于"十道举人"用人政策引发的系列贿赂公行事件的查处，武则天应该是可以接受的。因此对于沈佺期案，采取拖的策略，试图等有机会再免去其责任。此说如可成立，则沈佺期的被弹入狱，其实就是二张势力丢卒保车的一种策略，沈佺期无疑是武则天晚年朝廷各派政治势力斗争角力的牺牲品而已。

四 "考功受赇""谤议上闻"案的政治背景和性质考辨

笔者此前发表的《张九龄进士及第"重试"问题正误》《张九龄及第与沈佺期"考功受赇"问题辨正》《沈佺期"考功受赇"谤议案真相探源》等系列论文，证明：长安二年（702）沈佺期主持的贡举考试结果并未作废；沈佺期不可能在这次主持贡举时受贿；当时所谓"谤议上闻"可能指对于官吏的年终考核不公而导致的被判为"下等"者议论纷纷，被指不公；其责任者应该是当时担任天官侍郎的许子儒，沈佺期负有连带责任；沈佺期并非因为"考功受赇"流放𩆜州；等等。文章还指出沈佺期被流放于万里之外的𩆜州，是因为他属于二张集团，被当时政变后执政的张柬之、崔玄暐等认定为二张集团中的重要文人，被视为大奸大恶，因此在一同流放的数十人中处罚最重、流放最远。因此，沈佺期被流放𩆜州，是因为二张被杀后的政治处罚。笔者的系列文章也对当时发生的所谓"考功受赇""谤议上闻"事件做了较为系统的梳理。但是对于这一案件的真正指使者、案件性质未作进一步考证。本文拟就这一问题再做考辨、探讨。为便于展开论证，这里根据我的考证，先对发生在武周长安二年（702）的"考功受赇，谤议上闻"案的大致情况做一个梳理回顾。

根据史料，武周长安元年崔玄暐首任天官侍郎，亦即吏部侍郎。因其为官公正不阿，在科举考试和对于内外官员的"冬集"即年度考核中秉公持正，使得武则天所宠幸的二张势力不能为所欲为，安插亲信，卖官鬻爵。因此，二张想方设法排挤崔玄暐，将其调任文昌左丞，离开了天官侍郎的岗位，而由当时的儒学之士的许子儒继任天官侍郎，主持长安二年的贡举考试和对于内外官员的"冬集"考核。但许子儒由于张易之、李迥秀等指使，或者慑于二张势力的巨大压力，并未认真履行职责，反而放手让书令史们去上下其手，以致考核极其不公，导致"补授失序，无复纲纪，道路以为口实"，即所谓"谤议上闻"。因而引起武则天重视，即召崔玄暐再任天官侍郎，从崔玄暐离开天官侍郎职位至复任，仅月余时间。此后崔玄暐一直担任天官侍郎职务，直至长安四年（704）。期间，长安三年春，"考功受赇"案发，沈佺期下狱，至神龙元年（705），张柬之、桓彦范、袁恕己、崔玄暐、敬晖等发动政变，杀了二张及其党羽，逼武则天退位后，沈佺期等与二张关系密切的文人被全数贬出朝廷，其中沈佺期被流放最远，到万里之外的驩州。

这就是发生于长安二年的所谓"考功受赇""谤议上闻"案的大致情形。

行文至此，长安二年"考功受赇""谤议上闻"案似乎已经真相大白了。但是事情远不止此。在这个案子的背后，还有着深刻的政治背景。也就是说，长安二年发生的这个"考功受赇""谤议上闻"案件，绝不仅仅是一个简单的买官卖官的贪腐案件，其中隐藏着深刻的政治动机，也是武则天晚年各派政治势力一连串激烈政治斗争的爆发点。因此，这个案件的发生，背后有着深刻的政治原因。

事情得从武则天说起。武则天生于唐高祖武德七年（624）[①]，自唐高宗显庆五年（660）参与政务以来，威权日重。至麟德元年（664）与高宗同称"二圣"，至咸亨五年（674），与高宗并称"天皇、天后"。至唐载初元年（689）革唐命，改国号为周，改元天授元年（690），再至张易之、张昌宗入宫的武周万岁通天二年，九月改元为神功元年（697），至此，武则天实际执政已经近四十年了。所谓岁月不饶人，精明强健的武则天，此时也无可奈何地进入了她的晚年。武则天参与朝廷政务之前，身处后宫，经历了后宫的极其残酷血腥的斗争，终于踏着其他嫔妃的血迹走上了皇后的宝座。为了攫取更大的政治权力，她采取各种阴谋手段，以血腥手段清除了关陇集团势力、李唐势力以及一切阻碍她登上皇帝宝座的力量。尤其是她以周代唐，成为名副其实的第一位女性皇帝后，更是权倾天下。但是在满足了权力欲望的同时，庞大帝国的烦冗事务使她心力交瘁。尤其是朝廷中各种势力激烈的权力争夺也使她深感厌倦。虽然她追求长生不老，采取各种措施延年益寿，试图永居帝位，但是实际上也感到力不从心。到神功元年（697）时，武则天已经是一位73岁或74岁的老人了。她不得不考虑身后朝廷事务的安排了。

武则天的身后事务中，最为重要的是接班人的选择。作为一位封建专制时代极富政治斗争经验的老政治家，武则天深知最高权力的交接往往伴随着极其血腥的权力斗争。因此必须慎重选择。所谓慎重，必然有着以下的考量。一是这个人选必须能够平衡朝廷中各派政治势力，必须能够保证朝廷中各派与武则天关系亲密的力量不受损害；二是必须要能够得民心、能够为各派政治力量所接受；三

[①] 李亚平：《无字碑——武则天的前世今生》，北京出版社2015年版，第1页。

是这个人选必须具备受到各派政治力量拥护的政治资本，或者本身就是一种重要政治力量的代表。此外，还需要保持各派政治力量的实力较为均衡，能够相互制约，才能不因某种势力坐大而打破权力平衡的机制，确保诸武、李唐不至于相互倾轧，避免你死我活的残酷后果。总之，要妥当安排身后之事，以确保国家稳定，朝廷稳定；要达到稳定目的，重在权力、各派势力大致均衡。

对于未来接班人的选择，武则天是慎之又慎的。对此，武则天极其秘密地征求了王方庆、狄仁杰等人的意见，尤其是至少四次征求狄仁杰的意见。周勋初主编《唐人轶事汇编》卷八引"狄仁杰"条下有：

"唐天后既立国号周，又欲立三思为后，狄仁杰切谏，上曰：'奈何有武氏临朝万万年之谣？'公对曰：'陛下改万岁登封元年，又改万岁通天元年，又改大足元年，则万万之数足矣。'武后大悟，始有归中宗之意。"①

按：虽然此条记狄仁杰提及大足元年，但实际上狄仁杰逝于此前一年的久视元年（700）九月，他生前不可能预见到死后改元为大足。但不能否定他对武则天的劝谏。

"（武）后纳诸武之议，将移社稷，拟立武三思为储副，迁庐陵王于房陵。诸武阴计，日夜献谋曰'陛下姓武，合立武氏，未有天子而取别姓将为后也。'天后既已许，礼问群臣曰：'朕年齿将衰，国无储主，今欲择善，谁可当之？朕虽得人，终在群议。'诸宰臣多闻计定，言皆希旨；仁杰独退立，寂无一言。天后问曰：'卿独无言，当有异见。'公曰：'有之。臣上观乾象，无易主之文；中察人心，实未厌唐德。'天后曰：'卿何以知之？'公曰：'顷者匈奴犯边，陛下使梁王三思于都市召募，

---

① 《记异录》，《分门古今类事》，引自《唐人轶事汇编》，上海古籍出版社2006年版，第372页。

一月之外，不满千人，后庐陵王踵之，未经二旬，数盈五万。以此观之，人心未去。陛下将欲继统，非庐陵王，余实非臣所知。'天后震怒，命左右扶之而去。"①

"后经旬，召公入，曰：'朕昨夜梦与人双陆，频不见胜，何也？'对曰：'双陆不胜，盖为宫中无子。此是上天之意，假此以示陛下，安可久虚储位哉？'天后曰：'是朕家事，断在胸中，卿岂何预焉？'仁杰对曰：'臣闻王者以天下为家，四海之内，悉为臣妾，何者不为陛下家事！君为元首，臣为股肱，臣安得不预焉！'又命扶出，竟不纳。"②

"则天尚梦一鹦鹉，羽毛甚伟，两翅俱折。以问宰臣，群公默然。内史狄仁杰曰：'武者，陛下姓也；两翅折，陛下二子庐陵、相王也。陛下起此二子，两翅全也。'武承嗣、武三思连项皆赤。后契丹围幽州，檄朝廷曰：'还我庐陵、相王来'，则天忆狄公之言，曰：'卿曾为我占梦，今乃应矣。朕欲立太子，何者为得？'仁杰曰：'陛下内有贤子，外有贤侄，取舍详择，断在圣衷。'则天曰：'我自有圣子，承嗣、三思是何疥癣！'武承嗣等惧，掩耳而走。即降敕追庐陵，立为太子，充元帅。初募兵，无有应者，闻太子行，北邙山头皆兵满，无容人处。贼自退散。"③

"天后御一小殿，垂帘于后，左右隐蔽，外不能知，乃命公（狄仁杰）坐于阶下。曰：'前者所议，事实非小，寤寐反复，思卿所言，弥觉理非甚乖。朕意忠臣事主，岂在多违！今日之间，当易前见。以天下之位在卿一言，可朕意即两全，逆朕心即俱毙！'公从容言曰：'陛下所言，天子之位，可得专之。以

---

① 《狄梁公传》，《通鉴考异》一一，引自《唐人轶事汇编》，上海古籍出版社2006年版，第372—374页。
② 同上。
③ 张鷟：《朝野佥载》卷三，中华书局1997年版，第60页。

臣所知，是太宗文武皇帝之位，陛下岂得而自有也！太宗身陷锋镝，经纶四海，所以不告劳者，盖为子孙，岂为武三思耶？陛下身是大帝皇后，大帝寝疾，权使陛下监国；大帝崩后，合归冢嫡。陛下遂奄有神器，十有余年。今议缵承，岂可更异！'且姑与母孰亲？子与侄孰近？"云云。天后于是嘘唏流涕，命左右褰廉，手抚公背，大叫曰：'卿非朕之臣，是唐社稷之臣！'回顾庐陵王曰：'拜国老！今日国老与尔天子！'公免冠顿首，涕血洒地，左右扶策，久不能起。天后曰：'即具所言，宣付中外，择日礼册。'公挥涕而言曰：'自古以来，岂有偷人作天子！庐陵王留在房州，天下所悉知，今日在内，臣亦不知。臣欲奉诏，若同卫太子之变，陛下何以明臣？'天后曰：'安可欲向房陵！只于石像驿安置，具法驾，陈百僚，就迎之。'于是大呼万岁，储位乃定。"①

对此事，《旧唐书》也有记载：

"初，中宗在房陵，而吉顼、李昭德皆有匡复说言，则天无复辟意。唯仁杰每从容奏对，无不以子母恩情为言，则天亦渐省悟，竟召还中宗，复为储贰。初，中宗自房陵还宫，则天匿之帐中，召仁杰以庐陵为言。仁杰慷慨敷奏，言发涕流，遽出中宗谓仁杰曰："还卿储君。"仁杰降阶泣贺，既已，奏曰："太子还宫，人无知者，物议安审是非？"则天以为然，乃复置中宗于龙门，具礼迎归，人情感悦。仁杰前后匡复奏对，凡数万言，开元中，北海太守李邕撰为《梁公别传》，备载其辞。中宗返正，追赠司空；睿宗追封梁国公。"②

---

① 《狄梁公传》，《通鉴考异》一一，转引自《唐人轶事汇编》上海古籍出版社2006年版，第372—374页。

② 《旧唐书》卷八十九，"狄仁杰传"，《二十五史》第5册，上海古籍出版社、上海书店1986年版，第3824页。

可见，在立庐陵王为太子之事上，狄仁杰确实发挥了至关重要的作用。但实际上，立庐陵王为太子，也是当时一些有政治远见官员的共同看法。比如吉顼、李昭德等为武则天所新任的高官就是如此。吉顼在张昌宗向他请教在后武则天时代如何自安时就明确说，二张必须支持立李唐代表人物为太子。《旧唐书》卷一百八六上《吉顼传》："初，中宗未立为皇太子时，易之、昌宗尝密问顼自安之策。顼云：'公兄弟承恩既深，非有大功于天下，则不全矣。今天下士庶，咸思李家，庐陵既在房州，相王又在幽闭，主上春秋既高，须有付托。武氏诸王，殊非属意。明公若能从容请建立庐陵及相王，以副生人之望，岂止转祸为福，必长享茅土之重矣！'易之然其言，遂承间奏请。""（武）则天知顼首谋，召而问之。顼曰：'庐陵王及相王，皆陛下之子，先帝顾托于陛下，当有主意，唯陛下裁之。'则天意乃定。顼既得罪，时无知者。睿宗即位，左右发明其事，乃下制曰：'故吏部侍郎、同中书门下平章事吉顼，体识宏远，风规久大。尝以经纬之才，允膺匡佐之委。时王命中否，人谋未辑，首陈返政之议，克副祈天之基。永怀遗烈，宁忘厥效。可赠左御史台大夫。'"①

至于李昭德，他在劝谏武则天立子不立侄为太子时，说得更加切直。时人刘肃《大唐新语》卷之一载："则天以武承嗣为左相，李昭德奏曰：'不知陛下委承嗣重权，何也？'则天曰：'我子侄，委以心腹耳。'昭德曰：'若以姑侄之亲，何如父子？何如母子？'则天曰：'不如也。'昭德曰：'父子、母子尚有逼夺，何诸姑所能荣？使其有便可乘御，宝位其遽安乎？且陛下为天子，陛下之姑受何福庆？而委重权于侄乎？事之去矣！'则天矍然，曰：'我未思也。'即日罢承嗣政事。"②

---

① 《旧唐书》卷一百八六上，"吉顼传"，第 4060 页。
② 刘肃：《大唐新语》卷之一，中华书局 2004 年版，第 7 页

狄仁杰、吉顼、李昭德、王方庆、王及善，甚至张易之、张昌宗的反复进言，均可见《资治通鉴》卷二百六史部三七所载。①武则天终于下定决心，于圣历元年（698）春三月，自房州秘密召回庐陵王，加上皇嗣李旦固请逊位于庐陵王，同年九月丙子，立庐陵王为太子。②这一举措，基本上断绝了诸武继承皇位的希望，以致武承嗣因不得立为太子郁郁而死。

太子李哲是武则天安排的身后继位者。武则天虽立庐陵王为太子，但也不愿意在其身后李氏新君与诸武势力互不相容。因此，她采取了一系列措施来保护诸武势力。《旧唐书》卷六《武后纪》：圣历二年（699）"春二月，封皇嗣（李）旦为相王"；"秋七月，上以春秋高，虑皇太子、相王与梁王武三思、定王等不协，令立誓与明堂。"司马光《资治通鉴》卷二百六载："太后春秋高，虑身后太子与诸武不相容。壬寅，命太子、相王、太平公主与武攸暨等为誓文，告天地于明堂，铭之铁券，藏于史馆。"③可见武则天试图以铭誓方式来调和李唐势力与诸武势力的矛盾。

从后来事态的发展来看，唐中宗还是遵守了这一誓言的。一是在张柬之、桓彦范等五王发动政变诛杀二张后，他坚决制止了诛灭诸武的行动。二是在后武则天时代重用武三思，甚至不惜贬谪张柬之等，客观上造成了五王被武三思残害的事实。三是将安乐公主嫁与武三思之子，试图以联姻方式巩固与武氏势力的关系。可以说，中宗再次即位后，对于诸武势力还是采取了有力的保护措施的。至于武三思后来被太子李重俊起兵杀掉，那是因为武三思暗通韦后，数次折辱太子，控制朝政，为非作歹所致，实属咎由自取，非中宗本意。而且中宗对武三思父子之死还是很痛惜的。

---

① 司马光:《资治通鉴》卷二百六史部三十七，吉林人民出版社2002年版。
② 同上书，第343页。
③ 同上书，第347页。

武则天为了身后政局的稳定，还采取了一系列措施保证各派政治势力的均衡。当时诸武封王者众，武则天又给予诸武更大的政治权力。进武承嗣春官尚书、武三思并同凤阁鸾台三品。但因朝臣建言，担心危害太子地位，很快即被罢去。武则天还采取培植心腹大臣，以为将来为诸武助力。比如，她大力提拔吉顼任太子少保、天官侍郎同平章事，但是因为吉顼与武懿宗争功，鄙视诸武而罢去。《旧唐书》卷一百八十六上："初，则天以（吉）顼干辩有口才，伟仪质，堪委以心腹，故擢任之，及与武懿宗争赵州功于殿中，懿宗短小俯偻，顼声气凌厉，下视懿宗，尝不相假。则天以为：'卑我诸武于我前，其可倚与！'其年十月，以弟作伪官，贬琰川尉，后改安固尉。寻卒。"[①]武则天本意是让吉顼等与诸武形成利益共同体，借此培育共同势力，谁知吉顼对于诸武持卑视态度，因此必须贬去。由此可见，武则天为身后防止李唐势力与诸武势力不能相容，确实颇费心机。

但是实际上，这种最高权力的争夺，是不可调和的。在中宗时期，因为中宗长期被贬居房陵，在朝中并无很深的根基，出于巩固自身权力基础的需要，采取了与诸武结盟的政治态度，保护诸武，实际上也就是保护自身利益。看起来，武则天的盟誓安排还是产生一定效果。但是李唐势力内部也是有矛盾的。比如诸武势力折辱太子李重俊，使他感受到了巨大威胁，最终起兵杀了武三思等人，这种行为是违背其父中宗意愿的，也是一种造反行为，所以被中宗坚决予以镇压。再如相王李旦及其子李隆基就对诸武势力不满。因此，从根本上说，武则天的这种安排是枉费心机的。一时的铭誓承诺，并不能从根本上遏制各种政治势力强烈地权力欲望，一遇时机，就撕毁誓文，刀兵相向，这已被后来发生的惨烈事实所证明。

---

① 《旧唐书》卷一百八十六上，"吉顼传"，《二十五史》第5册，上海古籍出版社、上海书店1986年版，第4060页。

明堂铭誓是武则天为平衡诸武势力与李唐势力矛盾的重大举措。但武则天也深知仅靠这一举措还不足于形成这两大政治集团势力的均衡。这就需要扶植新的政治力量以达成新的政治平衡局面。这就是武则天身后事安排的另一个方面，即扶植二张势力的崛起。

这得从张易之、张昌宗入宫说起。《旧唐书》"武后纪"说：武则天万岁通天二年（697）春二月，由于武则天女儿太平公主推荐张昌宗入宫，张昌宗又推荐其兄张易之，由此，二张入宫。①《旧唐书》"张行成传"附二张传记，二张入宫后"俄以昌宗为云麾将军行左千牛中郎将。易之为司卫少卿，赐第一区。物五百段，奴婢驰马等。信宿加昌宗银青光禄大夫，赐防阁，同京官朔望朝参。"②至圣历二年（699）"初为宠臣张易之及其弟昌宗置控鹤府官员，寻改为奉宸府，班在御史大夫下。"③武则天时年73岁或74岁。二张入宫，立即受到武则天的宠爱，立即设立控鹤监，后又设立奉宸府以处之。并且授予很高的职务。"班在御史大夫下"，查《唐六典》，"御史大夫一人，从三品"，④也就是二张在上朝时排序在御史大夫后面，即从三品的高级官员，可谓一步登天。《旧唐书》"张行成传"附"张易之、张昌宗传"载："易之初以门荫，累迁为尚乘奉御，年二十余，白晳美姿容，善音律歌词。则天临朝，通天二年，太平公主荐易之弟昌宗入侍禁中，既而昌宗启天后曰：'臣兄易之器用过臣，兼工合炼'，即令召见，甚悦。由是兄弟俱侍宫中，皆傅粉施朱，衣锦绣服，俱承辟阳之宠……仍赠希臧襄州刺史，母韦氏阿臧封太夫人，使尚宫至宅问讯，仍诏尚书李迥秀私侍阿臧。武承嗣、三思、懿宗、宗楚

---

① 《旧唐书》卷七十八"张行成传附二张传"，《二十五史》第5册，上海古籍出版社、上海书店1986年版，第3801页。
② 同上。
③ 《旧唐书》"则天皇后纪"，第3499页。
④ 陈仲夫校点：《唐六典》，"御史台卷十三"，"御史大夫"，中华书局1992年版，第377页。

客、宗晋卿候其门庭，争执鞭辔，呼易之为五郎，昌宗为六郎。俄加昌宗左散骑常侍。圣历二年，置控鹤府官员，以易之为控鹤监、内供奉，余官如故。久视元年，改控鹤府为奉宸府，又以易之为奉宸令，引辞人阎朝隐、薛稷、员半千并为奉宸供奉。每因宴集，则令嘲戏公卿以为笑乐。若内殿曲宴，则二张、诸武侍坐，樗蒲笑谑，赐与无算。时谀佞者奏云，昌宗是王子晋后身。乃令被羽衣，吹箫，乘木鹤，奏乐于庭，如子晋乘空。辞人皆赋诗以美之，崔融为其绝唱，其句有'昔遇浮丘伯，今同丁令威。中郎才貌是，藏史姓名非'。"[1]《新唐书》"张行成传"附二张传："兄弟皆幸……昌宗兴不旬日，贵震天下。诸武兄弟及宗楚客等争造门，伺望颜色，亲执辔策，号易之为'五郎'，昌宗'六郎'。又加昌宗右散骑常侍。圣历二年，始置控鹤府，拜易之为监。久之，更号奉宸府，以易之为令。乃引知名士阎朝隐、薛稷、员半千为供奉……诏昌宗即禁中论著，引李峤、张说、宋之问、富嘉谟、徐彦伯等二十有六人撰《三教珠英》。加昌宗司仆卿，易之麟台监，权势震赫。皇太子相王请封昌宗为王，后不听。迁春官侍郎，封邺国公，易之恒国公"。[2] 可见，二张成为武氏集团和李唐势力共同趋附、讨好的对象。真所谓一人得道，鸡犬升天，张易之、张昌宗之的亲族和兄弟们也一再升迁，张昌期任汴州刺史、张同休任司礼少卿、张景雄任通事舍人、张昌仪为洛阳令。一个以二张为首的政治集团势力遽然崛起。

二张势力崛起如此之迅速，以往总是视其原因为武则天对于内宠的喜爱，换言之，是由于武则天为了延年益寿、采阳补阴，满足自己的性欲，离不开二张才如此的提拔。对此，笔者的看法不同。

---

[1]《旧唐书》卷七十八，"张行成传附二张传"，《二十五史》第5册，上海古籍出版社、上海书店1986年版，第3801页。

[2]《新唐书》卷一百四，"张行成传附二张传"，《二十五史》第6册，上海古籍出版社、上海书店1986年版，第4536页。

即使是武则天有着满足自己性欲的需要，即使是采阳补阴离不开二张，但是在这些表象背后，还有着一种深刻的政治考虑，就是有意加速培植一股新的政治力量，来平衡身后的朝廷力量结构和势力的均衡。如果说武则天仅仅是为了自身个人需要，一位年龄已达73岁或74岁的老妇人，还有多少性的需求？即使武则天驻颜有术，但毕竟年岁不饶人。但驻颜有术、显得年轻未必就一定有强烈的性欲。《旧唐书·武后纪》载："天后令选美少年为左右奉宸供奉，右补阙朱敬则谏曰：'臣闻志不可满，乐不可极。嗜欲之情，愚智皆同，贤者能节之不使过度，则前圣格言也。陛下内宠，已有薛怀义、张易之、昌宗，固应足矣。近闻上舍奉御柳模自言子良宾洁白美须眉，左监门卫长史侯祥云阳道壮伟，过于薛怀义，专欲自进堪奉宸内供奉。无礼无仪，溢于朝听。臣愚职在谏诤，不敢不奏。'则天劳之曰：'非卿直言，朕不知此。'赐彩百段。"① 朱敬则是当时的名臣，所言是劝谏武则天令"选美少年为左右供奉"一事，如果此事涉及武后私德，朱敬则岂能如此直白地劝谏职责？正是从维护武则天私德的角度劝谏，才为她所接受。

《旧唐书》"则天武后纪"还说，武则天"以昌宗丑声闻于外，欲以美事掩其迹，乃诏昌宗撰《三教珠英》于内。乃引文学之士李峤、阎朝隐、徐彦伯、张说、宋之问、崔湜、富嘉谟等二十六人，分门撰集。成一千三百卷，上之。加昌宗司仆卿，封鄴国公，易之为麟台监，封恒国公，各实封三百户。俄改昌宗为春官侍郎。易之、昌宗皆粗能属文，如应诏和诗，则宋之问、阎朝隐为之代作。"② 前引《新唐书》也记二张于宫禁中撰《三教珠英》事。对此，史家从正统

---

① 《旧唐书》"则天皇后纪"，《二十五史》第5册，上海古籍出版社、上海书店1986年版，第3497—3499页。

② 《旧唐书》"则天皇后纪"，《二十五史》第5册，上海古籍出版社、上海书店1986年版，第3497—3499页。

儒家观念出发，认为设置奉宸府，是为了掩饰武则天与二张之"丑声"，"欲以美事以掩其迹"。应该说，这种以儒家思想为标准的认识过度专注于武则天的私德，遮蔽了眼光，只是看到表面现象，未能洞察武则天更加深远的政治图谋。

其实，设置奉宸府，诏张昌宗领衔、李峤、张说、宋之问、沈佺期等二十六位学士修《三教珠英》一事，绝不仅仅是为了掩饰二张"丑声"，也绝不是仅仅"欲以美事以掩其迹"，而是一项具有深远政治用心的安排。其目的是借修书为二张集聚政治人才资源，为二张集聚政治资本。试看所谓"珠英学士"中的人物，哪一个不是当时十分著名的人物？李峤曾经担任过宰相职务，张说的政治地位和声望也很高，在玄宗时期也当过宰相。至于其他人物，如阎朝隐、宋之问、沈佺期、崔湜等，都是当时著名文人。须知，唐朝自太宗开始确定了以文治国的国策之后，自唐高宗、武则天以降，文人治国已成十分牢固的治国思想，文人随之成为唐朝政治的主体，成为朝廷高官的来源，尤其是进士出身的人才，不几年即出将入相，成为常态。[1]

张易之、张昌宗身出名门，其伯祖父张行成历仕高祖、太宗、高宗三朝，是太宗、高宗朝著名的宰相，深得太宗、高宗信任，还任过太子少傅，是时誉卓著、影响深远的人物。在社会上和文人群体中具有巨大影响力。可见二张的出身门第是很高的，非武则天之前出身低微的内宠薛怀义之流所能比附。但是遗憾的是，二张虽粗识文字，但均非进士出身。需要注意的是，史家所谓"初识文字"的真实性，其实以二张那样的家世，岂能仅仅是"初始文字"？说其"初识文字"或可能是正统史臣对于二张的贬低。武则天为其设置奉宸府，使张昌宗领衔修撰《三教珠英》，实际上是弥补二张出

---

[1] 李福长：《唐代学士与文人政治》，齐鲁书社2005年版。

身不足的缺陷，为其赢取社会声望采取的举措。只有从这个角度来看，才能真正理解武则天为张昌宗设立奉宸府的用意；也才能理解何以"则天春秋高，政事多委易之兄弟"；[①] 也才能够真正理解何以"中宗为皇太子，太子男邵王重润及女弟永泰郡主窃言二张专政，易之诉于则天，付太子自鞫问处置，太子并自缢杀之"；[②] 也才能理解武则天何以如此维护二张势力，连对自己的嫡亲孙子、孙女以及侄孙都是如此坚决、无情地予以消灭；也才能理解无论是御史大夫魏元忠揭发二张之罪，还是宋璟揭发张昌宗"私引相工李弘泰，"甚至说张昌宗"有天子相"[③] 妄占吉凶等种种逆天罪行，都不能动摇武则天对二张的信任，都为武则天所坚决保护；也才能够理解，为何诸武势力为何如此对二张低首下气；也才能理解为何太子、相王、太平公主联名要求武则天封二张为王，虽未被采纳，但还是降等封公。可以说，对于武则天的政治用心，无论是诸武，还是太子、相王、太平公主等，其实都心知肚明的。就是被杀的邵王李重润、永泰公主和武延基对此也是明白的。只不过是二张政治经验不足，既因推荐李哲为太子而得罪诸武势力于前，又因导致邵王、永泰公主被杀得罪于李唐势力，他们不知道最高权力争夺的复杂性和残酷性，一朝得志，更益猖狂，导致了基本被灭族的悲惨结局！其实这也是武则天政治安排的破产。

二张正是由于武则天的支持掌握了巨大权力，加上二张恃宠而骄，无视朝中错综复杂的政治力量构成，不断地得罪李唐势力和诸武势力，因此成为李唐和诸武势力共同的敌人。在武则天病笃之时，又不许朝中大臣接近武则天，试图操纵武则天身后事务，给李唐势

---

① 《旧唐书》"则天皇后纪"，《二十五史》第5册，上海古籍出版社、上海书店1986年版，第3497—3499页。

② 同上。

③ 司马光：《资治通鉴》卷二百七，吉林人民出版社2002年版，第368页。

力和诸武势力带来巨大风险,才使张柬之、桓彦范等五大臣在太子的支持下,毅然发动政变,杀了二张,清除了二张势力,逼武则天退位,扶太子李显重新登基,恢复了李氏王朝。

现在可以回到发生在长安二年(702)的所谓"考功受赇""谤议上闻"一案上来。从当时武则天可以安排的政治图景的背景来认识此事,可能更加真实、准确。《旧唐书》卷七十八"宋璟传"记:"长安二年,易之赃贿事发,为御史台所劾下狱,兄司府少卿昌仪、司礼少卿同休皆贬黜。"这里说是长安二年,赃贿事发,实际上,可能是标点有误。《旧唐书》"宋璟传"将此事列于长安三年(703)魏元忠被贬高要尉之后,魏元忠、张说被贬事在长安三年九月,因此此句断句应为"长安二年易之赃贿事发,"即是张易之长安二年赃贿事在长安三年魏元忠等被贬前后被揭发出来,"为御史台所劾下狱,兄司府少卿昌仪、司礼少卿同休皆贬黜。"①张易之等下狱事,《资治通鉴》卷二百七系于长安四年(704)秋七月乙未②。可见张易之长安二年赃贿在魏元忠与二张的斗争中被揭发出来,长安四年被御史台所劾,而非长安二年当年事发。《资治通鉴》卷二百七长安四年(704)春正月记:"夏官侍郎、凤阁鸾台三品李迥秀颇受贿赂,监察御史马怀素劾奏之。二月癸亥迥秀贬庐州刺史。"③李迥秀是武则天为张易之母阿臧安排的情人,很可能李迥秀事发牵连到张易之等,才引发张易之兄弟下狱。关于张氏兄弟纳贿卖官事,前引述过张鷟《朝野佥载》的记录,可见一斑,此处不另。新旧《唐书》"武后纪"久视元年(700)秋七月,"天官侍郎张锡为凤阁侍郎、同凤阁鸾台平章事。"大足元年(701)三月贬循州。可见,张昌仪买官事

---

① 《旧唐书》卷九六,"宋璟传",《二十五史》第5册,上海古籍出版社、上海书店1986年版,第3840—3841页。
② 司马光:《资治通鉴》卷二百七,吉林人民出版社2002年版,第366—367页。
③ 同上书,第365页。

发生在万岁通天三年、久视元年（700）秋七月之前张锡任天官侍郎期间。

现在来看，长安二年"考功受赇""浮议上闻"一案，具有张易之赃赂买官的性质，其实二张势力也借此广植社会基础，尤其是扩大政治势力。而武则天对此也是知情的，或者说是暗地里纵容的。她本人在垂帘听政后，因为政治力量不足，采取非常举措大力提拔地位低贱的人担任官职的举措重演。《新唐书·选举志》记："初，试选人皆糊名，令学士考判，武后以为非委任之方，罢之。而其务收人心，士无贤不肖，多所进奖。"① 张鷟《朝野佥载》也多处记录，如对沈全交"南院续诗"事件的记载。又记："唐姜晦为吏部侍郎，眼不识字，手不解书，烂掌铨衡，曾无分别。选人歌曰：'今年选数恰相当，都由座主无文章。案后一腔冻猪肉，所以名为姜侍郎。'"② 正是由于武则天出于政治目的大肆授官，给一些有权有势的人买官卖官大开方便之门。张鷟记："乾封以前选人，每年不越数千。垂拱以后，每岁常至五万。人不加众，选人益繁者，盖有由矣。尝试论之，只如明经、进士、十周、三卫、勋散、杂色、国官、直司、妙简实材，堪入流者十分不过一二。选司考练，总是假手冒名，势家嘱请。手不把笔，即送东司，眼不识文，被举南馆。正员不足，权补试、摄、检校之官。贿货纵横，赃污狼藉。流外行署，钱多即留，或帖司助曹，或员外行案。更有挽郎、辇脚、营田、当屯，无尺寸工夫，并优于处分。皆不事学问，唯求财贿。是以选人冗冗，甚于羊群；吏部喧喧，多于蚁聚。若铨实用，百无一人。积薪化薪，所从来远矣。"③ 所谓乾封，是指武则天当权的666年后两年。天授则

---

① 《新唐书》卷四十四，"选举"上，《二十五史》第6册，上海古籍出版社、上海书店1986年版，第4256页。
② 张鷟：《朝野佥载》卷四，中华书局1997年版，第90页。
③ 张鷟：《朝野佥载》卷一，中华书局1997年版，第6页。

指武则天篡唐改周的两年间，即690—691年。可见，授官泛滥是一个武则天时代由来已久的老问题，只不过武则天的目的纯粹在于利用新生力量打击反对派势力，而二张则夹杂大肆收受财物的行为。但她身为皇帝，又不得不在张易之赃赂事发后予以一定的查处。但是其方针还是对张易之等包庇保护，不能因为查处"坐赃"而导致对自己政策的否定。这就是沈佺期下狱后长期未得处理的根本原因。

应该注意的是，沈佺期作为长安二年的考功员外郎，因长安二年"考功受赇""谤议上闻"案发，于长安四年（704）春天下狱后，本指望张易之等的救援，但是因为张易之等在与宋璟、桓彦范等的尖锐激烈地斗争中自身也处于危险地位，不可能伸出援手。至第二年春，张柬之、桓彦范等发动政变，逼武则天退位，扶中宗再次登基后，沈佺期才因被张柬之等执政大臣视为大奸大恶之徒，而流放驩州的。笔者分析，在沈佺期的定罪与流放，与他任天官部考功员外郎时的顶头上司崔玄暐有很大关系。在当时执政者眼中，沈佺期绝不仅仅是被视为一位依附二张的文人学士，而是被视为二张集团中重要的骨干人物而被流放的。但是唐中宗和武三思等人对沈佺期是没有恶感的。这从武三思勾结韦后，设计逐杀张柬之、桓彦范、敬晖、崔玄暐、袁恕己等五王后立即召回、参与中宗宴会，因唱回波词被赐还绯衣一事可以看出端倪来。由此观之，发生于长安二年的"考功受赇""谤议上闻"案，看似一个贪腐案件，实际上充满着朝廷权力争斗。沈佺期被流放驩州，具有明显的政治报复的色彩，他被召回也是张柬之等五王与武三思政治斗争失败的结果。同时，沈佺期被流放到万里之遥的驩州，既非完全因为"考功受赇"，也非因为紧紧依附二张，而是作为二张政治势力中一颗重要的棋子，才受到如此惨重的打击。

第五章

张九龄开凿大庾岭路问题考辨

> **提要**
>
> 　　张九龄开凿大庾岭路,历来被视为张九龄的重大功绩之一。但是关于张九龄开凿大庾岭路的时间、开凿的标准、是否只是开凿大庾岭南路以及对其《开凿大庾岭路序》中所言"先天二年"的理解、其"岭东废路"何指等等问题,一直未能得到深入研究,以致人言人殊,几成"千古之谜"。本章各节即对上述问题进行具体研究,所得结论可供参考。
>
> 　　《张九龄开凿大庾岭路若干问题考辨》细致地研究了张九龄《开凿大庾岭路序》中所及的一系列问题,对于今天研究者一些错误说法做了纠正,对于失注之处补充注释。根据现有的材料,对《序》中隐含的系列问题如所谓"岭东废路"何指、岭路开凿性质、开凿方法、大庾岭新路新在何处、张九龄究竟在开凿大庾岭路工程中起了什么作用等等,做出了考证,提出予人启迪的见解。
>
> 　　《张九龄开凿大庾岭路若干问题再考》,本文可视为对前文的补充。文章对学界关于张九龄开凿大庾岭路的诸多异说进行了深入细致的分析和辩驳,明确了张九龄开凿大庾岭路的政治性质,指出这是奉旨行为、朝廷举措,并置于唐玄宗登基不久的历史背景中来考

察，结论颇给人启发；指出开凿大庾岭路是南北两路同时开工、同时完工，而非今人所谓仅开"南路"；明确了大庾岭路的开凿建设标准，指出"五轨"为五尺道，而非五马并行的道路；也指出开凿大庾岭路的控制性工程在山顶开山劈石，在阻路的石山上开辟出一条通道。

《论张九龄〈开凿大庾岭路序〉的政治内涵》结合唐玄宗登基前后激烈政治斗争史实，分析研究张九龄《开凿大庾岭路序》中首段的政治内涵，指出了熊飞先生对于此段的理解属于误读，也指出了张九龄此段文字包含极其丰富的政治意蕴，体现的是对于唐玄宗李隆基真正掌握了皇权后，政局稳定、治理"穷幽及远"的开元盛世到来的欣喜，而非指"先天二年"即有人开凿大庾岭。

《张九龄开凿大庾岭路时间诸误说探微》梳理历来关于张九龄开凿大庾岭路时间的五种说法。重点对《新唐书》"地理志"所记"开元十七年"和"开元十六年"两说产生的原因进行探索。指出《新唐书》之所以产生与张九龄《开凿大庾岭路序》自述时间相抵牾的误说，是由于《张九龄文集》流传稀少，《新唐书》"地理志"编撰者或未能读过该序所致。本文较为系统地梳理《张九龄文集》和《曲江集》流传情况，印证了这一推测。并且，以中华书局点校本《新唐书》为出发点，探索《新唐书》校点的版本依据，追溯到商务印书馆张元济先生主持校点、出版的百衲本《新唐书》所依据的宋代版《新唐书》的真实面貌。由此确定，关于张九龄开凿大庾岭路时间为"开元十七年"的误说源于宋嘉祐年间欧阳修编纂《新唐书》之时；"开元十六年"误说则至少源于明代北监本《新唐书》，并对致误之由做出了推测。

一　张九龄开凿大庾岭路若干问题考辨

张九龄开凿大庾岭路，新旧《唐书》其本传并无记载。此事最早见于其《开凿大庾岭路序》，后又有与其同时稍后之徐浩所撰神道碑："始兴北岭，峭险巇绝；大庾南谷，坦然平易。公乃献状，诏委开通。曾不浃时，行可方轨。"① 其后唯《新唐书》韶州始兴郡之"始兴"记："有大庾岭新路，开元十七年，诏张九龄开。"② 如此则大庾岭路开凿时间为"开元十七年"，与张九龄《开凿大庾岭路序》③所叙时间不合，应以张九龄自述为准，确定为开元四年。但是今人对于《序》文中首段的理解有误，导致对于张九龄在开凿大庾岭路中的作用的误解。对此，笔者在《论张九龄〈开凿大庾岭路序〉的政治内涵》一文（见本章）中，对张九龄《序》中首段，即"先天二年"那段话的政治意蕴做了清晰梳理。但是《开凿大庾岭路序》（以下简称《序》）文中还有些问题长期被人忽略，看来还是有必要继续弄清楚。

这里的主要问题是：一、张九龄《序》中所云"岭东废路"何指？二、张九龄在开凿大庾岭路工程中起到什么作用？三、张九龄所开的大庾岭路是一条什么性质的道路？四、张九龄是采用何种方

---

① 徐浩：《张九龄神道碑》，见翁方纲著，欧广勇、伍庆禄补注《粤东金石略补注》，广东人民出版社2012年版，第166—170页。

② 《新唐书》"地理志"七，韶州始兴郡，始兴县，中华书局本谓"开元十七年，诏张九龄开"；而上海古籍出版社本谓"开元十六年诏张九龄开"，见《二十五史》第6册，上海古籍出版社、上海书店1986年版，第4248页。

③ 张九龄：《开凿大庾岭路序》，见熊飞：《张九龄集校注》第三册，中华书局2008年版，第890—891页。

法开凿这条道路的？五、历来人们所谓张九龄开凿大庾岭新路的"新路"二字作何解释，或者说，新路"新"在何处？

关于第一个问题。要理解"岭东废路"一语的意指，需要从"岭东""废路"两个词组的含义入手。其中的"岭东"，可以从多个方面来理解。可以将"岭东"理解为"东岭"。从地理位置上讲，无论站在韶州还是以当时的浈昌（南雄）这个方位来看，大庾岭无疑都在东面。自古以来，居于五岭最东面的大庾岭就被称为"东峤山""东峤"。唐李吉甫《元和郡县图志》卷第三十四载"曲江县"："浈水，在县东一里。元鼎五年征南越，楼船将军下横浦，入浈水，即此水。""始兴县"条下又云"大庾岭，一名东峤山，即汉塞上也。在县东北一百七十二里。从此至水道所极，越之北疆也。越相吕嘉破汉将军韩千秋于石门，封送汉节了，置于塞上，即此岭。本名塞上，汉伐南越，有监军姓庾城于此地，众军皆受庾节度，故名大庾。五岭之戍中，此最在东，故曰'东峤。'"① 屈大均《广东新语》："梅岭者南岳之一支……曰东峤者，以居五岭东偏也。"② 从这个角度看，"岭东"或即"东峤"，可理解为五岭中最东边的那个岭，即是指大庾岭。但是张九龄所开凿的大庾岭路是一条方位明确的道路，他所指的"岭东"必然也有具体的方位，张九龄《序》中似不可能使用如此宽泛的地理概念。

如果撇开五岭概念，就大庾岭本身而言，该岭又有广义和狭义之分。按照《南雄市志》："南雄市位于大庾岭南麓，史称'居五岭之首，为江广之冲，控带群蛮，襟会百粤'。市境位于：北纬24°56′59″—25°25′20″，东经113°55′30″—114°44′58″，东连江西省信丰县，东南界江西省全南县，西南毗连始兴县，西邻曲江县，西北

---

① 李吉甫：《元和郡县图志》下册卷第三十四，中华书局1983年版，第901—902页。
② 屈大均：《广东新语》上册，中华书局1985年版，第65页。

与仁化县接壤，北界江西大余县。"[1] 狭义的大庾岭，指的是指位于广东南雄市和江西大余县、信丰县之间的一座座蜿蜒于南雄东北—东南方向的重山叠嶂，其间有庾岭要塞，有汉武帝时庾胜将军筑台的要塞和唐代张九龄在梅岭建立的梅关。《南康记》说横浦关离"南野县大庾岭三十里"就是要塞部分。张九龄所谓"岭东"如果是指狭义的大庾岭，也是有可能的，因为这一段狭义的大庾岭，正好居于整个大庾岭的东段北偏位置，结合张九龄开凿的古梅关的地理位置，在大的方位上讲也是相符的。但是，若考虑狭义的大庾岭的位置，在梅关东南方向还有处于南雄与江西信丰段的大庾岭段。相对于梅关而言，这个方位也可称为"岭东"。

"岭东"还可以理解为大庾岭的东面，即大庾岭东面的南安府、大庾县所辖的路段。如把"岭东废路"结合起来看，可能就是指属于居大庾岭东面的大庾县辖下的大庾岭东面的道路了。但是张九龄《序》中并未明确这一点，反倒是从岭南的角度说："海外诸国，日以通商，齿革羽毛之殷，鱼盐蜃蛤之利，上足以备府库之用，下足以赡江淮之求。而越人绵力薄财，夫负妻戴，劳亦久矣，不虞一朝而见恤者也"，这似乎也是张九龄《序》中从自己所处的方位、角度，亦即是从广东方向考虑的。结合张九龄开凿大庾岭路的时间和当时工程建造只能在农闲时进行的法律规定来考虑，其开凿时间是"开元四载，冬十有一月"，"岁已农隙，人斯子来，役匪逾时，成者不日"，时间不会超过三个月，而大庾岭路的长度，按照北宋时人余靖的说法是"唯岭道九十里"[2]，以当时的道路开凿水平和人口数量与劳动力状况，大庾岭路两边同时开凿，岭路长达九十余里，仅不到三个月时间，任务十分艰巨。但考虑到张九龄所谓开凿，是在

---

[1] 南雄市人民政府地方志编纂委员会编:《南雄市志》，方志出版社2011年版，第47页。

[2] 余靖:《韶州真水馆记》，见《武溪集》卷五，四库全书影印本。

秦汉古道基础上进行的，并非全路段都需要开凿，应该是最为艰险的地方才需要开凿。这样工程量就大大减少了。动员两州力量，三个月时间内完成是可能的。

还有一种可能，就是张九龄所谓"岭东废路"的"岭东"，指狭义的大庾岭上梅关东南的大庾岭段，亦即广东方向的南雄与江西方面的信丰之间的山岭。按照大庾岭此段地理方位，正好是居于当时浈昌县（今南雄市）的东南方向，也可称为岭东。这条道路，一直被称为乌迳路，按照明谭大初嘉靖《南雄府志》之言是"庾岭未开，南北通衢也"①。其官道、驿道功能在大庾岭路开凿后被废弃了，也就是说，相对而言，行人少了。

但既然张九龄言"岭东废路"，则"岭东"应与"废路"联系起来，与他所开凿的"新路"联系起来，才能确定张九龄所说的具体位置。所谓"废路"，一般理解为已经废弃的道路。也就是说，原来有路，后来由于各种原因而废弃。但是，这里说的"废路"，可能并非是老百姓日常生活中的交通功能被废弃，张九龄《序》中说"行径夤缘，数里重林之表"，就是说尚可通行，但是十分艰险。所以这里说的"废路"，应该是相对于官方驿站、驿路、官道而言，就是指官道、驿道的功能被废弃。张九龄奉旨修路，是一种官方行为，自然是修建一条较为宽大的官道、驿路。他所说的"岭东废路"，当然也就是与新修的大庾岭路这条官道相对而言的旧有的官道、驿路了。

事实上，大庾岭上的秦汉时代的道路，主要作用是满足军事用途，并不可能修建标准的驿路、官道。道路修建本身也就比较仓促，比较简陋，而且大军经行，数万人也不可能只经过一条道路。所谓"下横浦"，也不只是一条道路可以进入横浦，必然是多条道路同时

---

① 谭大初：《嘉靖南雄府志》，见《天一阁藏明代方志选刊续编》第66册，上海书店1990年版，第254页。

开进的。比如经信丰至乌迳的道路，以及大庾岭偏北的大小秦关，还有通往始兴的小径，等等，这些道路南下均可入横浦江（浈江），北上均可达虔州入赣江。但是，秦二世而亡后，南越称王，封闭五岭各关塞，道路不通十分自然。汉武帝时代，南越内附，也只是形式上的归顺，南北交流虽有所增加，但是由于人烟稀少，官道驿路的维护扩修难于提上日程。其后三国时代、魏晋以降，南北朝时期，中原动荡，虽有不少氏族入粤，但也正是因为岭南偏安，道路的闭塞正有利于区域的安稳，扩建维修自然不会提上日程。因此，自秦汉以来，当年作为军事用途的道路因行人稀少，年久失修，其官道、驿路的功能被自然弱化，很难发挥应有的作用了。

但是应该注意的是，在唐之前，大庾岭上的驿路功能也并未完全废弃。比如陆凯途经大庾岭，写的《赠范晔》诗："折梅逢驿使，寄与陇头人。江南无所有，聊赠一枝春"①。陆凯是三国时人。《三国志·陆凯传》载："'陆凯，字敬风，吴郡吴人也。丞相逊族子也。黄武初为永兴诸暨长，所在有治迹，拜建武都尉。领兵虽统军众，手不释书……赤乌中除儋耳太守，讨珠崖，斩获有功，迁为建武校尉"②。《三国志·孙权传》载："赤乌四年（应为五年）秋七月，遣将军聂友、校尉陆凯以兵三万讨珠崖儋耳。《直隶南雄州志》载，南雄城南有寄梅驿，即取折梅逢驿使诗语。"③该驿曾经宋绍兴知州李岐重修。陆凯诗中"折梅逢驿使"，既有驿使，自然有驿路了。只不过这个驿使，恐怕也就是军邮吧！

然而由罗韬选注，刘思翰审定的《张九龄诗文选》对《序》中

---

① 陆凯：《赠范晔》，《太平御览》卷九七零，引述南朝刘宋时代盛弘之的《荆州记》。见李昉等撰《太平广记》，第九册，上海古籍出版社2008年版，第570页。

② 《三国志·吴志·陆凯传》，《二十五史》第2册，上海古籍出版社、上海书店1986年版，第1236页。

③ 《三国志·孙权传》，《二十五史》第2册，上海古籍出版社、上海书店1986年版，第1204页；《直隶南雄州志》，清代知府余保纯等编撰。

"岭东"和"废路"注释:"岭东,大庾岭居五岭之东,称东峤,故又称岭东。废路,大庾岭路于唐以前已有了开发,然年久失修,故称废路。"①如果真实如此,张九龄《序》中岂得用"开凿"二字,历代又何称"新路"?这些问题如不说明,是很难服人的。但是这个注释也有可取之处,就是肯定了张九龄开凿的大庾岭路是在年久失修的旧路基础上开凿的。这个旧路,非官道、驿路,而是秦汉魏晋以来的主要用于军事目的、到唐开元前已丧失驿路功能的道路。

只有到了唐代,尤其是唐初长达近百年的时间内,岭南一统,人口增长,加上海路已通,与中原的交流显得更加迫切了。因此,开凿一条与社会经济发展需求相适应的官道、驿路,就提上了日程。这就是张九龄《序》中所说:"海外诸国,日以通商,齿革羽毛之殷,鱼盐蜃蛤之利,上足以备府库之用,下足以赡江淮之求",开凿大庾岭就这样具备了时代的需求,因此张九龄开凿大庾岭的建议才被采纳。这样,可以肯定张九龄所说的"岭东"是指大庾岭东段,就比较有把握。而"岭东废路"应该在这些原有的道路中去考虑,既可能指小梅岭路,也可能指梅岭古道,还可能指那些秦汉以至魏晋时代具有驿道功能的乌迳古道吧②。当然,更可能兼而指之。

人们都说张九龄开凿的大庾岭路是新路。这应该是学界各方的共识。对此,欧阳修等修撰的《新唐书》"地理志"韶州始兴条下注"有大庾岭新路,开元十七年,诏张九龄开"。这里说大庾岭新路是开元十七年开凿的,当属误记,可以否定。但明确是"新路",仍然值得注意。又据顾祖禹《读史方舆纪要》卷一百二"广东三""南雄府":"大庾岭"在"府北六十里,一名东峤,以在五岭最东也。

---

① 罗韬选注、刘思翰审定:《张九龄诗文选》,广东人民出版社1994年版,第274页。
② 乌迳路或乌迳古道,请参谭大初:《嘉靖南雄府志》,见《天一阁藏明代方志选刊续编》第66册,上海书店出版社1990年版,第254页;《南雄市志》"乌迳路"条,方志出版社2011年版,第280页;赖井洋:《乌迳古道与珠玑文化》一书,暨南大学出版社2015年版。

汉初为南越北塞，武帝讨南越时，有将军庾姓者筑城于此，因名大庾岭。由豫章趣岭南，此为噤喉之道。唐开元四年诏张九龄开新道于此，自是益为坦途。大庾而东南四十里又有小庾岭，间道所经也"。①顾祖禹也肯定张九龄所开凿的大庾岭路是一条新路。清初人广东大儒屈大均《广东新语》谓："梅岭自张文献开凿，山川之气乃疏通，与中州清淑相接，荡然坦途，北上者皆由之矣。"②"文献"是张九龄的谥号，屈大均也是肯定张九龄开凿梅岭新路的功勋的。按照屈大均所言，梅岭路自张九龄开凿后，因为其行走的便利，其他原来的通道就被放弃了，人们都经由梅关即大庾岭路北上了。

古人如此，今人亦然。1990年出版的《南雄县志》载有黄勋拔序，文中说："唐玄宗开元四年开凿的大庾岭新道，对广东的开发具有重要意义。"③蒋祖缘、方志钦主编的《简明广东史》也说："唐代粤北最重大的一项工程是新开大庾岭通道……716年（唐玄宗开元四年）11月，曲江县人、内供奉张九龄利用农闲召集民伕开凿大庾岭新道（即大梅关）。"④可见，张九龄开凿的大庾岭路即梅关路新路，是从这个意义上说的。

但也还有些问题可以讨论。就是所谓"新路"，究竟是一条何种性质的"新路"？是完全弃旧路而开凿的一条路呢？还是主要利用原有道路，加以拓宽，一些难于通行之处予以改道，实在没法改道的地方则架上石条以供通行，巨石挡道的地方，就开山劈石而成新路？

张九龄在《序》中说："初，岭东废路，人苦峻极，行径寅缘，

---

① 顾祖禹：《读史方舆纪要》卷一百二"广东三""南雄府""大庾岭"，第九册，中华书局2005年版，第4690页。
② 屈大均：《广东新语》上，中华书局1985年版，第67页。
③ 南雄市人民政府地方志编纂委员会编：《南雄市志》，方志出版社2011年版，第768页。
④ 蒋祖缘、方志钦主编：《简明广东史》，广东人民出版社1993年版，第112页。

数里重林之表；飞梁巘巗，千丈层崖之半。颠跻用惕，斩绝其元"。这段话告诉我们，原来的那条"岭东废路"，"行径寅缘，数里重林之表；飞梁巘巗，千丈层崖之半"，十分险峻，"人苦峻极"，"行径寅缘，数里重林之表"，这是对于"岭东废路"当时状况的描述，是说关键性的那段道路长度"数里"，行走艰难，需要攀援而上；"飞梁巘巗，千丈层崖之半"，是说道路险峻，人行走千丈在悬崖的中间，"颠跻用惕，斩绝其元"，人行其间，手足并用，胆战心惊，稍不留意，即生危险。从这段描述中，我们可以看出，这段"数里重林之表"，"千丈层崖之半"的路程，难于行走，同时还可以推定，"岭东废路"因为其险峻和山高林密，实际上已经很难通行，其作为沟通南北的官路、驿道的功能也基本消失了。这就是"岭东"的驿路、官道功能被废的重要原因。

我们知道，张九龄这篇《序》文，是在开凿大庾岭路之后不久写的，也就是完工之后写就的。因此，他所谓的"岭东废路"必然是大庾岭路开凿之前人们行走的秦汉古道，其位置是在大庾岭的东面。由此可知，张九龄所开造的大庾岭路，绝非是在原有翻越大庾岭的驿路、官道的基础上，加宽、除险而成的。因此，看张九龄《开凿大庾岭路序》，用"开凿"而不用修建，确实是有深意存焉！

但是这条新路，也不可能是凭空另开的。既无必要，仅利用农闲时间也不可能完成。如此考虑，则张九龄舍弃"岭东废路"所开的"大庾岭路"又必然是利用了原来大庾岭岭上某一条秦汉魏晋以来的古道。可以想见，在确定具体的道路走向之前，张九龄等也必然是对于大庾岭上诸多古道古路进行了勘查，即张九龄《序》中所说："饮冰载怀，执艺是度，缘磴道，拔灌丛，相其山谷之宜，革其坂险之故"，选择、确定了工程量较小的"岭东废路"的路线进行开凿。其间的艰难自是不言而喻的。从中也可以看出张九龄开凿大庾岭绝非是在所谓"先天二年在有人已经开始开凿的基础上，就工程的具体施工等技术性问题提出了自己的意见",而是亲自建言,亲力亲为,亲自勘察,亲自设计,选择和确定道路的走向,付出巨大辛劳的。由此可以推定,张九龄所开凿的大庾岭路,确实在原来就存在,但是在并不具备官道、驿路功能的秦汉魏晋古道的基础上,延续其大的走向,经过改道、填平和开山辟崖而建成的。

或有人说,张九龄开凿的大庾岭路是在原驿道的基础上改建的,并以六祖惠能离开五祖自黄梅南归,途经大庾岭路(梅关)为证。查《六祖大师法宝坛经》:"惠能辞违祖已,发足南行,两月中间,至大庾岭逐后数百人来欲夺衣钵。一僧俗姓陈名惠明,先是四品将军,性行粗糙,极意参寻,为众人先,趁及惠能。惠能掷下衣钵于石上。曰:'此衣表信,可力争耶?'能隐草莽中,惠明至,提掇不动,乃唤云:'行者行者,我为法来,不为衣来,惠能遂出坐磐石上。'"[①] 此记载为惠能口述,当为真实。现在大庾岭路梅关仍然有磐陀石,传说是惠能当年的遗迹。但是却正好证实了张九龄开凿的大庾岭路并非在原驿路基础上改建。试想惠能得法后南归,实属逃亡避险,避人唯恐不及,只能寻找人迹罕见的山间小路而行,岂会示形于人?自黄梅到大庾岭那段路程竟然走了两个月时间,可见必非沿官道、驿路而行。惠能路经大庾岭,选择比较隐秘的旧路、险路越岭,实属必然之举。这也正好证明了张九龄开凿的大庾岭路,实非选择原驿路而建,而是在已经废弃了驿路功能的原秦汉古道上建的。或者说,张九龄开凿的大庾岭新路,所选择的并非是秦汉时期的驿路,而是秦汉时期作为军事用途,后来被废弃的道路、小路。惠能之所以选择这条道路而行,是因为这条道路已废弃,荒僻不堪,绝少行人通行的缘故。

开凿大庾岭新路,工程艰巨浩大。在生产力水平、科技能力还

---

① 《六祖大师法宝坛经》,第 16—17 页,曹溪原本。

较为低下，尚无筑路机械利器，全靠人力开辟的唐代，又是如何完成这一工程的呢？现在尚无关于张九龄开凿大庾岭路技术的明确记载。但是可以参考元、明代重修大庾岭时采用的方法来考察。《重修岭路记》载："起自五里山，绵延越岭至梅关以外，驾石以通水道，桩木以固危崖，逼者廓之，洼者补之，凡三阅月而厥功告成。自兹以往，坦坦阛阓"。这个《重修岭路记》碑是清代雍正八年南雄府知府毛世荣所立，立于梅关古道旁。明代嘉靖年间谭大初《南雄府志》记："大庾岭路险绝不可登陟，唐开元丙辰内供奉张九龄奉诏开凿新路。凿两崖而中通之。"[①] 顾祖禹《读史方舆纪要》"江西一"引《新修岭路记》："成化十五年郡守张弼病岭路狭隘，复谋开道。凡巨石扼路者火而斧之，流泉之浸路者沟而分之，土石之积者剔而平之。螺转之磴，因其高下，为级一百二十余，长短参差，务适于平。岭路始为宽平。"[②] 顾祖禹这里所引，应该是明代桑悦所撰《南安新修岭路记》。[③]

由以上材料可见，一直到明清时代，开凿或者重修大庾岭路，均采取的是拓宽，填平，开沟分水，架石为桥，桩木固石，以火焚烧巨石后再以水沃之，利用温差促使巨石开裂，最后除去拦路山石，等等方法。可想而知，在早于明清千年之久的唐代，张九龄开凿大庾岭路，其筚路蓝缕的首创之功，是极其伟大，应该永远纪念的。在开凿大庾岭路的所有的工程方法中，以火焚烧拦路巨石的方法体现了民间的智慧，是大型工程的创造。以火焚烧巨石，以水沃之，利用温差使巨石开裂，减轻工程的难度。这也可以从南雄民间传说中得到印证。根据南雄、韶关一带的传说，张九龄开凿大庾岭路时

---

① 谭大初：《嘉靖南雄府志》，见《天一阁藏明代方志选刊续编》第66册，上海书店出版社1990年版，第250页。

② 顾祖禹：《读史方舆纪要》第八册"江西一"，中华书局2005年版，第3888页。

③ 同上。

是携带着一名小妾同行的。这位小妾，有的说是姓戚，名宜芬，有的说是姓李。传说张九龄奉诏开凿梅岭官道，工程十分艰巨，及至梅岭顶上，岩石坚硬，白天以火焚方式凿开，晚上又合拢过来，一直干了七七四十九天，毫无进展。当从夫君张九龄口中得知要用孕妇之血祭祀时，在这天晚上，她手提长剑，走到梅岭巅巨石旁，遂举剑剖腹而死。之后，终于把路开通了，后来，为了纪念戚夫人的献身精神，建了夫人庙。现在梅关上还有一座夫人庙，据说就是为了纪念这位为修路献身的戚夫人的。这虽然是一个传说，带有迷信成分，但是却可以折射出凿路之艰辛和包括张九龄在内的人们所付出的艰辛、努力和牺牲。

还需要说明的，在张九龄开凿大庾岭路时，大庾岭两边州府即韶州和南安人民付出了巨大努力。历史虽然只留下了张九龄的名字，但是奉旨开凿大庾岭路的张九龄不可能只凭一己之力就完成了这一千古壮举。既曰奉旨，则是官方行为，其人力物力，也必然凭借于地方财力和当地人力。这应该没有疑问。有记载提到开元年间即从韶州曲江迁居今南雄的邓氏家族，就曾协助张九龄开凿大庾岭路。据南雄市政协文史资料委员会、广东南雄珠玑巷后裔联谊会编、罗荣燊著《浈凌氏族》一书载："民国38年《南雄邓氏四修族谱·乾村源流序》记叙邓普遗言，谓乾村邓氏祖先早于唐开元间已卜居南雄。邓普，雄城北关世显坊解元，族长，于南宋嘉定六年八月在陂头大会邓氏，有一百四十六人参加祭祖续族。在此次大会上邓普说，唐开元间，先祖邓少立，任工部尚书，曾受朝廷之命，协助张九龄开通大庾岭道，其子邓官遂与张九龄家结为姻亲，居梅关设卡收费，世代相袭。"[①]这个说法，现在尚无史料证实。但笔者认为：不管邓氏族谱所言真实性如何，却反映出张九龄奉旨开凿大庾岭新路，必然

---

① 罗凯燊：《浈凌氏族》，南雄市政协文史委员会等编，2002年5月第1次印刷，第4—5页。

动员江西南安和广东韶州百姓参与其事，尤其是当地世家大族，出人出力参与其事势所不免。若非如此，则张九龄开凿道路所需固有政府支撑，然所需大量人力、物力又从何而来？当时韶州辖下尤其是浈昌（南雄）和南安的百姓必然参与此役，为大庾岭路开凿做出了贡献。

顺便说一下，现在人们都知道，张九龄开凿大庾岭路的时间是唐开元四年（716）十一月，也就是张九龄《序》中所云："十有一月"，不日功成。大家知道这个时节正是农闲时节。这不仅是因为农闲时节易于召集民伕，还有一个原因是唐朝的法律规定，凡是兴造事宜，均须在农闲时节进行。《唐六典》卷第二十三"将作都水监"："凡起塞之时，火土之禁，必辨其经制，而举其条目。"注曰："凡四时之禁，每岁十月以后，尽于二月，不得起冶作；冬至以后，尽九月，不得兴土工；春夏不伐木。若临事要行，理不可废者，以从别式。"[①]这是因为，朝廷重农桑，惜民力，不允许占用农忙时间，造成农事损失。

下面说说张九龄开凿大庾岭路的标准、质量问题。熊飞先生说梅关是"大庾岭南路"，笔者初见大庾岭南路的提法时，也是心生疑虑："有这个提法吗？"当然现在也很少有人将梅关广东境内那段称为"大庾岭南路"了。考徐浩《张九龄神道碑》有"大庾南谷"之说；查谭大初《嘉靖南雄府志》有："南路广一丈三尺，长三百二十五丈。北路广八尺，长一百九丈"[②]。这里是讲北宋年间经过蔡抗、蔡挺兄弟在岭南广东段、岭北大庾段改造的大庾岭路的路况，但是已经称大庾岭路广东段为"南路"，可见，熊飞先生称梅

---

① 陈仲夫校点：《唐六典》，中华书局1992年版，第595页。
② 谭大初：《嘉靖南雄府志》，见《天一阁藏明代方志选刊续编》第66册，上海书店出版社1990年版，第254页。

关广东段为"大庾岭南路"是有历史根据的。就大庾岭（梅关）广东段的具体的地理所在而言，梅关在今南雄市的北面，称"大庾岭南路"，也是符合实际方位的。但要注意的是，张九龄开凿的大庾岭路绝非仅为南路，而是南北路同时开建的，此事后面还会谈到。

张九龄在《序》中讲到，他所开凿的大庾岭路，建成之后，"坦坦而方五轨，阗阗而走四通。转输以之化劳，高深为之失险。于是乎镵耳贯胸之类，珠琛绝赆之人，有宿有息，如京如坻。宁与夫越裳白雉之时，尉佗翠鸟之献，语重九译，数上千双，若斯而已哉？"张九龄这段话包含几层意思，一是指他开凿的大庾岭路，道路较为平缓，"转输以之化劳，高深为之失险"，岭南官民无论贡献还是商旅，辛劳的程度都降低了，也便利了，此所谓"坦坦"也。"方五轨"一语，熊飞先生未注。五轨，就是五尺轨，较之于北宋时期的道路，还是要窄一些的。后人总是要在前人的基础有所进步的。张九龄在这里用"五轨"一语，其实亦蕴含深意。

中华民族自古以来就存在着大一统的殷切期盼。《礼记·中庸》第三十一章："今天下车同轨，书同文，行同伦。"[①]但是真正推向全国，则是到秦始皇时代才开始成为现实。据《史记·秦始皇本纪》，"一法度衡石丈尺，车同轨，书同文字"[②]。这里的"一"和"同"同义，都是"统一"的意思。从秦始皇二十七年（前220年）起，陆续修建了以咸阳为中心的三条驰道：一条向东直通过去的燕、齐地区；一条向南直达吴、楚地区；还有一条是为了加强对匈奴的防御修筑的，从咸阳直达九原的直道，全长1800余里。驰道宽50步，车轨宽6尺。道旁每隔三丈植树一株。中间为皇帝御道，用明显标志标出，一般人不得行走。此外，还在今云南、贵州地区修五尺道，

---

① 《礼记》第三十一章"中庸"，辽宁教育出版社本167页，1997年版，第167页。
② 《史记·秦始皇本纪》，《二十五史》第1册，上海古籍出版社、上海书店1986年版，第29页。

在今湖南、广西、广东、江西之间修筑翻越五岭的新道，通过拆除壁垒、修建驰道，形成了以咸阳为中心的四通八达的交通网络。通过道路把全国各地紧密地联系在一起，便利了交通往来，有利于促进经济的交流发展，也使信息传递更加快捷，政令更加畅通，统治更加有效。因此，道路的开凿修建，目的和效益是多方面的、综合的，更是一件具有重要政治意义的重大举措。

　　了解这个历史情况，张九龄《序》中"坦坦而方五轨"的意蕴就十分明确了。就是说这条大庾岭路，是按照统一的五尺道统一建的，目的是加强与岭南地区的政治经济的联系，强化对于这些地区的统治，这符合大一统王朝的政治要求。《序》中一是说"阗阗而走四通"，所谓"阗阗"，指的是大庾岭路四通八达，南来北往的行人来往不绝也。二是说这条岭路开通后沟通南北的经济、社会效果，"于是乎镵耳贯胸之类，珠琛绝赆之人，有宿有息，如京如坻"，南方过往少数民族的商旅行人，旅途中可以休息、住宿。沿途货物堆积如山，可见商贸由此繁荣，一片国泰民安，欣欣向荣的景象。三是说"宁与夫越裳白雉之时，尉佗翠鸟之献，语重九译，数上千双，若斯而已哉？"岭南之地，荒外之国，称臣贡献不绝于途，南北交流大为便利，利于中原王朝的统治，所谓近者悦，远者来也！体现了如唐玄宗先天二年平定了太平之乱后制文中"上禀圣谟，下凝庶绩，八荒同轨，瀛海无波"①的政治目标。由此也可以推测，张九龄开凿的大庾岭路，道路比较平缓，沿途建有供人歇宿、休息的驿站和亭廊，原先的"岭东废路"的艰险已经不复存在。

　　当然，自张九龄开凿大庾岭路亦即梅关路以来，历代皆有续修、美化、扩建，使行人更加方便。明嘉靖年间谭大初《南雄府志》即有后人修路的记载。"宋嘉祐癸卯（1063），广东南路转运使蔡抗漕

---

① 《旧唐书》玄宗本纪，《二十五史》第5册，上海古籍出版社、上海书店1986年版，第3503—3504页。

广,兄蔡挺详刑江西,陶弼甓其境,署其表曰'梅关';元泰定乙丑(1325),路总管亦马都丁、至元戊寅(1338),杨益各增植松梅;国朝(明朝)正统丙寅(1446),知府郑述砌岭路九十余里,补植路松;成化己丑(1469),巡抚、都御史陈濂属知州刘安修;辛丑(1481)知府江璞修。正德甲戌(1514),布政使吴廷举属知府李吉增植松梅万五千余株。"[1] 这只是记明代嘉靖之前历代修路的情况,实际上,明代以至清代,这条道路的维修扩建一直未曾停止。可见,一条使用至今的古道,确实是世世代代的人们不断地维护、修补而成的。地方政府和当地百姓为此付出了巨大的心力。今天,大庾岭路(梅关)已经成为历史的遗迹,其沟通南北的交通功能也已经大大弱化,但仍然以其丰富的历史内涵继续发挥着巨大的教育和文化功能,成为我们追溯历史、旅游参观的重要遗存,那些历代为维护和美化大庾岭路做出贡献的人们,给我们留下了一笔巨大的历史遗产,应该获得我们的敬意。

从今人的眼光看,张九龄开凿的五尺轨的大庾岭路,较之今人修路,确实也不算宽阔。但是在一千多年前,能够在条件极其艰苦、工具极其简陋的时代,开凿这样一条沟通南北的大路,其首创之功,为国为民的情怀,无论如何都是不能否定的。正如《简明广东史》引明代丘浚所说:"这条交通孔道的开凿,不仅有利于粤北的开发,而且'兹路既开,然后五岭以南人才出矣,财货通矣,中原之声教日近矣,遐陬之风俗日变矣'。"[2] 张九龄这一伟大贡献,值得后人永远纪念!

---

[1] 谭大初:《嘉靖南雄府志》,见《天一阁藏明代方志选刊续编》第66册,上海书店出版社1990年版,第254页。公历年数为本人所加。

[2] 见蒋祖缘、方志钦:《简明广东史》,广东人民出版社1993年版,第112页;文中所引丘浚的话,见明代丘浚《广文献公开大庾岭路碑阴记》。

二 张九龄开凿大庾岭路若干问题再考

张九龄于唐玄宗开元四年（716）奉旨开凿大庾岭新路，证据确凿可靠，至今已无疑问。但关于大庾岭路开凿的诸多问题，至今仍是人言人殊。需要进一步研究，才能澄清误说，获得正确认识。

如张九龄开大庾岭路，是由其个人集资聚力的个人行为还是朝廷官方行为？由于多年来学界都讲张九龄开凿大庾岭路，实际上模糊了开凿这条沟通南北大道这个朝廷行为的官方性质。也就是强调了张九龄个人作用，而淡化了他是承诏、奉旨开凿，以及开凿大庾岭路是一件政治性很强的国家工程这一本质。这就容易带来一些疑问，如这是当时官位仅从八品的张九龄的个人行为，那他有那么大的影响力吗？明代南安知府蒋有道在他所主持编撰的乾隆本《南安府志》中就认为，只有位高权重、官位显赫的人才具有开凿大庾岭路的能力，所以他认为张九龄开凿大庾岭路的时间，应该是在开元十三年之后，即张九龄任中书舍人之后，更可能是在任洪州刺史、都督洪州诸军事之后。蒋有道说："窃计其事必在为都督时，盖开元十三年后也。利物泽民之举，正高位所得为。既以利民，亦以便养孺慕之诚。上格一人，下泽百代，谓非旷世不可多得之遭欤？列诸名宦以明告此邦，庶知岭南岭北联宇并祀，皆礼之所宜然。"[①]在蒋有道看来，"曲江之辟道于唐，几与炼石同功"，而"利物泽民之举，正高位所得为"，开元四年张九龄任从八品的左拾遗，官位不高，是不可能完成开凿大庾岭路这一宏大工程的。其实，这是不明白张九龄开凿大庾岭路的官方属性而产生的误解。

---

① 蒋有道：乾隆《南安府志》，卷之十一"名宦"。

又如熊飞《张九龄集校注》中说，张九龄于开元四年"回乡后，曾就开凿大庾岭南路的技术性问题陈述自己的意见。十一月，诏其以左拾遗内供奉身份出使韶州，总督斯役……约开元五年中，督修大庾岭南路奏捷"①。这个"南路"之说，当然有依据，但是却可能引发张九龄所开凿的仅是"南路"，即广东段的误会，因此也很有必要进一步研究说明。

再如王若枫在《张九龄扩建大庾岭路的贡献》②说：张九龄开凿的道路是十马并行的一条大路，"古时一轨行一车，一车二马，五轨则十马并行，路已十分宽阔，大不同于原旧路的那种'以载则曾不容轨，以运则负之以背'的艰难交通状况。"在王若枫看来，修建大庾岭路的标准宽度是"十马并行"，亦即五车并行的宽度。这里涉及张九龄开凿的大庾岭路所执行的标准问题。这也必须进一步弄明白。王若枫文中还说："重修的大庾新路，最艰巨的工程是广东界内的由岭端到岭脚的一段，虽只有短短的十多里路，但是，它如同一条巨大的陆路桥梁，把浈水和赣江连接起来，沟通了长江和珠江两大水系，使南北交通畅通，创造了我国交通史上一大奇迹。"③张九龄开凿的大庾岭新路，袁钟仁说是"扩建"，《张九龄学术研究论文集》所收他的论文为《张九龄扩建大庾岭路的贡献》，④然而实际情况真是如此吗？

蒋祖缘、方志钦主编的《简明广东史》说："唐代粤北最重大的一项工程是新开大庾岭通道……716年（唐玄宗开元四年）11月，曲江县人、内供奉张九龄利用农闲召集民伕开凿大庾岭新道（即大

---

① 熊飞：《张九龄集校注》下册，中华书局2008年版，第892页。
② 王若枫：《张九龄扩建大庾岭路的贡献》，见巫育明主编：《张九龄学术研究论文集》上册，珠海出版社2009年版，第443页。
③ 同上。
④ 袁钟仁：《张九龄扩建大庾岭路的贡献》，见巫育明主编：《张九龄学术研究论文集》上册，珠海出版社2009年版，第442页。

梅关)。"①尽管张九龄开凿大庾岭路之说已经成为人们时常挂在嘴边的说法，我们心中也明白张九龄开凿大庾岭路之举是奉诏行事，但这个说法容易模糊张九龄开凿大庾岭路的性质，导致一些本不该产生的问题产生。

其实，对于张九龄开凿大庾岭路的政治性质，历来的材料记载都很清楚，张九龄开凿大庾岭路是奉旨开凿的。此说法最早源于他的《开凿大庾岭路序》，后又有徐浩所撰碑文证实。徐浩《张九龄神道碑》云："始兴北岭峭险巉绝，大庾岭南谷，坦然平易。公乃献状，诏委开通。曾不浃时，行可方轨。"②其后欧阳修《新唐书·地理志》，在"韶州始兴县"条下也说："有大庾岭新路，开元十七年诏张九龄开"③。当然开元十七年这个时间属于误记，但却明确大庾岭位于始兴郡、始兴县，因此，"始兴北岭""大庾南谷"就是特指张九龄开的大庾岭路的两面。这也明确了开凿此路是"诏张九龄开"，亦即张九龄是奉旨开凿。今人熊飞在他的《张九龄集校注》中也说：张九龄开元四年"回乡后……十一月，诏其以左拾遗内供奉身份出使韶州，总督斯役。"熊先生关于张九龄"总督斯役"的说法是很有见地的。④可见，在徐浩及欧阳修等修书者和熊飞等心目中，开凿大庾岭路是按照皇帝旨意进行的，既是"奉诏"行事，自然是实实在在的朝廷举措、国家行为。开凿大庾岭路不仅是一项建设工程，更为重要的是蕴藏在其中的政治意蕴。只要将张九龄开凿大庾岭路的举措置于先天二年即开元元年这个开元盛世开端之年的历史背景之下，细读张九龄所撰的《开凿大庾岭路序》，自可体会得到的。

① 蒋祖缘、方志钦主编：《简明广东史》，广东人民出版社2007年版，第112页。
② 徐浩：《宋重刻张九龄神道碑》，翁方纲著、欧广勇、伍庆禄补注：《粤东金石略补注》，卷第四，广东人民出版社2012年版，第167页。
③ 《新唐书》"地理志"，《二十五史》第6册，上海古籍出版社、上海书店1986年版，第4248页。
④ 熊飞：《张九龄集校注》下册，中华书局2008年版，第892页。

张九龄在《序》中说："先天二载，龙集癸丑，我皇帝御极之明年也。理内及外，穷幽极远，日月普烛。舟车运行，无不求其所宁，易其所弊者也。"[1]这是开凿大庾岭路的时代背景。唐玄宗开元年即位，但皇帝之位并不稳固，头上有虽已退位但仍握有三品以上官员任命权的太上皇。《新唐书》卷第五"睿宗玄宗纪"对此事的说法很有意思。《睿宗纪》说：先天元年（712）八月庚子，"立皇太子为皇帝，以听小事；自尊为太上皇，以听大事。"[2]可谓春秋笔法。唐玄宗虽已为皇帝，但手中权力不大，只管"小事"，自然不可能有所作为。当时朝廷实际上还有时刻觊觎着皇帝之位的太平公主图谋篡位，其势力极其浩大，甚至还拟废去玄宗。可见当时政局极其复杂险恶。只有到先天二年（713）七月消灭太平公主势力后，唐玄宗才能够放开手脚，力革弊政，关注民瘼，开通道路。

还应该注意到，张九龄作此序时，已是开元四年之后，而他在序中却不用开元元年的说法，而说"先天二年"，其意旨何在？笔者认为值得探讨。按照一般的想法，既然"先天二年"就是"开元元年"，使用两个年号的任意一个都是可以的。但张九龄使用先天二年的年号，笔者认为是有深意存焉的，那就是强调先天二年那场关乎唐玄宗生死存亡、皇权地位的重大事件，亦即铲除太平公主势力一事。这是"理内及外"的前提，也是"穷幽极远，日月普烛"，如张九龄所言"舟车运行，无不求其所宁，易其所弊者也"的前提条件，如无铲除太平势力这个"理内"，则此后一切所谓"开天盛世"和丰功伟绩都谈不上了。这可能是张九龄序文中不说"开元元年"而说"先天二年"的原因。把开凿大庾岭路工程置于这个时代

---

[1] 张九龄：《开凿大庾岭路序》，见熊飞《张九龄集校注》下册，中华书局2008年版，第890—892页。

[2]《新唐书》"睿宗纪"，《二十五史》第6册，上海古籍出版社、上海书店1986年版，第20页。

背景和政治环境中来观察，就可以认识到，这项工程其实是唐玄宗"新政"之下的产物。张九龄之所以"献状"建议开凿大庾岭路，也就是受到新时代来临，受到唐玄宗展示宏图大略，推行"新政"举措的鼓舞和感召。

宋人宋敏求《唐大诏令集》载《改元开元元年大赦天下诏》，也可以看出开元初年唐玄宗励精图治，大展宏图的雄心壮志。他说："朕闻圣人无心，同于吹万；上皇有道，契于明一。居天下之尊者□大，体其大以照临；成天下之务者至公，顺其公以康济。故能稽昌历，考元符，通于神祇，格于上下。""朕以菲德，丕承圣训，扫除搀抢，保卫宗稷。内问安以承志，外听理以推诚。始自朝廷，纳之以轨物，加于蛮貊，洎之以声教。令跂行喙饮，含齿戴发，去其夭札，蠲其疵疠。"①确实，开元年间，尤其是开元初，唐玄宗采取了一系列举措改革弊政，朝政确实为之一新。同时也多有兴利除弊的惠民之举，如多次大赦天下、免新丰来年税收、求直言、宽系囚、葬暴骸、停诸陵供奉鹰犬、焚锦绣珠玉、禁采珠玉、废织锦坊、禁女乐，尊侍老，等等。②实行宽仁政策，从宫廷自身做起，戒奢用简，仁民节用。这一系列举措，可见唐玄宗治国理政之雄心壮志，岂仅仅是大赦天下而已！

将玄宗此诏以及当时推行的系列政策与张九龄《开凿大庾岭路序》对比，可以体会其内在联系。张九龄说唐玄宗在玄天二年之后"理内及外"，或者当时玄宗亦有"舟车运行，无不求其所宁，易其所弊者也"之旨意，由此引发张九龄之"献状"，才有了玄宗"诏委开通"的行政指令。试想，如果朝廷先无此"舟车运行，无不求其所宁，易其所弊者"的要求，张九龄又岂能写入序中，还请朝廷

---

① 宋敏求：《唐大诏令集》，中华书局2008年版，第20页。
② 《新唐书》"玄宗纪"，《二十五史》第6册，上海古籍出版社、上海书店1986年版，第20页。

的给事中苏诜作铭？笔者认为张九龄是不敢谎冒朝廷意旨的。如真有谎冒，又岂敢公之于众，上之于朝廷？所以说开凿大庾岭路是按照唐玄宗先前的旨意，奉旨开凿的。这既是唐玄宗奋发有为的德政体现，也完全符合当时行政的程序性要求。从这个角度观察，可以看出开凿大庾岭路工程背后，蕴藏着政治动因，具有重大的政治意义。说开凿大庾岭路工程是皇帝旨意、朝廷旨意，具有政治属性，是符合事实、没有问题的。正是由于张九龄开凿大庾岭路是皇帝旨意、朝廷行为，主持开凿的张九龄奉旨而行。他既是韶州人士，没有语言障碍，在当地官民中有较大影响，又熟悉当地情况和工程需要，无疑成为督开大庾岭路的最佳人选。调动赣粤两地资源开路只是顺理成章之事了。

熊飞《张九龄集校注》说，张九龄于开元四年"回乡后，曾就开凿大庾岭南路的技术性问题陈述自己的意见。十一月，诏其以左拾遗内供奉身份出使韶州，总督斯役……约开元五年中，督修大庾岭南路奏捷"。[1]这里"督修大庾岭南路奏捷"一语，如就广东段而言尚可，但对整个大庾岭路而言，即不准确了。因为此说容易引发张九龄开凿的大庾岭路是否仅仅是南路等疑问，因此很有深究之必要。

从整个大庾岭路来看，确有南路（广东段）和北路（江西段）之分，以大庾岭上峰顶为界。但张九龄序文中却看不出他所开凿的大庾岭路仅是熊先生所谓的"南路"一段，或"大庾岭南路"。研究涉及此事的所有材料，可以看出，大庾岭南路之说，可能就来源于徐浩的《宋重刻张九龄神道碑》[2]（简称《徐碑》）。但《徐碑》原文是"始兴北岭，峭险巉绝，大庾岭南谷，坦然平易。公乃献状，诏委开通"。请注意，《徐碑》说的是"始兴北岭，峭险巉绝"，而

---

[1] 熊飞：《张九龄集校注》下册，中华书局 2008 年版，第 892 页。
[2] 徐浩：《宋重刻张九龄神道碑》，翁方纲著，欧广勇、伍庆禄补注：《粤东金石略补正》，卷第四，第 167 页。

"大庾岭南谷,坦然平易",要注意的是文中使用的是"南谷"的说法,也未说张九龄所开为"大庾岭南路"。

事实上,张九龄开凿大庾岭路既是承旨开凿,即掌握了调动南北两路官民资源开凿大庾岭路的权力,应是南北两路同时兴工、同时完工。如此,大庾岭路才能成为通途,发挥沟通南北的实际作用。试想,如果张九龄仅仅开通南路,北路还险峻如故,与未开凿之前有何区别?如果只开"南路"还能实现"通衢"的沟通功能吗?那张九龄开凿大庾岭路的功绩岂不大打折扣?

这里有材料证明张九龄开凿大庾岭路是南北同建,一体规划,同时开工的。据明万历年间《重修南安府志》记载,南安府大庾县有一街三桥均是开元年间张九龄开凿大庾岭路时所建。该志卷九"梅岭路街"条下夹注谓:"在西南。由驿使门至庾岭达往南雄。唐开元中内供奉张九龄凿开山巅为路,宋知军蔡挺甃甓。见政事记。岁久又缺啮,成化中知州张弼奏请补砌,见桑悦《岭路记》"。①该志"建置二""小沙桥"夹注:"在丑里山之南。唐开元间开岭路,以木为之。国朝景泰中始甃拱。成化庚子,张弼复为二墩";又有"大沙桥",夹注云:"在小沙桥之南。唐开元间建";又"接岭桥"夹注:"在大庾岭下,唐开元时建"。②这其中的三座桥,康熙《南安府志》③、乾隆蒋有道《南安府志》④、乾隆《南安府大庾县志》、同治黄鸣珂《南安府志》⑤,均有相同记载。其实,可能不仅是这几座桥,连南安府、大庾县最为著名之横浦桥亦可能始建于开元年间。刘宽有《横浦桥上梁文》曰:"伏以同东西广名藩,大庾岭自来有路,当南北京孔道,横浦江岂可无桥?喜前张丞相之大功,至后张郡侯之

---

① 明万历《重修南安府志》卷十一,建置下,书目文献出版社1991年版,第465页。
② 同上。
③ 康熙《南安府志》,卷之五"建置下",卷之二,卷之九,第306、114、430页。
④ 乾隆蒋有道:《南安府志》,卷之五,卷十一、卷之十一,第20、16、27页。
⑤ 黄鸣珂:《南安府志》卷之六"津梁",第429页。

悉备。所兴者利，况覆以亭！历世代而始万全，信非常事，亘古今而仅两见。"①由此可见，南安府治的大庾县所建桥梁、梅岭街均是开元四年张九龄开凿大庾岭路时建造的。可证张九龄所开凿的大庾岭路绝对是两边州县通力协作开工完成的，而绝非仅开南路。

历来大庾岭路的拓宽、美化等大工程，均是南北两路协调、同时进行。比如宋代的蔡抗、蔡挺兄弟二人，一在江西为官，一在广东为官，兄弟商议共同拓宽大庾岭路两边道路。明代成化年间南安知府张弼、南雄知府江璞亦共同商议进一步拓宽、美化岭路，使两府民人均分其利。

岭路的拓宽、维护完工之后，庾岭两府官方还共同在大庾岭头颠的梅关处立庙、立碑纪念。这在广东南雄、江西南安的方志均有大量记载可证。又，宋代王象之《舆地纪胜》第四册，卷九十三"南雄州""碑记"："张九龄开大庾岭记"夹注云："在大庾岭上"②，说明这通碑是被立在大庾岭上的。明代南安知府张弼、南雄知府江璞重修岭路完工后，共同重建张九龄祠于梅岭关头。张弼有《张丞相祠》诗记其事云："丞相新祠何处寻？梅花岭上最高岑。云峰一室藏金鉴，泉滴石阶奏玉琴。后世竟传开路绩，当年未尽补天心。李猫耸耳青骡远，独立西风慨古今。"③康熙《南安府志》说："唐开元中诏内供奉张九龄凿峙巅为路，始可通车马。""岭绝顶有云峰寺，又名挂角，今为曲江祠，春秋祀文献张公。"④清乾隆《南安府大庾县志》卷三"地域志"中"大庾岭"条下说："在城南二十里。为郡之镇山，形似廪，庾名因岭之。顶有石平如台，亦名台岭。汉志所云台岭即此。岭多梅，南枝落，北枝开。自古称异，曰梅岭。秦时为

---

① 乾隆蒋有道：《南安府志》，卷之五、卷十一、卷之十一，第20、16、27页。
② 王象之：《舆地纪胜》第四册，卷九十三，中华书局1992年版，第2973页。
③ 乾隆蒋有道：《南安府志》，卷之五、卷十一、卷之十一，第20、16、27页；又见《张东海先生诗集》卷三。
④ 康熙《南安府志》，卷之五、卷十一、卷之十一，第20、16、27页。

塞上，亦曰塞岭山，属五岭之一。延袤二百里。螺转九蹬至巅。登者难之。唐开元间内供奉张九龄奉诏凿开新道，始通舆马。宋提刑蔡挺陶土甓甃，表曰梅关，以分南北。淳熙中知军管锐加种红梅，下有馆驿，赵孟蒁扁曰'梅花国'，上有云峰寺，又曰挂角，今立曲江祠，祀唐张文献。成化间知府张弼重修岭路，易甃以石，二十五里悉为荡平，故塑像于曲江祠以配文献。"①大庾岭上建曲江祠，清乾隆《南安府志》亦有此说法。而且乾隆《南安府志》还将张九龄开凿大庾岭路事列入"名宦"之首，说："曲江传无开梅岭路事，然食其德而俎豆之者历千余年弗替，此则口碑之详过于彤管矣！"②既然大庾岭南北两府官民均立碑建寺纪念张九龄，则证明张九龄当时是督修全路，所以地方官民均认为张九龄造福不浅，故而予以纪念。这些材料也都充分证明一旦需要全路段拓宽、固化、美化、完善道路体系，仅靠一个方面的力量是不可能完成的。

事实上，大庾岭路沟通南北的功能，需要历朝历代的官方予以维护，这也是地方官员应尽的职责，也体现了地方官员的政绩。一条道路修建既成之后，即可发挥畅通功能，便利官民往来、经济交融、政令传达、海外交流。但是随着岁月既深、时代变迁、人行车往，雨水冲刷、地质变异，都必然带来道路交通情况的变化，影响道路的通达性。这就需要及时维修、完善甚至改道另辟新路等等。而如大庾岭这种非单一行政区域管辖的道路，则必然需要两边官府协调动作，统一安排，共同建造。这是一种客观必然，没有什么疑问的事情。由此，如果只强调一方的作为，认为张九龄开凿的仅是南路，是不符合实际的。

当然"南路"之说，非创于熊飞先生。明代知府谭大初《嘉靖南雄府志》就说："南路广一丈三尺，长三百二十五丈。北路广八

---

① 清乾隆《南安府大庾县志》卷三"地域志"中"大庾岭"条。
② 乾隆蒋有道：《南安府志》，卷之五，卷十一、卷之十一，第27页。

尺,长一百九丈。"① 可见明代就有南北路之说了。而谭大初身为南雄府知府,也是南北路兼及的。明末清初的大学者顾祖禹在《读史方舆纪要》中也据方志分别列出宋代蔡挺、蔡抗兄弟扩建岭路南北路面不同的宽度和长度。但无论是谭大初还是顾祖禹,都是南北路兼及的,并非是说修建大庾岭路只修南路。只是因为大庾岭两边分属不同行政区域,南北两面施工的自然环境条件不同,导致两边道路的宽度、长度不同而已。谭大初和顾祖禹所记南北两路长宽略有差异,但差距不大。因此,张九龄所开仅为大庾岭南路(即广东段)的说法是不可信的。

《新唐书》"地理志""韶州始兴"条下注云:"有大庾岭新路"。大庾岭新路之说,源于北宋欧阳修等人修《新唐书》。考张九龄《开凿大庾岭路序》有"岭东废路"之说,既云"废路",张九龄所开大庾岭路自然可称新路。后来不少地方志书,均称为"新路",是符合事实的。

但所谓"新路""岭东废路"何指?则需要进一步考证。先说"新路"。考明万历《南安府志》卷之九"地理志""小梅岭":"在庾岭稍西北游仙乡。实与庾岭联络也。唐开元以前入粤之路由此。故又名小梅岭。"② 此后康熙版和乾隆版《南安府志》、乾隆《南安府大庾县志》"小梅岭"条均采此说。可见在《南安府志》记载中已经指明张九龄开凿大庾岭新路之前南北交流的通道,即小梅岭通道。那也就是说,小梅岭通道是开元前南下北上的主要道路。这条通道在张九龄开通大庾岭路之后,即成旧路,而张九龄所开凿者自然即称大庾岭新路。但延袤二百余里的大庾岭横亘与粤赣、粤湘之间,进出之通道绝不止一处。就大庾岭东段即粤赣段而言,也是多条道路

---

① 谭大初:《嘉靖南雄府志》下卷,《天一阁藏明代方志选刊续编》第66册,上海书店1990年版,第254页。

② 明万历《南安府志》卷之九"地理志"。

进出。比如除小梅岭、大梅岭路之外，还有一条乌迳古道。明谭大初《嘉靖南雄府志》下卷"乌迳路"条说："庾岭未开，南北通衢也。"①。但这些道路有的比较迂远，有的道路荒僻难行。如顾祖禹《读史方舆纪要》就说："小梅关，在府东北四十里小梅岭上。山径荒僻，有路通三洲、五渡、龙南、信丰等处。"又在"大庾岭"条下记"大庾而东南四十里又有小庾岭，间道所经也"②。原有小梅岭路，但交通情况不好，再开梅岭路，即大庾岭路，自然可以称为"新路"。

关于"岭东废路"之说，大庾岭居于五岭最东，又称东峤，自然可称"岭东"。大庾岭上其实是有一条秦汉史古路的。但这条开于秦始皇平定岭南时的道路主要用于军事，驿道功能不强。到唐玄宗时代，年代久远，交通艰险，行人稀少，已经不能适应"海外诸国，日以通商"的需要了。然而开在峭壁悬崖之上的大庾岭路联通南雄、南安两府，较之于其他几条路线近捷得多。就官修驿道而言，如能除去大庾岭顶上两边的险阻，平整拓宽路面，改善秦汉古道的"岭东废路"交通条件，则此路距离最短，最为捷便。这可能就是张九龄选择在这条"废路"上开凿新路的主要原因。由此可见，所谓"岭东废路"指的就是秦汉以来的大庾岭，是一条长期废弃了驿道交通功能的"废路"。

至于张九龄开凿的大庾岭新路按照何种标准修建？2011年南雄市人民政府地方志编纂委员会编、方志出版社出版的《南雄市志》说："开元四年（716年），左拾遗张九龄奉诏开凿岭路，在梅岭顶上凿通了一条长66.6米，高33.3米余的大山坳。拓宽路面，使梅关古道变成'坦坦而方五轨，阗阗而走四通'的大道。"③其中说在山顶上

---

① 谭大初：《嘉靖南雄府志》，《天一阁藏明代方志选刊续编》，上海书店出版社1990年版。

② 顾祖禹：《读史方舆纪要》第9册，中华书局2005年版，第4691、4090页。

③ 南雄市人民政府地方志编纂委员会编：《南雄市志》第三编"基础设施"，方志出版社2011年版，第279页。

开凿的通道是正确的，但这里说的并非整条道路的标准，而是山顶开凿后的结果。这是为了适应在山顶设关建垒的实际需要而开凿的，不能视为整条路段的建筑标准。至于除梅关关隘之外的路面长宽多少，未有新材料可以证明。但张九龄《开凿大庾岭路序》中描述新路"坦坦而方五轨，阗阗而走四通"，其中有"五轨"之说，王若枫据此分析道："古时一轨行一车，一车二马，五轨则十马并行，路已十分宽阔，大不同于原旧路的那种'以载则曾不容轨，以运则负之以背'的艰难交通状况。"① 按此说法，大庾岭路的宽度当在 30 米左右。若果如此，那真是一条十分宽大的道路了。但实际情况并非如此。查明代南雄知府谭大初撰《嘉靖南雄府志》，即云当时大庾岭路"南路广一丈三尺，长三百二十五丈。北路广八尺，长一百九丈。"② 这是明代当时的标准和路宽的实际情况，大庾岭南路的宽度是一丈三尺，长度是三百二四五丈。按照 3.3 尺合一米折算，则宽约 3.4 米。长度约是 984.85 米；北路宽是八尺，长是一百零九丈，照此折算，则北路宽约 2.4 米，长约 306 米。实际上，这个路宽也是宋代蔡挺、蔡抗兄弟集南北两路即江西和广东两方面之力开拓的情况。清人顾祖禹《读史方舆纪要》第八册"江西一"说："宋嘉祐八年蔡挺详刑江西，弟抗漕广东，乃商度工用，陶土为甓，各甃其境。北路广八尺，长一百零九丈；南路广一丈二尺，长三百一十有五丈。"③ 顾祖禹所云是北宋蔡挺、蔡抗兄弟合粤赣之力修整扩建的大庾岭路南北路各自的宽度。可能到明代又有一定的扩展，才有这样的差异。历代修路或扩建，或改道，或平整美化。随着时代变迁，由于经济发展的需要，加上人力稍充、技术进步，后世的工程建设，

---

① 王若枫：《张九龄扩建大庾岭路的贡献》，巫育明主编：《张九龄学术研究论文集》上册，珠海出版社 2009 年版，第 443 页。

② 谭大初：《嘉靖南雄府志》，《天一阁藏明代方志选刊续编》第 66 册，上海书店出版社 1990 年版。

③ 顾祖禹：《读史方舆纪要》第八册，"江西一"，中华书局 2005 年版，第 3888 页。

总是比前代先进。岂有后世扩建美化之道路之后的道路反不如前代道路之宽阔哉？就道路建设来说，若无特殊原因，在一般情况下，后人所建工程一定会比前代的标准要高一些，质量也会更好一些的。因此，王若枫所言有误。原因在于，"十马并行"之说，恐是王若枫对于"五轨"一语的误读。实际上，张九龄"五轨"之说，本自秦时道路的修建标准。这个问题，笔者在本书所收录的《张九龄开凿大庾岭路若干问题考辨》中已有具体考证，此处不赘。

　　大庾岭路始开于秦代，作军事用途。汉代统一岭南，楼船将军杨仆亦曾使用，但都未更多考虑民用，又因军情紧急，因此道路修建未必达到五尺之标准。到唐玄宗年间，由于海外和岭南与中原交往频繁，官商交流倍增，因此急需开凿大庾岭路，消除交通障碍，才有了张九龄开凿大庾岭新路之举。执行标准应该是五尺道，即道路的宽度达到五尺。今天看来虽然不及两米，但以当时的生产力水平，较此前道路的情况，已经是一个重大工程了。将张九龄开凿大庾岭路的贡献置于具体的历史环境中来考察，我们才更能全面深入的理解认识此举的重大意义，也更能看出张九龄对我国交通史的重大历史贡献来。而不必别出心裁地揣度去拔高张九龄开凿时的工程标准，以强化张九龄的贡献。

　　当然，历来所记述的大庾岭路工程的宽度和长度，并非是整个大庾岭路工程的长度和宽度。这里所记的应该是大庾岭路工程中最为艰难的一段的长度和宽度。按照北宋余靖的说法，大庾岭路起于大庾县，止于南雄，上下长度共九十里。[①] 历朝修建，补缺填平，续有美化。但除控制性工程之外，其工程并非十分艰巨，工程量是不大的。按照明代桑悦《重修岭路记》记明成化年间南安知府张弼与南雄知府江璞重修大庾岭路的情况，他说："时值岁歉，福建江西列

---

　　① 余靖:《韶州浈水馆记》，见《武溪集》卷五，书目文献出版社1998年版。

郡饥民趋役者日计万指。荒政暗修，全活甚众。工兴于成化十五年八月，次年十月告成。其长二十五里，其阔一丈，悉用碎石块平砌其中。而青石长条固其边幅，泥淖若遯，滴雨如铁，旋取铁力。巨材遇水架梁，以免病涉。又以余力补甃城中衢及城外至迎恩坊，而北则斩新修治，与岭相准。凡为路者三十余里。"①张弼这次重修大庾岭路，时值灾年，参与修建者人力充足，所以全程修建三十余里，而且标准是"宽一丈"，即3.3米。但比之于北宋蔡挺所开北路的八尺宽道路而言，已是一个重大进展了，确实值得赞扬。

王若枫在《张九龄扩建大庾岭路的贡献》文中说，重修的大庾新路，"最艰巨的工程是广东界内的由岭端到岭脚的一段"②，与事实完全不合。

其实，张九龄在《开凿大庾岭路序》文中已经有所交代了。《序》的题目中所用的是"开凿"二字，"开凿"就意味着凿通，就是在没有路的地方开凿出一条路来。大庾岭路什么地方需要开凿？《序》中说："初，岭东废路，人苦峻极。飞梁嶪巇，千丈层崖之半。颠跻用惕，斩绝其元。故以载则曾不容轨，以运则负之以背"，这是对"岭东废路"艰险情况的描述；他说他"饮冰载怀，执艺是度。缘磴道，披灌丛，相其山谷之宜，革其阪险之故"，这是对勘探开凿路线和工程施工的策划。由此可见，张九龄非常清楚地交代了工程最为艰险的地段是在"人苦峻极"的"岭东废路"上。那路段极其高耸，需要革除"阪险之故"，而办法就是"相其山谷之宜"以开路。

徐浩的《唐故金紫光禄大夫中书令集贤院学士知院事修国史尚书右丞相荆州大都督府长史赠大都督上柱国始兴开国伯文献张公碑

---

① 明桑悦：《重修岭路记》，见《乾隆南安府大庾县志》卷十七，艺文志三。
② 王若枫：《张九龄扩建大庾岭路的贡献》，巫育明主编：《张九龄学术研究论文集》上册，珠海出版社2009年版，第443页。

铭》说:"始兴北岭,峭险巉绝,大庾岭南谷,坦然平易。公乃献状,诏委开通"。请注意,徐浩《张九龄碑》说"始兴北岭,峭险巉绝",而"大庾岭南谷,坦然平易",在对比中更加突出了"始兴北岭"的艰险。还需注意的是,徐浩在《旧唐书》卷一三七、《新唐书》卷一六〇均有传,任过岭南节度使,又受张说赏识,也应与张九龄有旧。大庾岭路他应该是赴岭南任时经过的。他所言"始兴北岭,峭险巉绝;大庾岭南谷,坦然平易"应该是亲身感受。如此,如张九龄所开仅为南段,则又何言开凿大庾岭路?正是因为"始兴北岭,峭险巉绝"才有了开凿的必要和必然,张九龄开凿大庾岭路工程的意义才由此彰显。应该注意,张九龄在《序》中说最主要的工程段是"人苦峻极"的"岭东废路",徐浩说"始兴北岭,峭险巉绝",都是指向了大庾岭路的江西段,即大庾岭北路,而非广东段的大庾岭南路。"始兴北岭"指的就是大庾岭的北部。因为如徐浩所说"大庾岭南谷,坦然平易",既然南谷"坦然平易",自然绝非艰险。由此可见,大庾岭南北两路中最为艰巨、工程量也最大的工程在北路的江西段。清咸丰《南安府大庾县志》卷二大庾县训导甘棠《重修梅岭路记》也说:"南安郡城驿使门南有梅岭者,南北往来孔道也。先是岭路盘折崎岖,如蚕丛不易陟,行者攀缘箕踞辄为削壁危磴所阻。自唐丞相张公九龄于开元四年凿石开道,遂为两广通衢。阙功伟哉!嗣后岁久年湮,履修履圮,左右欹折,中或低漥,路几失其真形。"①甘棠所记为清代知府汪桐阶重修梅岭路时大庾段路面情况。经过张九龄开凿之后,历代续修不断,到了清咸丰年间,仍然需要重修。如此可以想象,自秦汉之后到唐开元年间,大庾岭路的失修之状,这也反映了张九龄开凿道路时的情况,说明了大庾岭路北段的艰险。

---

① 咸丰《大庾县续志》卷二,"艺文·文",第27页。

再考清人顾祖禹《读史方舆纪要》第八册"江西一"说:"宋嘉祐八年蔡挺详刑江西,弟抗漕广东,乃商度工用,陶土为甓,各甃其境。北路广八尺,长一百零九丈;南路广一丈二尺,长三百一十有五丈。"①研究这段记述,可知,大庾岭南路较北路宽度多出四尺,也证实了南路施工的难度是小于北路的,也证明大庾岭北路是开凿大庾岭路最为艰巨困难的一段。

如果我们实地勘察今天的梅岭,站在梅关关头观察大庾岭南北面的地形地貌,就可以清楚地看到,大庾岭南路,亦即广东段,地势较为平缓,唯近梅岭关的一段较为陡峻;而大庾岭北路,亦即江西段,则悬崖耸峙,壁立千仞。道路在悬崖兼转折而下,延伸至大余县城。这样的地形地貌,与徐浩《张九龄碑》所述"始兴北岭,峭险巉绝;大庾岭南谷,坦然平易"完全相符。这也与历代方志,尤其是历代《南安府志》记述完全相符。

应该指出,关于张九龄开凿大庾岭路工程最为艰难险阻的一段,历代都有清楚的记载。明代谭大初《嘉靖南雄府志》载:"大庾岭路险绝不可登陟,唐开元丙辰内供奉张九龄奉诏开凿新路,斫两崖而中通之。"②《南雄市志》第279页说:"张九龄奉诏开凿岭路,在梅岭顶上凿通了一条长66.6米,高33.3米余的大山坳。"由此可知,张九龄开凿大庾岭路的控制性工程就是开凿山顶,在高耸的山顶"斫两崖而中通之",开出一条通道来的地方。同时在江西段的悬崖峭壁之间开凿、扩展路面,工程量也十分巨大艰险。

我们可以从另一个渠道研究这一问题。把目光越出广东境内,从全国性地理史籍和江西方向的南安府、大庾县的方志入手,看看他们是怎样记载张九龄开凿大庾岭路的。中唐时期李吉甫《元和郡

---

① 顾祖禹:《读史方舆纪要》第八册,"江西一",中华书局2005年版,第3888页。
② 谭大初:《嘉靖南雄府志》,《志下·路》,《天一阁藏明代方志选刊续编》第66册,上海书店出版社1990年版。

县志》和杜佑《通典》、北宋欧阳忞《舆地广记》、乐史《太平寰宇志》、王存《元丰九域志》大庾县条下均记有大庾岭，但均无张九龄开大庾岭路的说法。祝穆、祝洙《方舆胜览》卷之三十五"韶州""形胜"条引徐浩碑文，①指出张九龄开凿大庾岭，但未说明开凿时间。宋王象之《舆地纪胜》卷三十六"南安军""大庾岭"："《寰宇记》云：'一名台岭。在大庾县西南二十里。《吴录》南野县有大庾山。九岭峤以通广州。'《太康地志》云：岭路峻阻，螺转而上，踰九蹬，二里至顶下，七里平行，十里至平亭。刘嗣之《南康记》云：平亭谓之横亭。图经云：岭初险峭，唐张九龄开凿新路。乃断崖成峡，两壁耸立，仰视云汉，中途坦夷。"②未说明开凿时间。但同书同卷"碑记"条下录有张九龄《开凿大庾岭路序》："子寿集有云：'初，岭东废路，人苦峻极。开元四载，冬，俾使臣左拾遗、内供奉张九龄缘磴道、披灌丛，相其山谷之宜，革其阪险之故。'"③历代《南安府志》关于大庾岭路艰险之状的记载多与此相同。清乾隆《南安府大庾县志》记雍正十年南安知府游绍安《台岭》诗："秦皇拓五服，谪徒戍五岭。蚁度横浦关，螺转九层顶。彳亍行蒲伏，背负艰笭箵。游仙隘入粤，伏莽防兽猛。曲江内供奉，奉诏凿山埂。冥顽阻路石，千椎腰脊打。掉臂履周道，两壁削立挺。屹然天地险，一夫可制梃。"④这些记载都是从江西南安府、大庾县角度来记录的。"人苦峻极""岭初险峭""岭路峻阻"说的都是大庾岭北路的江西段。而"断崖成峡"，如《南雄市志》所云"在梅岭顶上凿通了一条长66.6米，高33.3米余的大山坳"，这个地段就是张九龄开凿

---

① 祝穆、祝洙：《方舆胜览》卷之三十五"韶州""形胜"条引徐浩碑，中册，中华书局2003年版，第634页。
② 王象之：《舆地纪胜》第二册，卷三十六"南安军·景物下"，中华书局1992年版，第1540页。
③ 同上书，第1547—1548页。
④ 见乾隆《南安府大庾县志》卷十五，"艺文·诗"。

大庾岭路的关键性工程所在。而王若枫所谓"重修的大庾新路，最艰巨的工程是广东界内的由岭端到岭脚的一段"的说法，显然是错误的，原因就在于未注意到《南安府志》和《大庾县志》等方志的记载。

2021 年 5 月 28 日

三　论张九龄《开凿大庾岭路序》的政治内涵

《开凿大庾岭路序》是唐玄宗开元四年（716）张九龄奉诏开凿大庾岭后所作。全文如下：

"先天二载，龙集癸丑，我皇帝御宇之明年也。理内及外，穷幽极远，日月普烛，舟车运行，无不求其所宁，易其所弊者也。初，岭东废路，人苦峻极，行径寅缘，数里重林之表；飞梁嶪嶪，千丈层崖之半。颠跻用惕，斩绝其元。故以载则曾不容轨，以运则负之以背。而海外诸国，日以通商，齿革羽毛之殷，鱼盐蜃蛤之利，上足以备府库之用，下足以赡江淮之求。而越人绵力薄财，夫负妻戴，劳亦久矣，不虞一朝而见恤者也！不有圣政，其何以臻？兹乎开元四载，冬十有一月，俾使臣左拾遗内供奉张九龄，饮冰载怀，执艺是度，缘磴道，披灌丛，相其山谷之宜，革其坂险之故，岁巳农隙，人斯子来，役匪逾时，成者不日。则已坦坦而方五轨，阗阗而走四通。转输以之化劳，高深为之失险。于是乎镂耳贯胸之类，珠琛绝赆之人，有宿有息，如京如坻。宁与夫越裳白雉之时，尉佗翠鸟之献，语重九译，数上千双，若斯而已哉？几趋徒役者，聚而议曰：'虑始者，功百而变常；乐成者，利十而易业。一隅何幸，二者尽就。况启而未通，通而未有，斯事之盛，皆我国家玄泽寖远，绝垠胥洎，古所不载，宁可默而无述也？盍刊石立纪，以贻来裔。'是以追之琢之，树之不朽。"①

对于这篇序文，现在解释者还是有些争议，也还有些问题需要进一步研究。这里仅就《序》文前两句的理解和一些注释问题提出看法，其他问题另文研究。熊飞说："通常以张九龄为开凿大庾岭南路的建言者和主持施工者，实际情况恐非如此。从九龄这篇序文看，大庾岭南路的开凿早在'先天二载，龙集癸丑，我皇帝御极之明年'即已开始。但工程进展缓慢。始建议开凿南路者为谁，已不可考。九龄献状，应是就工程的具体施工等技术性问题提出了自己的意见，所以，玄宗才让他以左拾遗内供奉的身份出使韶州，负责这项工程的具体施工。约开元五年中，督修大庾岭南路奏捷。"② 他解释张九龄序文中"先天二载，龙集癸丑，我皇帝御宇之明年也。理内及外，穷幽极远，日月普烛，舟车运行，无不求其所宁，易其所弊者也"这段话，说："'先天二载'三句：言大庾岭新路开始修筑的时间在唐明皇即位之第二年即'先天二载'。这年十二月庚寅，改元开元，是即先天二年，也即开元元年（713）。龙集，龙，星名；集，次于。癸丑，古人以干支纪年，先天二载也就是癸丑年。"③ 为了行文方便，先讨论熊先生对于"龙集癸丑"的注释。笔者认为问题主要出在对于"龙集"二字的解释上。他说："龙，星名。"这个解释稍显粗略。"星名"，什么"星"的"名"？实际上，"龙"就是"岁星"，张说《故洛阳尉赠朝散大夫马府君碑》载："今龙集戊申，将返葬故国"，其中，"龙集"的用法与张九龄《序》相同。实际上古人经常这样表

---

① 熊飞：《张九龄集校注》下册，中华书局2008年版，第890—891页，引文标点略有更动。

② 同上书，第892页。

③ 同上。

述。如此,"龙集癸丑"也就是岁次癸丑,也就是岁星在癸丑年的意思。张九龄所说的"龙集癸丑",也是一个时间点的表述,但是这个时间点有特别的意蕴。

回到大庾岭开凿上来。按照熊飞的意见:张九龄并未提出修筑大庾岭新路,大庾岭路是一位不知名的人提出来的;新路的修筑开始于先天二年;由于工程进展缓慢,在张九龄提出具体技术性意见后,唐玄宗才派他到韶州来督修大庾岭路的。

熊飞先生的解读其实是一种误读,是不符合张九龄《序》文原意的,其原因是他对于张九龄《序》中的"先天二载,龙集癸丑,我皇帝御宇之明年也"那段话的意蕴的理解完全错误。在熊飞看来,这段话的意思是标明大庾岭路的始修时间,其实张九龄《序》中完全没有这个意思。准确解读张九龄这段话,必须认真把握这段话所包含的极其丰富的政治内涵和信息。这是正确理解张九龄这段话的前提。

这需要从当时的历史说起。了解这段历史,才能真正理解张九龄这段话的意义所在。"先天二载"并非是一个普通的年号,而是一个非常重要的历史节点。先天二年(713)也即开元元年,是唐朝历史上又一个盛世的开端,也是唐玄宗李隆基真正全面掌握政权的开始。但是这个"开端"却是来之不易,经过一系列激烈斗争得来的。

据《旧唐书·中宗纪》,神龙元年(705)正月,张柬之等五王政变成功,逼武则天退位,中宗复位;至景龙四年(707)六月,中宗被毒而死,韦后称制,安乐公主等排斥太子李重俊,迫使李重俊起兵诛杀了武三思,但是最后失败了。一直受到宠爱而无比骄横的安乐公主想当皇太女,联合韦后视李隆基父子为眼中钉、肉中刺,欲除之而后快,矛盾尖锐到了一触即发的程度。李隆基当然不会束手待毙,遂联合其姑母太平公主,杀了韦后、安乐公主,清除了韦后、安乐公主和残存的武氏势力。其父李旦由此复位,成为唐朝第二位两次登上皇位的皇帝。

　　李旦复位后，立李隆基为太子，但是宠信其妹太平公主。太平公主也借此机会大力培植自己的势力，当时七个宰相，就有五个出自其门下。有了这个实力，太平公主的野心也大大膨胀，先是试图废掉李隆基的太子之位，但为睿宗阻止，睿宗李旦反而直接传位于李隆基。①

　　但是睿宗传位李隆基，是附有条件的。《旧唐书·睿宗纪》："八月庚子，帝传位于皇太子，自称太上皇帝，五日一度受朝于太极殿，自称曰朕，三品已上除授及大刑狱，并自决之，其处分事称诰、令。皇帝每日受朝于武德殿，自称曰予，三品已下除授及徒罪并令决之，其处分事称制、敕。甲辰，大赦天下，改元为先天。"②至此，李隆基虽得继位，但是朝中仍然不平静，李隆基成为矛盾焦点，地位并不稳固。太平公主朝中势力大振，竟达到了欲废黜李隆基皇帝地位的地步，甚至还拟起兵除去李隆基。

　　据《旧唐书·睿宗纪》，先天二年（713）"秋七月甲子，太平公主与仆射窦怀贞、侍中岑羲、中书令萧至忠、左羽林大将军常元楷等谋逆，事觉，皇帝率兵诛之。穷其党与，太子少保薛稷、左散骑常侍贾膺福、右羽林将军李慈李钦、中书舍人李猷、中书令崔湜、尚书左丞卢藏用、太史令傅孝忠、僧惠范等皆诛之。兵部尚书郭元振从上御承天门楼，大赦天下，自大辟罪已下，无轻重咸赦除之。翌日，太上皇诰曰：'朕将高居无为，自今后军国刑政一事以上，并

---

　　① 参考《旧唐书》、《新唐书》中宗、睿宗纪、玄宗纪。《旧唐书》卷七，卷八，《二十五史》第5册，上海古籍出版社、上海书店1986年版，第3499—3504页；《新唐书》卷四，卷五，《二十五史》第6册，上海古籍出版社、上海书店1986年版，第4142—4146页。
　　② 《旧唐书》"睿宗纪"，《二十五史》第5册，上海古籍出版社、上海书店1986年版，第3501—3503页。

取皇帝处分。'"①

《旧唐书·玄宗纪》也说:"先天二年七月三日,尚书左仆射窦怀贞、侍中岑羲、中书令萧至忠崔湜、雍州长史李晋、左羽林大将军常元楷、右羽林将军李慈等与太平公主同谋,期以其月四日以羽林军作乱。上密知之,因以中旨告岐王范、薛王业、兵部尚书郭元振、将军王毛仲,取闲厩马及家人三百余人,率太仆少卿李令问、王守一、内侍高力士、果毅李守德等亲信十数人,出武德殿,入虔化门。枭常元楷、李慈于北阙。擒贾膺福、李猷于内客省以出。执萧至忠、岑羲于朝,皆斩之"。李隆基清除太平公主势力后,其父唐睿宗于第二日下诏曰:"朕将高居无为,自今军国政刑一事已上,并取皇帝处分"②,也就是把权力完全交给了李隆基。

唐初皇帝之位的争夺是极其残酷、血腥的。无论是唐太宗玄武门之变以弟杀兄,还是武则天对于李唐势力大开杀戒,甚至连自己新生儿子也不放过,还有就是张柬之等五王的神龙政变,李隆基、太平公主清除韦后势力等,都无不伴随着血腥的杀戮。同样,李隆基与太平公主的矛盾,无论是太平公主一方还是李隆基一方,都是要千方百计置对方于死地,杀之而后快的,没有什么亲情可言的。但为争夺最高权力而诛灭自己的亲人,毕竟不是什么光彩的事情。因此总得有一个什么冠冕堂皇的理由去昭告天下,安定人心。李隆基在消灭太平公主势力,取得全部皇权后,就御承天门楼,下制叙述自己任太子、皇帝时的心态,并把清除太平公主势力的决策和责任推给了太上皇睿宗:"太上皇圣断宏通,英谋独运,命朕率岐王范、薛王业等躬事诛锄。齐斧一麾,凶渠尽殪。太阳朗耀,澄氛霭于天衢;高风顺时,厉肃杀于秋序";"爰承后命,载阐休期,总军国之大猷,施云雨之鸿泽。承乾之道,既光被于无垠;作解之恩,

---

① 《旧唐书》"睿宗纪",第 3503 页。
② 《旧唐书》"玄宗纪",第 3504 页

思式罩于品物。当与亿兆,同此惟新"。① 有了这个说法作为掩饰,李隆基也就较为心安了。

唐玄宗的制文,实际上也是其政治宣言和治理目标的明确宣示。他解释了自己当年起兵诛除韦后势力的初衷是"致君亲于尧、舜,济黔首于休和",接受太子之位后由于"内禅"而登皇帝之位,"恭临亿兆,二载于兹。上禀圣谟,下凝庶绩,八荒同轨,瀛海无波"。但由于"逆贼窦怀贞等并以庸妄,权齿朝廷,毫发之效未申,丘山之衅乃积,共成枭獍,将肆奸回",所以才有"太上皇圣断宏通,英谋独运,命朕率岐王范、薛王业等躬事诛锄……神灵协赞,夷夏相欢,四族之慝既清,七百之祚方永"等。这里不说太平公主是首谋,自然是出于避讳。他同时宣布"爰承后命,载阐休期,总军国之大猷,施云雨之鸿泽……当与亿兆,同此惟新"。这是李隆基开创新时代的政治宣言。在这样的时代背景下来认识张九龄《序》文中开头那段话的政治意蕴,我们的认识可以更加清晰准确。

据《旧唐书·玄宗本纪》,先天二年"十二月庚寅朔,大赦天下,改元为开元"。② 因此,先天二年也就是开元元年。这是一个具有标志性意义的年号。一是它标志着一个崭新的时代、大唐盛世的开端;二是它实际上也标志着李隆基时代的开端。因为只有到这个时候,李隆基才真正掌握了唐王朝最高统治者的全部权力。因此,张九龄《开凿大庾岭路序》中开端就说"先天二载,龙集癸丑,我皇帝御宇之明年也"。实际上就是说,在唐玄宗登上帝位之后的第二年,由于他的雄才大略,于先天二年七月平定了太平公主之乱,清除了太平公主的势力,才开始掌握了皇帝的全部军政大权,具有

---

① 《旧唐书》"玄宗本纪",《二十五史》第5册,上海古籍出版社、上海书店1986年版,第3503—3504页。

② 同上。

了所谓"乾纲独断"的权威,也就具有了展示其宏图大略的前提。

承前所言,在唐玄宗掌握全部权力后,"理内及外,穷幽极远,日月普烛。舟车运行,无不求其所宁,易其所弊者也"。这里说"理及内外"的"理",就是治理;"内外",指的是朝廷政务和黎民事务。也就是说,在唐玄宗掌握政权后,日理万机,治理朝廷内部及地方与黎民相关的各种烦冗事务,内外事务都亲自过问、亲自安排,其恩惠如同日月一样,光芒普照。连舟车运行之类的具体、琐细事务都要记在心上,安排部署,消除道路运输的障碍,务求道路平稳安宁。这段话与制文中"恭临亿兆,二载于兹。上禀圣谟,下凝庶绩,八荒同轨,瀛海无波",如出一辙,也十分明确地指出了张九龄开凿大庾岭路的性质,是官方修路,是由皇帝下旨修建。

我们还要认识到,在中国古代,道路的开凿修建,绝不仅仅是一项交通工程,从来都是一种重大的政治举措。《礼记》第三十一"中庸"说:"今天下车同轨,书同文,行同伦。"[①]到秦始皇时代才开始成为现实。《史记》"秦始皇本纪"谓:"一法度,衡石丈尺,车同轨,书同文字"[②],都是统一天下,政教及于八荒的重要措施。《礼记》第三十一"中庸"中说:"唯天下至圣,为能聪明睿知,足以有临也;宽裕温柔,足以有容也;发强刚毅,足以有执也;齐庄中正,足以有敬也;文理密察,足以有别也。溥博渊泉,而时出之。溥博如天,渊泉如渊。见而民莫不敬,言而民莫不信,行而民莫不说。是以声名洋溢乎中国,施及蛮貊。舟车所至,人力所通,天之所覆,地之所载,日月所照,霜露所队,凡有血气者,莫不尊亲,故曰配天。"[③]以此背景来研究张九龄《序》文的含义,认识当可更加深刻。

[①] 《礼记》第三十一章"中庸",辽宁教育出版社1997年版,第167页。

[②] 《史记·秦始皇本纪》,《二十五史》第1册,上海古籍出版社、上海书店1986年版,第29页。

[③] 《礼记》第三十一章"中庸",第167—168页。

综合以上所论，张九龄《序》中这段话其实是一段颂圣之语，真实目的在于归功于皇帝，归功于朝廷。翻译成今天的话来说，就是：自从皇帝完全掌握朝政以来，高瞻远瞩，日理万机，它的光芒如同太阳和月亮一般，普照万方，即使是道路交通之类的事务，皇帝都给予关心，使天下万民得到实惠，受到朝野内外的一致拥护。确实，自唐玄宗开元以来，采取一系列措施，提倡勤俭，巩固边防，救助灾患，赢得各方赞扬。更为重要的是，李隆基采纳了姚崇所上的十条建议，更使朝局为之一新，开辟了唐朝开元之治的大好局面。

《新唐书》"姚崇传"载：开元元年，玄宗讲武新丰。秘密召见姚崇，"咨天下事"，姚崇提出十条建议，就是十条施政纲领："愿政先仁恕"；"愿不倖边功"；"愿法行自近"；"愿宦竖不与政"；"愿租赋外一绝之"，"戚属不任台省"；对于大臣"愿陛下接之以礼"；"愿群臣皆得批逆鳞，犯忌讳"；"绝道佛营造"；认为"汉以禄、莽、阎、梁乱天下，国家为甚；臣愿推此鉴戒为万代法"。姚崇的建议得到唐玄宗的采纳，于是"翌日，拜（姚崇）兵部尚书、同中书门下三品。封梁国公，迁紫微令"[①]。李隆基不仅采纳了姚崇的十条建议，而且采用了宰相授权制，不干预宰相在权限内行使职权，放手让宰相按照既定政策施政。

《新唐书》"姚崇传"又载："崇尝于帝前序次郎吏，帝左右顾，不主其语。崇惧，再三言之，卒不答，崇趋出。内侍高力士曰：'陛下新即位，宜与大臣裁可否。今崇亟言，陛下不应，非虚怀纳诲者。'帝曰：'我任崇以政，大事吾当与决，至用郎吏，崇顾不能而重烦我邪？'崇闻乃安。由是进贤退不肖而天下治。"[②] 由此可见，开元初年的唐玄宗，实行的是一种皇帝授权制，既然授权给宰相了，

[①] 《新唐书》卷一二四，"姚崇传"，《二十五史》第6册，上海古籍出版社、上海书店1986年版，第4578—4579页。

[②] 同上书，第4579页。

宰相就应该承担责任，放手工作。皇帝就不予干预。这既是李隆基对于姚崇信任的表现，也是一种疑人不用、用人不疑、分权负责的高明的统治方式，应该予以肯定。

正是由于唐玄宗开元初年采取的一系列正确政策和授权、分层管理的领导方式，贯彻了一系列正确的政治、政策主张，唐朝迎来了一个政局稳定、欣欣向荣的大好局面。这既是张九龄所期待已久的国家中兴的景象，也是他开凿大庾岭路、写作《开大庾岭路序》的政治背景。认真研读这段话，结合唐玄宗开元元年以来的一系列施政行为，笔者认为，张九龄这段话既是颂圣的话，又是发自内心的话。原因是自唐玄宗开元元年始，到张九龄撰写《开凿大庾岭路序》的开元五年或者六年，朝廷政局十分稳定。由于唐玄宗所有的反对势力均被清除干净，唐玄宗得以全心全意地治理朝政，统治天下，一系列政治举措也深得民心。而且朝中大臣们也不用提心吊胆地担心政局发生变化，能够尽心尽力辅佐皇帝治理国家。张九龄已经较长时期在朝廷任职，虽然官阶不高，但是对于这个变化还是直接感受到了。他敏锐地意识到一个政治稳定、经济繁荣、文教兴盛的崭新时代已经来临了，因此才"献状"凿路。可见，把张九龄这段话理解为先天二年（713）就有人开凿大庾岭路，既无根据，也未正确理解张九龄《序》文的丰富政治内涵，实不可信。

正确理解张九龄这段话包含的丰富的政治信息，就可以看出，张九龄在《开凿大庾岭路序》中所表达的意思，就是将开凿大庾岭路这一举措归功于唐玄宗的"圣政"，所谓"不有圣政，其何以臻"；"斯事之盛，皆我国家玄泽寖远，绝垠骨泪，古所不载"，说的正是这个意思。事实也确实如此，正是由于唐玄宗一纸诏书，张九龄才得以完成开凿大庾岭路的壮举，使之成为沟通南北，"坦坦而方五轨，阗阗而走四通。转输以之化劳，高深为之失险"的通衢，使"海外诸国，日以通商，齿革羽毛之殷，鱼盐蜃蛤之利，上足以备府库之用，下足以赡江淮之求"。既满足了国家的需求，减轻生民负担，有利民生休养，又大大促进和加快了岭南地区的开发发展，其作用和意义前无古人，真可谓利在当时，功在千秋，值得高度赞扬！如果我们将唐玄宗下旨，由张九龄亲力亲为开凿大庾岭路的功绩，置于海上丝绸之路更加宏伟的历史背景下来考察，可以加深对于此举重大历史意义的认识。

四　张九龄开凿大庾岭路时间诸误说探微

关于张九龄开凿大庾岭路的时间，至今有五说。即"先天二年他人首开、开元四年张九龄续开"说，"开元四年"说，"开元十三年后"说，"开元十六年"说，"开元十七年"说，等等。"先天二年说"以王镝非、黄志辉、熊飞为代表。王镝非、黄志辉的《张九龄评传》说："大庾岭路的……修筑次数，除张九龄在《曲江集》提到'先天二载'有一次，他本人在"开元四载"再'开凿'一次。"熊飞也有同样说法。[1] 这是最晚出的一种说法。"开元四年"说源于张九龄所作《开凿大庾岭序》[2]，具有不可动摇的权威性。"开元十三年后"说则出于清乾隆南安知府蒋有道《南安府志》，此说在学界影响不大。[3] "开元十六年"说源于武英殿本《新唐书》"地理志"，所据是上海古籍出版1986年12月第一版的《二十五史》（缩印本）第

---

[1] 见王镝非等:《张九龄评传》，珠海出版社2008年版，第152—153页；熊飞:《张九龄集校注》下册，中华书局2008年版，第893页；熊飞:《张九龄年谱新编》，香港教育出版社2005年版，第42页。

[2] 熊飞:《张九龄集校注》下册，中华书局2008年版，第893页。

[3] 清乾隆南安知府蒋友道:《南安府志》，第157页。

6册《新唐书》。① 其中二十四史是用清乾隆四年武英殿本为底本。"开元十七年"说见于中华书局 1975 年出版的《新唐书》。②

"开元四年说"源于张九龄自述,历来为人重视和采信。除王镝非、黄志辉、熊飞主张,现在学界均确定张九龄开凿大庾岭路的时间为开元四年,但对以上说法的源头未及深究。本文拟在这个方面作出努力,提出自己的看法,以供参考。

关于"先天二年"他人首开、开元四年张九龄续开大庾岭路新路的问题,笔者在《张九龄开凿大庾岭路若干问题考辨》《论张九龄〈开凿大庾岭路序〉的政治内涵》中已有详细的辩驳,两文本书已收入。文章已指出其错误在于误读张九龄序中"先天二载"数句,误将"先天二年"(即开元元年,713 年)这个开天盛世的开端标志之年作为大庾岭工程的开工之期,因而是没有根据的。笔者认为王镝非、黄志辉和熊飞提出的先天二年(713)他人首开、开元四年(716)张九龄续开之说的致误之由已经十分清楚,无需再考。

"开元十三年(725)后"说源于蒋有道乾隆《南安府志》,学界采之甚少。该志卷之二说:"大庾岭在府治南二十五里"后加按语说:"《旧唐书》以母老,得改都督洪州以便养。一时恩礼之隆,千载所少传虽不载开路事,然开岭必在督洪时。"③ 其认为开凿大庾岭路的时间,应该是在张九龄任江州刺史之时。同书卷之十一"名宦"谓:"张九龄,字子寿。曲江人,历官中书舍人,改太常少卿,寻出为冀州刺史。九龄以母老在乡,而河北道里辽远,上书请抚江南一州,得数承母音耗,优诏许之。改洪州都督,俄改桂州都督。仍充

---

① 武英殿本《新唐书》"地理志",见《二十五史》第6册,上海古籍出版社、上海书店 1986 年版,第 122 页。
② 《新唐书》志第三十三"地理志七",中华书局 1975 年版,第四册,第 1096 页。
③ 清乾隆南安知府蒋友道:《南安府志》,第 157 页。

岭南道按察使。上有以其弟九章、九皋皆为岭南道刺史，令四时伏腊皆得觐省。"这是引用《旧唐书》"张九龄传"的话。接着，编著者又云："按：曲江传无开梅岭路事，然食其德而俎豆之者历千余年弗替，此则口碑之详过于彤管矣！窃计其事必在为都督时，盖开元十三年后也。利物泽民之举，正高位所得为。既以利民，亦以便养孺慕之诚。上格一人，下泽百代，谓非旷世不可多得之遭欤？列诸名宦以明告此邦，庶知岭南岭北联宇并祀，皆礼之所宜然。"著者辩曰："新书所纪，分为两时，似不及旧书圆劲。旧志乃大书开元四年冬诏左拾遗内供奉开大庾岭，岁月既非，官位亦乖。桑民怿记岭路亦遂，未考于旧史，而亦以为四年，则前志疑误后来不少矣！"这里说的"新书""旧书"是指新旧《唐书》，"前志"则指蒋有道等修《南安府志》之前历代所修的《南安府志》①。

桑民怿，名悦，明成化年间柳州通守，曾因明成化年间南安知府张弼重修大庾岭路，而作《重修岭路记》及《郡贤守东海张公遗爱祠记》，均见康熙《南安府志》。桑悦在《重修岭路记》文中也肯定了张九龄开元四年开凿大庾岭路。清同治黄鸣珂等《南安府志》"名宦"则全引蒋有道《志》中说法，② 也是认为张九龄开元四年开凿大庾岭路误而开元十三年后开凿才有可能。由此可见，关于张九龄开元十三年后开岭路之说，始于乾隆《南安府志》。这段话还透露出如下信息。一是认为"前志"所说张九龄开元四年修路开凿大庾岭路是错误的。他认为张九龄开路在其担任洪州都督时才有可能。原因是开凿大庾岭路这种"利物泽民之举，正高位所得为"，官位不高的人是不可能完成的；而张九龄此时仅为一个从八品上的左拾遗，是没有能力完成这一大的工程的。这种思路与一般人的想法相

---

① 清乾隆南安知府蒋友道：《南安府志》，第157页。
② 清黄鸣珂修，石景芬纂：《南安府志》，同治七年刊本，成文出版社1975年版，第1271页。

符，因此具有一定的普遍性。乾隆版《南安府志》的编著者蒋有道等还认为张九龄开路的原因是"既以利民，亦以便养孺慕之诚"，也就是公私兼顾了。此推测看似合情合理，还突出了张九龄的"孝道"，但因与事实不符，也就没有了依据。

当然，蒋有道此说也或者是受明万历年间《南安府志》说法的影响。查明万历《南安府志》卷三"世历纪"："玄宗开元四年冬十一月诏左拾遗内供奉张九龄开大庾岭路"。此与张九龄《开凿大庾岭路序》所述时间相合，是正确的。但其下夹注曰："九龄岭路记：初，岭表废路，人苦峻极。是年九龄始奉诏开凿成路。先是龄出为冀州刺史，以母老在乡，上书固请换江南一州。制许之。改为洪州都督，转桂州都督，仍充岭南按察使。又以其弟九皋、九章为岭南道刺史，皆得省觐，是路始开。"①万历《南安府志》把张九龄开路和任洪州都督两个时间杂糅在一起，极易混淆开凿大庾岭路的真实时间，实在是考证不细所致。但该志并未否定张九龄开元四年开凿大庾岭路之说，而是以夹注形式提出著者的看法。蒋有道等不仅否定开元四年张九龄开凿大庾岭路，还指责持"开元四年开路"之说的人——历代"前志"的编著者们"未考于旧史"，即未根据他们所见的那个版本的《新唐书·地理志》附注来确定张九龄开凿大庾岭路的时间，感叹历代"前志"的编撰者们"误后人不少矣"！这就是说，蒋友道修《南安府志》之前的几部旧志记张九龄开凿大庾岭路的时间是开元四年，而蒋友道则认为那几部旧志是记错了。之所以错，是因为"未考于旧史"。

其实，蒋有道等乾隆《南安府志》的编著者所列举的这些理由是站不住脚的。张九龄开凿大庾岭路，既不是个人行为，也不是作为地方官的自主行为，而是奏请玄宗皇帝批准的国家行为、朝廷举

---

① 明万历《南安府志》卷一"世历记"，《日本藏中国罕见地方志》，书目文献出版社1991年版，第346页。

措。既有圣旨凿路，那就是大庾岭南北地方官员的分内之事，他们必然会全力以赴，按照岭南岭北各自分工完成开凿任务，并不需要更高的官位才能推动。试想，当时手握圣旨的张九龄本身就具有调动地方官员修路的权力，至于财力人力物力的聚集，那也是地方官员们的事情了。当地的士绅和人民是不可以、也不可能抗拒的。至于说未考旧史，就是未依照《新唐书·地理志》的说法，则是由于乾隆《南安府志》的编撰者们相信《新唐书·地理志》而不信张九龄《开凿大庾岭路序》，或者可以推测，蒋有道等其实根本就未读过《曲江集》，未读过张九龄的《开凿大庾岭路序》。

我们可以看看蒋有道等编撰这本《南安府志》的情况。蒋有道是这部《南安府志》的主修，他在序中说，他会同大庾、南康、上犹三县令，"各捐百金为资，锱铢不以及民。一切采访分纂之事，亦不以烦郡士。以四月下澣启局于南康之旭升书院，逾月稿本初定，又五旬剞工亦毕是役也。"[1]一部府志，编修仅用月余，刻书亦不及两月，可见，修志时间是很紧迫匆促的，且也未与"郡士"商讨，参与修书者极少，全由几位官员亲力亲为，资料来源于旧志，时间紧迫，又失于考证问难，所得出"开元十三年后"张九龄开凿大庾岭路的误说，只能是一种无依据的推测而已。他们不知道开元四年之说来源于张九龄自述的情况下，编修的志书必然是不严谨的，真是"贻误后人不少矣"！

而"开元十六年""开元十七年"两说，则有细考之必要。查詹宗祐《点校本两唐书校勘汇释》中未见有关于中华书局版《新唐书·地理志》中关于大庾岭路修建时间的不同说法。[2]而赵庶洋《〈新唐书·地理志〉研究》第四章《〈新唐书·地理志〉史文研究》

---

[1] 清乾隆南安知府蒋有道：《南安府志》，卷一"序"。
[2] 詹宗祐：《点校本两唐书校勘汇释》下册，"地理志七上"，中华书局2012年版，第628页。

谓:"有大庾岭新路,开元十七年,诏张九龄开。(韶州始兴郡始兴县)'开元十七年',殿本作'开元十六年'。张九龄《曲江集》卷一七《开凿大庾岭路序》云'开元四载,冬十有一月,俾使臣左拾遗内供奉张九龄,饮冰载怀,执艺是度,缘磴道,披灌丛,相其山谷之宜,革其阪险之故。岁已农隙,人斯子来,役匪逾时,成者不日',作'开元四年'。考张九龄之生平,开元四年从朝廷告归居韶州,其奉诏开大庾岭路即在此时,而开元十七年,则在洪州刺史任上,与韶州迥不相及,不可能在此时开韶州大庾岭路。因此,《新志》'开元十七年'当误。然'十七'与'四'相差悬远,无由致误,作'十六'亦与史实不符,姑存疑备考。"[1]可见,赵庶洋也关注到此情况,但他未给出答案,因此,需要继续深入考证。

顾建国《张九龄年谱》开元四年条下谓:"《新唐书》卷四三《地理志》云:'大庾新路,开元十六年诏张九龄开';《何考》、《杨谱》皆已注意到此与序(即张九龄《开凿大庾岭路序》)不合,疑有误。又,《何考》引作'开元十七年诏张九龄开',乃笔误也。"[2]这里说的《何考》指何格恩的《张曲江诗文事迹编年考》(《广东文物》(中册),1940年第7卷),《杨谱》指的是台湾学者杨承祖著、台湾商务印书馆于1980年出版的《唐张子寿先生九龄年谱》。开元十六年(728)开大庾岭说是《新唐书》所记,与张九龄《开凿大庾岭路序》不合,已引起何格恩、杨承祖"疑有误";而开元十七年(729)张九龄开大庾岭路之说,属于何格恩引文有误。顾先生批评何格恩先生引文有误,其实是所据《新唐书》版本不同所致。据顾建国先生《张九龄年谱》附"参考文献",他所据版本为上海古籍出版社1986年版《新唐书》,该版本确实有"始兴:下有大庾岭

---

[1] 赵庶洋:《〈新唐书·地理志〉研究》,第四节"岭南道、羁縻州——岭南道",凤凰出版社2015年版,第190页。

[2] 顾建国:《张九龄年谱》,中国社会科学出版社2005年版,第78页。

新路，开元十六年诏张九龄开"之言，然中华书局点校本此处则为"开元十七年"了。其实，《新唐书》的流传本来就有两个系统版本，只是顾先生作《张九龄年谱》时未及见而已。此事笔者在后文还将论及，可参。

对此问题，王镝非、黄志辉《张九龄评传》也注意到《新唐书·地理志》在韶州始兴县有一条小注：'有大庾岭新路，开元十六年诏张九龄开。'"王镝非、黄志辉分析说："这里的'六'，所据是上海古籍出版社 1986 年 12 月第一版《二十五史》（缩印本），其中《二十四史》是用（清）乾隆四年武英殿本为底本。这个'六'字，在中华书局 1975 年出版的《新唐书》作'七'字。这十六年或十七年的一次，因为指明是'诏张九龄开'，这时张九龄任洪州刺史，不见有这样的记载，似是《新唐书》的误记或误刻。"[①]熊飞先生《张九龄集校注》中沿用王镝非、黄志辉观点说："《新唐书》地理志在韶州始兴县条下有一小注：'始兴有大庾岭新路，开元十六年诏张九龄开。'这里的'六'字，所据是上海古籍出版社 1986 年 12 月第一版《二十五史》（缩印本），其中《二十四史》是用（清）乾隆四年武英殿本为底本。这个'六'字，在中华书局 1975 年出版的《新唐书》作'七'字。这十六年或十七年的一次，因为指明是'诏张九龄开'，这是见诸史书记载的张九龄开凿大庾岭路的第一次"。熊飞认为："这则记载无疑是错误的。"熊先生说的"这则记载"，是指《新唐书》"地理志"关于"大庾岭新路，开元十六年诏张九龄开"的说法。也就是说，错误来源于武英殿本和 1975 年中华书局点校本两个版本的《新唐书》"地理志"。对于《新唐书》为何致误，他分析说"十六年之'十'字疑衍"。[②]也就是说，熊先生认为，《新唐书》之误，应该是由于误记或误刻所致，即主修《新唐书》各"志"的

---

① 王镝非、黄志辉：《张九龄评传》"后记"，珠海出版社 2008 年版，第 152—153 页。
② 熊飞：《张九龄集校注》下册，中华书局 2008 年版，第 893 页。

欧阳修误记，或者是刻书者误刻所致。但仍然有问题，如果"开元十六年"的"十"字真是衍文，那就成了"开元六年诏张九龄开"，但这也与张九龄《开凿大庾岭路序》自述的"开元四年"不合。因此，熊先生"衍文"之推测不能成立，也未真正查明"开元十六年"或"开元十七年"两说来源和致误原因。

其实，《新唐书》"地理志"虽有张九龄"开元十六年"或"十七年"奉诏开路之说，但古人对此说也有坚决否定的。明知府谭大初《南雄府志》下卷志二记：明"弘治辛亥，岭南兵备佥事袁庆祥重树文献公开凿岭路碑于此。大学士丘浚碑阴谓：开元四年承诏开大庾岭路。《唐书·地理志》谓开路在十七年，非也！"[①] 丘浚原文谓：张九龄"元（玄）宗即位之初，又策道侔伊吕科，为左拾遗、内供奉。开元四年承诏开大庾岭路。《唐书·地理志》谓开路在十七年，非也。当以公序文是年为是"，丘浚是依据张九龄《开凿大庾岭路序》来否定"开元十七年"等说法的，语气极其坚决。丘浚认真读过张九龄《开凿大庾岭路序》一文是自然的。张九龄的《曲江集》就是他于成化年间从内阁本抄出来，交韶州知府苏韡刊行于世的。他对张九龄的作品当然十分熟悉。因此，他坚持张九龄自述"开元四年开路"之说，否定开元十七年开凿大庾岭路自然十分坚决。

清乾隆五十七年（1792）顺德人温汝适在其所著《曲江集考证》一书所收丘浚《唐丞相张文献公开凿大庾岭碑阴记》文后考证说："公以左拾遗承诏开大庾岭路，公《序》既云开元四年，又溯自先天二载，意明皇初政，必诏修天下驿道，而委公开通庾岭则在开元四年公献状时也"。这个推测是符合实际的。这也是肯定开元四年张九龄修路之说。值得注意的是，温汝适在考证中说："旧书本传：公于开元初官拾遗，至开元十年三迁至司勋员外郎，十一年拜中书

---

① 谭大初：《南雄府志》下卷，志二·记，第158页。

舍人，十四年即领郡在外。今新书地理志云大庾岭新路开元十六年诏张九龄开，则与碑序所云时官拾遗不合。文庄据序以证地理志之误，良是。"①这里所说的"新书""旧书"，指的就是《新唐书》《旧唐书》，"文庄"指丘浚。温汝适在这里指出"新书地理志云大庾岭新路开元十六年诏张九龄开"，表明温汝适所见的《新唐书》"地理志"记载的修大庾岭路的时间是开元十六年。由此可知，温汝适所见之《新唐书》与丘浚所见的《新唐书》并非一个版本。温汝适作《曲江集考证》是在乾隆五十七年（1792）二月，其时距乾隆四年（1739）武英殿本《新唐书》行世已有四十三年；补刻是在清嘉庆丁丑（1817）春，嘉庆丁丑为嘉庆二十二年，距武英殿版《新唐书》行世已有七十八年，温汝适所见的《新唐书》，必为清乾隆四年（1739）武英殿刻本。这个刻本中所记开大庾岭新路的时间即"开元十六年"。

对照丘浚写的这篇碑阴的文字可见，不同版本的《新唐书·地理志》对"诏张九龄开"大庾岭路的记载历来就有开元十六年或十七年两说。作为明朝人，丘浚所见的《新唐书》与清乾隆时期的武英殿本应属于不同的版本体系，不同版本的《新唐书·地理志》有不同说法。明谭大初《南雄府志·乡贤传》：谓张九龄"以道侔伊吕科策高第。迁左拾遗，开元四年奉诏开梅岭路。"嘉靖《嘉靖始兴县志·人物志》："唐张九龄……开元四年奏开梅岭路，迁左补缺，改司勋员外郎。"这些志书都肯定开元四年张九龄开凿大庾岭路，否定开元十六或十七年修路。韶州及其所属的始兴、曲江、南雄之人之所以认定张九龄开元四年开凿大庾岭路为准确之说，既由于《曲江集》在韶州刊行便于人们阅读这位乡贤名相著作，也由于丘浚所作的《唐丞相开大庾岭路序碑阴》。

---

① 温汝适：《曲江集考证》卷下，徐氏南州书楼藏本，第13—17页。

从以上所述看，开元十六年（728）或开元十七年（729）张九龄开凿大庾岭路虽然属于误说，但都是有《新唐书》的不同版本作依据的。也就是说，清乾隆武英殿本作"开元十六年"；丘浚所见的另一个版本作"开元十七年"。《新唐书》流传下来的这两个版本属于不同系统。因此说1975年中华书局本的《新唐书·地理志》，是将武英殿本《新唐书·地理志》中张九龄开大庾岭时间由"十六年"改为"十七年"的说法是不准确的。只能说，他们所依据的版本不同。

现在的问题是，既然张九龄自己说于开元四年奉旨开凿大庾岭路，古来不少人也采取这一说法，那么不同版本《新唐书》带来的张九龄开路时间"开元十六年"或"开元十七年"之误的源头何在？

前文已经说明，"开元十六年"或"开元十七年"的说法各自来源于《新唐书》的不同版本。以现在的资料条件而言，"开元十六年"最早见于武英殿本；而丘浚所见者为另一版本，作"开元十七年"。而《新唐书》各纪、表、志都由欧阳修主持修撰。因此说"开元十六年"或"开元十七年"说的源头或是欧阳修等"志"的修撰者。但如果《新唐书》"地理志"大庾岭开凿于"开元十六年"或"开元十七年"之误源于欧阳修，那欧阳修就必然未读过《张九龄集》，因此也就未读过张九龄的《开凿大庾岭路序》。然查欧阳修所著《新唐书》卷六十"艺文志"却记有《张九龄集》二十卷。[①] 宋仁宗年间王尧臣、欧阳修领衔的《崇文总目》亦记有《张九龄集》二十卷，欧阳修还为《崇文总目》撰写过《崇文总目叙释》。[②] 可见，

[①] 《新唐书》卷六十，《二十五史》第6册，上海古籍出版社、上海书店1986年版，第168页。

[②] 欧阳修：《欧阳修全集》第六册，中华书局2001年版，第1879—1896页。

作为《新唐书》各志的主修者欧阳修是有条件，也有可能见到《张九龄集》的。既可能读过《张九龄集》，则必可能读过张九龄的《开凿大庾岭路序》，读过此序，则不可能对张九龄开凿大庾岭路的时间一无所知、另持异说的。

欧阳修对张九龄的生平事迹是较为了解的。《欧阳修全集》卷一百四十二《集古录跋尾》卷九中，有《张九龄碑》。他在徐浩为张九龄所作碑铭后说："右《张九龄碑》。按《唐书》列传所载，大节多同，而时时小异。传云'寿六十八'，而碑云'六十三'。传'自左补阙改司勋员外郎'，而碑云'迁礼部'。传言'张说卒，召为秘书少监、集贤学士'，碑云'副知'至后作相迁中书令，始云'知院事'。其载张守珪请诛安禄山事，传云'九龄判守珪状'，碑云'守珪所请，留中不行，而公以状谏'，然其为语则略同。碑长庆中立，而公薨在开元二十八年，至长庆三年实八十四年。所传或有同异，而至于年寿、官爵，其子孙宜不谬，当以碑为是也。治平元年二月十日书。"①可见欧阳修是认真读过徐浩《张九龄碑》的，而且还与《旧唐书》"张九龄传"进行过对勘，说明欧阳修对张九龄的生平事迹还是下了一番功夫的。

但《旧唐书》张九龄本传并未记张九龄开凿大庾岭路之事。仅碑传对读不能了解张九龄开凿大庾岭路时间。欧阳修在徐浩碑后这段文字也体现了欧阳修对古书记载的态度是："年寿、官爵，其子孙宜不谬，当以碑为是也"。依据九龄碑所记和所据，判定其"年寿、官爵不谬"，原因在于"其子孙宜不谬"，是一种尊重亲属所言的态度。其实欧阳修对于其他古书、记事亦采此态度。如《归田录》卷二载："契丹阿保机，当唐末五代时最盛，开平中，屡遣使聘梁，梁亦遣人报聘。今世传李琪《金门集》有《赐契丹诏》乃为阿布机，

---

① 欧阳修：《欧阳修全集》第六册，中华书局2001年版，第2282页。

当时书诏不应有误,而五代以来,见于他书者皆为阿保机,虽今契丹之人,自谓之阿保机,亦不应有失。又有赵志忠者,本华人,也自幼陷虏,为人明敏,在虏中举进士,至显官。既而脱身归国,能述虏中君臣世次、山川风物甚详,又云'阿保机虏人实谓之阿保谨'。未知孰是。此圣人所以慎于传疑也。"[①]欧阳修对于古书、古人亲属所言的态度是一贯的,慎重的,他对与张九龄开凿大庾岭路的时间应该不会妄改、擅改的。

但还应注意的是,知道世上存有《曲江集》或《张九龄集》,甚至自己就收藏有这部书者,也未必一定细读过。欧阳修也应是如此。因此,我们不能说欧阳修就一定读过《开凿大庾岭路序》,同时还要注意到的是,作为《新唐书》纪、表、志编撰的主持者,这几个部分的编撰亦非欧阳修一人完成。志的实际编撰者可能并非欧阳修,因此也仍然不能排除张九龄开凿大庾岭路时间致误源于欧阳修修撰的《新唐书》,亦不能完全认定错误仅发生在《新唐书》的流传过程中。

自北宋嘉祐年间《新唐书》问世以来,既有历代不断翻刻,也有后代学人不断考证辨误。这些辨误纠谬之作,大致有:

(1)吴缜《新唐书纠谬》,20卷,分20门,凡400余事,宋元祐四年(1089)成书,绍圣四年(1097)上于朝廷;

(2)汪应辰《唐书列传辨证》,20卷,专攻《新唐书》列传缺点;

(3)王若虚《新唐书辨》,3卷,见《滹南遗老集》;

(4)陈黄中《新唐书刊误》3卷;

(5)佚名《新唐书证误》(《稽瑞楼书目》注录抄本一册);

(6)罗振常《南监本新唐书斠义》1卷,1936年上海石印本。

---

① 欧阳修:《归田录》卷二,中华书局1981年版,第21—22页。

此外，还有赵翼《新唐书札记》、王鸣盛《十七史商榷》诸书。尤其是王鸣盛《十七史商榷》致力于对十七史中的错误进行质疑，其中对新旧《唐书》纠谬质疑者二十四卷，卷八十新旧《唐书》十二，专门列举"新旧地理志校误"[1]，共校出地理志误八十二条。其中《新唐书》地理志校记仅两条，但不涉及韶州。

以上诸书对于《新唐书》之误纠正颇多。但均未发现张九龄开凿大庾岭路时间上的错误。

《新唐书》问世后不久，吴缜即作《新唐书纠谬》纠正《新唐书》之疑、之失，该书二十卷，涉及《新唐书》四百多条疑误。[2]但重点在纪传，志则仅及百官、五行，未见有对《地理志》的纠正。可见，吴缜或并不认为《地理志》有误。由此或可见，《新唐书·地理志》中关于张九龄开元十六年或十七年开大庾岭路的说法也似不可能是出自欧阳修。而宋代以来人也多有考辨，巨著煌煌，均无人指出《新唐书·地理志》关于张九龄开大庾岭路时间之误，直到1975年中华书局本《新唐书·地理志》中仍然保留"开元十七年"张九龄奉诏开路的说法。可见，此前的纠谬之作，并未指出《新唐书·地理志》存在此错误，或是他们认为此说本来就没有错误。其原因，可能是未读过张九龄那篇《开凿大庾岭路序》。

由此可以推测，认为大庾岭路开凿于"开元十六年"或"开元十七年"的人，或都未必读过，或无条件，亦无可能读到《张九龄文集》的。其原因就在于张九龄文集的流传不广。如果读过《张九龄集》或《曲江集》，则会读过《开凿大庾岭路序》，那么，张九龄开凿大庾岭路的时间就不可能出错。

关于张九龄集的流传，今天难以了解其在唐代的情况，但北宋太平兴国年间李昉等奉旨编撰的《文苑英华》一书，收录《张九龄

---

[1] 王鸣盛:《十七史商榷》，凤凰出版社2008年版，第539页。
[2] 吴缜:《新唐书纠谬》，四川大学出版社2014年版。

集》中诗文 225 题。根据周必大所写的进书表文云:"太宗皇帝丁时太平,以文化成天下,既得诸国图籍,聚名士于朝,诏修三大书。曰《太平御览》、曰《册府元龟》、曰《文苑英华》各一千卷。今二书闽蜀已刊,唯《文苑英华》士大夫家绝无而仅有。盖所集止唐文章,如南北朝间存一二。是时印本绝少,虽韩柳元白之文,尚未盛传,其他如陈子昂、张说、九龄、李翱等诸名士文集世尤罕见。修书官于宗元、居易、权德舆、李商隐、顾云、罗隐辈或全卷收入。"[1]这里未说对《张九龄集》的取舍情况。但查今之《张九龄集》共收其诗文 451 首(据熊飞《张九龄文集校注》);再查商务印书馆 1937 年 6 月据韶州本刊《曲江集》,共得诗文 443 首。可见《文苑英华》所收张九龄诗文,属于选录,并非全卷收录,尤其未见《开凿大庾岭路序》。查《文苑英华》收张九龄序文八篇,而据《张九龄集校注》、韶州本《曲江集》其中均共存序文十一篇,可证《文苑英华》并未收《张九龄集》全部作品。

　　周必大等校勘《文苑英华》涉及张九龄诗文时,凡诗文中如有异文,则夹注云:"集作""一作""闽本作""二集作"等等。如《祭二先文》,夹注云:"闽本作追赠祭文";文中"谨以清酌脯醢",醢字后夹注云:"集作醢脯";"严瘗永远",远字后夹注云:"集作隔";"幸有所成",夹注云:"幸而有成"。[2]《惠庄太子哀册文》"爰命史氏稽于"句,夹注云:"唐大诏令作于稽";"鞾鞾同轩"句,夹注云:"二本作辇";"先远日而撰"句,夹注云"集作选";等等。从《文苑英华》所选张九龄诗文的夹注中还可见,编者除校对张九龄集原文,还据《唐文粹》《唐大诏令集》《旧唐书》来校对[3]。根据黄燕妮的研究,这些夹注,应该是南宋周必大致仕后在吉州家乡组

――――――――
[1] 李昉等:《文苑英华》第六册附"事始",中华书局 1966 年版,第 9 页。
[2] 同上书,第 5209 页。
[3] 同上书,第 4428 页。

织彭叔夏等人校勘时所加。《文苑英华》于太平兴国年间编成之后，因大中祥符八年宫火而未及雕印，一直到了南宋时期，周必大曾受命校勘，但直到致仕之后，才组织人再次校勘、雕印。① 因此，夹注中所反映的是南宋时期《张九龄文集》的存世流传情况。

南宋孝宗年间成书的晁公武《郡斋读书志》"别集类"上记有"张九龄曲江，集二十卷"②。晁公武所记，主要依据他自己的藏书和其上司四川转运副使井度所赠之书。井度是一位重视文化典籍的传播的地方大员，宋代蜀刻兴旺局面的形成，与他的大力支持很有关系。当时晁公武任荣州（今四川荣县）知州。③ 可证到南宋年间世间尚有《张九龄集》流传。

今人万曼《唐集叙录》考《曲江集》说："《四库全书总目提要》叙《曲江集》源流云：'徐浩作九龄墓碑，称其学究精义，文参微旨，而不及其文集卷数。唐、宋二史《艺文志》俱载张九龄文集二十卷，其后流播稍稀，惟明《文渊阁书目》有《曲江文集》一部四册，又一部五册，而外间多未之睹。成化间邱浚始从内阁录出，韶州知府苏韡为刊行之，其卷目与《唐志》相合，盖犹宋以来之旧本也。'按晁公武《郡斋读书志》四上云：'张九龄《曲江集》二十卷。'又云：'集后有姚子彦所撰行状，吕温撰真赞，郑宗珍撰谥议，徐浩撰墓碑及赠司徒敕词。'陈振孙《直斋书录解题》十六：'《曲江集》二十卷，唐宰相曲江张九龄子寿撰，曲江本有元祐中郡人邓开序，自言得其文于公十世孙苍梧守唐辅而刊之，于末附以中书舍人樊（姚）子彦所撰行状、会稽公徐浩所撰神道碑及太常博士郑宗珍议谥文献状，蜀本无之。'《曲江集》原本为二十卷，这一点各种著

---

① 参见黄燕妮：《宋代〈文苑英华〉校勘研究》，巴蜀书社2017年版，第1—2页。
② 晁公武著、孙猛校证：《郡斋读书志校正》，上海古籍出版社2011年版，第838—839页。
③ 《郡斋读书志校正·前言》，见孙猛校证：《郡斋读书志校正》，上海古籍出版社2011年版，第1页。

录是相同的。按陈振孙所言，宋代有两种本子：一为曲江本，一为蜀本。曲江本有附录各文，蜀本无。但宋以后，未见复刻，渐就澌灭。今所传各本，皆以成化九年癸巳（1473）琼台邱浚（仲深）序本为祖本。"①其实，陈振孙所言苍梧守唐辅，即张唐辅，张九龄后裔，北宋元祐年间任过梧州知州、元丰年间任象州刺史。他手中的《张九龄集》必然是宋本。由此，自宋至明代成化年间《张九龄集》、《曲江集》的流传已明。

但《旧唐书》无"艺文志"，卷四十七"经籍志"中无张九龄《曲江集》或《张九龄集》之载，则万曼"唐宋二史"所指，应该是《新唐书》和《宋史》。查《宋史》卷二百九"艺文七"，确实记有"张九龄集二十卷"；②而辽金元各史均无艺文志，难以考证其藏书情况，即无从知道张九龄著作的流传情况。清乾隆年间武英殿本《旧唐书》整理者沈德潜在"经籍志"后考曰："丁部集录内唐人自卢藏用后遽接沙门道士诸集。而开元以来，文如张说、苏颋、陆贽、权德舆、韩愈、柳宗元、李翱、孙樵、刘蜕、杜牧诸人，诗如张九龄、王维、孟浩然、李白、杜甫、元结、李观、韦应物、白居易、李商隐诸人皆不得与焉。其为残缺无疑也。"③上海古籍出版社这个影印版本所据，乃为明代沈德潜搜罗旧籍，补漏填缺校订的《旧唐书》。这也可以确定沈德潜等是知道世有《张九龄集》流传，是否读过则未知。

而沈德潜在进《新唐书》时写的进书表中则云："内阁学士臣沈德潜谨言：新唐一书，宋嘉祐中在廷诸臣奉诏纂修者也。欧阳修撰纪志，宋祁撰列传，至十七年告成……今试精心考之新书，可议唯传中喜用僻涩，时类虬户冼溪之弊。又制诏奏疏改易原文，尽失唐

---

① 万曼：《唐集叙录》，河南大学出版社2008年版，第59—60页。
② 《宋史》上，卷二百九，艺文七，《二十五史》第7册，上海古籍出版社、上海书店1986年版，第657页。
③ 《旧唐书》卷四十七，《二十五史》第5册，上海古籍出版社、上海书店1986年版，第249页。

代体裁，不无遗议。"对于该书增补内容，则"校勘详加翻阅，合之旧书以辨其异同，质之三通，以核期典，余如唐人文集及唐文粹诸种加参考焉。中间审指归正，讹谬指漏，略各有依据，不敢师心。其他文义可疑，无由证辨，同于夏五郭公者，姑从其阙疑。"[1]可见沈德潜等在校勘《新唐书》时参考《旧唐书》和唐人文集、《唐文粹》等书籍，自然包括《张九龄集》在内，他们对于史书的校勘是十分慎重的，也不太可能在张九龄开凿大庾岭的时间问题上妄自改易，以致出错的。

其实宋代是有《曲江集》流传于世的。今人熊飞在他的《宋版张九龄〈曲江集〉流传考》[2]中有具体考证，对宋代《曲江集》之版本情况的研究引证丰富，源流比较清晰详细，可以参考。

既然南宋时少数高层文人可能读到《张九龄集》，清乾隆间校正《新唐书》的沈德潜等人也可能读过《张九龄集》，如宋版《新唐书》无误，则开凿大庾岭路时间之误，一般不会源于这两个时代之人。考明代成化年间大学问家丘浚在明弘治辛亥（1491）为岭南兵备佥事袁庆祥重树《文献公开凿岭路碑阴》所说，他是在那时就见到开凿大庾岭路时间为"开元十七年"的。因此此误也就应可能是在元代至明代弘治之前产生的。

丘浚（1418—1495），明代著名政治家、理学家、史学家、经济学家和文学家，明景泰五年（1454）进士，历官经筵讲官、侍讲、侍讲学士、翰林学士、国子监祭酒、礼部侍郎、尚书、纂修《宪宗实录》总裁官、文渊阁大学士、户部尚书兼武英殿大学士等职。[3]丘

---

[1] 见武英殿本《新唐书》附文，《二十五史》第6册，上海古籍出版社、上海书店1986年版，第717页。

[2] 熊飞：《宋版张九龄〈曲江集〉流传考》，《中国典籍与文化》，2014年第3期，第72—76页。

[3] 丘浚生平，见《明史》卷181有传，《二十五史》第10册，上海古籍出版社、上海书店1986年版，第505—506页。

浚学问渊博，关心乡邦文物。《曲江集》就是他从明内阁抄写出来，交韶州知府刊刻行世的。丘浚为韶州刻本《曲江集》所作序文记其始末说："余生公六百余年之后，慕公之为人。童稚时，尝得韶郡所刻《金鉴录》读之，灼知其伪。有志求公全集，刻梓以行世。自来京师，游太学，入官翰林，每遇藏书家，辄访求之，竟不可得，盖余二十年矣！岁己丑（明宪宗成化五年，1469），始得公《曲江集》于馆阁群书中。手自抄录仅成帙，闻先妣太宜人丧，因携南归，期免丧后自备梓刻之。道韶，适友人五羊涂君暲倅是郡，偶语及之。太守毗陵苏君韡、同知莆田方君新，谓公此集，乃韶之文献，请留刻郡斋"云云。① 可见丘浚搜寻张九龄著作之艰辛。在太学、翰林院藏书以及诸多藏书家那里也都未找到张九龄著作，后来才在馆阁藏书处找到并抄出。在丘浚抄出之前，《曲江集》实在是少有流传，能读到者少之又少。而纪晓岚等四库馆臣在上《曲江集》时说："唐宋二史《艺文志》《文献通考》俱载有九龄文集二十卷，其后流传稍稀，唯文渊阁书目有《曲江集》一部四册，又一部五册，而外间多未之睹。至成化时，丘浚始从内阁本录出。韶州知府苏韡为刊行之。其卷目与唐志合。盖由宋以来之旧本也。"② 韶州刊行《曲江集》后，张九龄作品才相对流传较广，但范围仍然有限，能读到者仍仅限于高层文人和一些有机缘的士人，一般人亦难有此机会。但明代韶州各级官员、州学及各县县学应都能得到一部，韶州官吏士子都有机会读过张九龄《开凿大庾岭路序》一文，加上当地父老口耳相传，就成为历代韶州府志及南雄、始兴、曲江当地人从未误定张九龄开凿大庾岭路时间的原因。

张九龄《开凿大庾岭路序》中谓他开凿大庾岭路时间为"开元四载"。他说："开元四载，冬十有一月，俾使臣左拾遗内供奉张九

---

① 丘浚韶州刻本《曲江集·序》，商务印书馆 1937 年版。
② 见四库全书荟要本张九龄《曲江集》，第 2—3 页。

龄，饮冰载怀，执艺是度，缘磴道，披灌丛，相其山谷之宜，革其阪险之故。岁已农隙，人斯子来，役匪逾时，成者不日。"①其序文后又有当时的给事中苏诜所作的铭文一通谓："石嶔崎兮山崖，崖嶔崟岝崿兮相蔽亏；槎岈岘兮莽芊芊。噫！兹路兮不记年。大圣作兮万物睹，惠吾人兮道复古。役斯来兮力其成，石既攻兮山可平。怀荒服兮走上京。迁（万）商兮重九译，车屯轨兮马齐迹，招孔翠兮来齿革。伊使臣之光兮，将永永而而无斁。"据熊飞先生考证，张九龄《开凿大庾岭路序》文应作于开元五年后，即大庾岭路开通不久。因为为张九龄序文作铭文的苏诜"开元七年卒于徐州刺史任。其由给事中出为徐州刺史必在此前。"②结合张九龄《开凿大庾岭路序》文中说大庾岭路开凿功成之后，"凡驱徒役者（即各方参与其事之官守）聚而议曰：'虑始者，功百而变常；乐成者，利十而易业。一隅何幸，二者皆就。况启而未通，通而未有，斯事而盛，皆我国家玄泽寖远，绝垠胥洎，古所不载，宁可默而无述乎？盍刊石立纪，以贻来裔。'是以追之琢之，树之不朽。"③这里叙述竖立《开凿大庾岭路碑》的原因是，"凡驱徒役者"共同商议，认为有必要竖碑纪念其事，传之久远，以遗后人。其竖碑时间就在工程完成之时。作为开凿大庾岭路的当事人，其记载的准确性、权威性自是无可动摇的。

但 1975 年中华书局版《新唐书·地理志》作"开元十七年"；清乾隆武英殿本《新唐书·地理志》作"开元十六年"。显然两说皆误。但其致误之由，需要进一步考证。笔者认为可从《新唐书》版本流传的情况来追索。

根据各目录书籍查证，《新唐书》自宋仁宗嘉祐间问世以来，流传版本众多。主要版本有：

---

① 熊飞：《张九龄集校注》下册，中华书局 2008 年版，第 890—891 页。
② 同上书，第 891—893 页。
③ 同上书，第 890—891 页。

（1）南宋刻本 4 种，分别是十四行残本，旧藏皕宋楼，现藏日本静嘉文库；同十四行元补版残本，藏于北京图书馆；十六行残本 124 卷，亦藏北京图书馆；建阳书坊魏仲立刻残本，旧藏嘉业堂；

（2）元刻本，明国子监根据元版修补印行；

（3）明刻本 3 种，分别是成化年间（1465—1487）国子监刻本，万历年间（1573—1620）北京国子监二十一史本，明末毛晋汲古阁十七史本；

（4）清刻本多种，乾隆四年（1739）武英殿刻本，附宋董冲《唐书释音》25 卷。殿本又有各种翻刻本、影刻本、排印本、缩印本以及五局合刻本、开明二十五史本等；

（5）商务印书馆百衲本，以静嘉堂本为主，配合"北图""双鉴楼"及"嘉业堂"藏本，保存了《新唐书》旧刻的真面目；

（6）中华书局标点本，1975 年版，底本用百衲本。2000 年，中华书局又推出了简体横排本。

笔者无条件遍校《新唐书》流传的所有版本。但是从 1975 年中华书局版《新唐书》校点和成书过程去考索，或者可以从中探索出一些蛛丝马迹来。中华书局版《新唐书》在"出版说明"中说："这次校点，以百衲本（影印北宋嘉祐十四行本，残缺部分以北宋十六行本、南宋十行本补）为工作本，参校了北宋闽刻十六行本（影印胶卷残本）、南宋闽刻十行本影印本（缺四十多卷）、汲古阁本、殿本和浙江书局本。"① 由此可见，1975 年中华书局点校本《新唐书》就是以最早刻于北宋仁宗嘉祐版《新唐书》为底本（现存 8 卷），参考北宋十六行本（现存 124 卷）、南宋刊十行本（现存 2 卷）校补而成的。这是目前影响最大、质量最高、最接近于宋祁、欧阳修《新唐书》初版原貌的版本，因此也就更具有权威性。

---

① 《新唐书·出版说明》，见《新唐书》第 1 册，中华书局 1975 年版，第 2 页。

中华书局版《新唐书》既以百衲本为工作底本，便必然以商务印书馆当年出版的百衲本"二十四史"中的《新唐书》为工作底本。要弄清关于张九龄开凿大庾岭路时间致误的源头和致误之由，可从百衲本的校勘入手，参考百衲本当年的校勘情况，或可寻得线索。现在，《百衲本新唐书》已由国家图书馆出版社出版，为我们解决此问题提供了便利。据该书末所附张元济先生所作《新唐书跋》文所述：

"缪艺风前辈得南宋建安魏仲立所刻《新唐书》，其后归于余友刘翰怡。版印极精，余既假得摄影，凡阙四十余卷。求之数年，卒无所遇。戊辰东渡，观书于静嘉堂文库，睹丽宋楼陆氏旧藏小字本半页十四行，行二十五字，堪与《旧唐书》相耦。亟思印行，顾有残缺，然以天禄琳藏本，亦云行密字整，且诸家藏印如李安诗、如钱唐梁氏、如梅谷款识皆同，私意必可版合。乃乞影携而故宫之书又已无存。复丐北京图书残帙补之，犹不足。适书肆以别一残宋本至，为商邱宋氏故物。视陆本每半叶仅赢二行，行增四五字，喜其相近，亟留之。凡陆本所无及漫漶过甚者，均可挽配，然犹缺表之第八九卷，又原目亦仅存五页，不得已更缩刘本以足之，于是此书全为宋刻矣！陆氏本避讳及英宗止。仪顾堂题跋定嘉祐即进书时所刻并北京配本存本纪十卷、志五十卷；表十三卷；列传一百十四卷；又子卷六其足以纠正殿本者。"[①]

元济先生在《跋》文中还以大量篇幅介绍各本纪、志、传等异文，可见他是亲自校勘，嘉惠学人多矣。读斯文，想见元济先生为存国史之原貌而呕心沥血之状，实在令人感佩至极矣！亦可见张元济先生治史之严谨，功力之深厚，校勘之精审，真乃后人学习之楷

---

① 张元济：《新唐书跋》，《百衲本新唐书》下册，国家图书出版社2014年版，第1619页。

模也!

我们还可以参考商务印书馆《百衲本二十四史的校勘记》,该书已经整理出版,为我们提供了阅读的方便。根据署名张元济著、王绍增整理审定的《百衲本二十四史校勘记》之《新唐书校勘记》上册所载《新唐书校勘记整理说明》:"《新唐书校勘记》原稿共计十四册。其中前六册为定本,以宋本为底本,殿本为对校本,宋大字本、明北监本、明汲古阁本为参校本"。[①] 这里所说的"殿本"即是清乾隆武英殿本。查该书第133页"地理志第三十三上"韶州始兴条的校勘记中,开凿大庾岭路时间,宋底本为"开元十七年",宋大字本、汲古阁本同,而殿本、北监本则十七年之"七"为"六",即"开元十六年"。[②] 可见,作为底本的宋本和宋大字本、汲古阁本,均同为"开元十七年",即北宋的两个版本《新唐书·地理志》中关于张九龄开凿大庾岭的时间,均记为"开元十七年",百衲本和1975年中华书局点校本《新唐书》关于开凿大庾岭路时间之误源于北宋《新唐书》初版。而武英殿本、明北监本均为"开元十六年",亦源流清楚。至于北监本何以致误,则难以详知了。由此可知,关于张九龄开凿大庾岭路时间"十七""十六"的异文在明代所刻北监本中即已产生。或者可以说,关于张九龄开凿大庾岭路时间之误最迟也产生于明代的北监本《新唐书》,乾隆武英殿本只不过是承袭了明朝北监本的说法而已。

附及,中华书局版《新唐书》这个《出版说明》所言,也有一些遗漏。即未明确包含《新唐书》在内的百衲本二十四史是由主持商务印书馆的张元济先生亲自校勘,并由商务印书馆首先出版的。

[①] 张元济著、王绍曾整理审定:《百衲本二十四史校勘记·新唐书校勘记》上册,商务印书馆2004年版,第1页。

[②] 张元济:《新唐书跋》,见《百衲本新唐书》下册,国家图书出版社2014年版,第1619页。

据张元济著、王绍曾审定的《百衲本二十四史校勘记》一书所载顾廷龙《序》说："海盐张菊生先生……所撰校勘记百数十巨册，""令人深感遗憾者，先生校勘记二十三种，中华书局于1960年点校《二十四史》久假不归，迄至1987年商务建馆九十周年举行先生诞生一百二十周年学术研讨会，经（顾廷）龙及王绍增先生多方呼吁，中华始于1990年清还《史记》、《汉书》、《后汉书》、《三国志》、《宋书》、《南齐书》、《梁书》、《陈书》、《魏书》、《隋书》、《南史》、《旧唐书》、《新唐书》、《新五代史》、《金史》等十五种。1992年又继续清仓，归还《宋史》一种，共计十又六种，尚有《晋书》、《周书》、《北齐书》、《北史》、《旧五代史》、《辽史》、《元史》等七种迄无消息，无从追踪。"① 王绍曾《百衲本二十四史校勘记整理缘起》中亦有同类说法。②

笔者原以为1975年中华书局版的点校者们震于作为主要工作底本的北宋各版《新唐书》的权威性，也可能未读过张九龄《开凿大庾岭路序》，对于北宋《新唐书》底本"地理志"中的张九龄开大庾岭路之误，根本就无所察觉，也就按照北宋本保留下来。查中华书局版《新唐书》"地理志"七，确实没有关于此条的校记。台湾学者詹宗祐《点校本两唐书校勘汇释》是一部研究中华版新旧《唐书》点校问题集大成的著作。对于两《唐书》中志、表、列传校点的研究集中在其下册中。其对《新唐书》"地理志"校点的研究，亦未涉及张九龄大庾岭路开凿时间之问题。③ 或者可以证明此推测，又或者是点校者们所依据的两宋各本并无异词，后来的乾隆武英殿《新唐书》虽有异词，但依据不明，因此未予改正。这种情况在古书校勘

---

① 顾廷龙：《序》，见王绍曾：《新唐书校勘记整理说明》，张元济著，王绍曾整理审定：《百衲本二十四史校勘记·新唐书校勘记》上册，第3—4页。

② 张元济著，王绍曾整理审定：《百衲本二十四史校勘记·新唐书校勘记》上册，第133页。

③ 詹宗祐：《点校本两唐书校勘汇释》下册，中华书局2012年版，第628页。

中，确实存在。如张舜徽先生所言："能够多得宋刻旧本书，并不是一件坏事；但不要盲目地迷信它，这是校书工作中必须注意的问题。如果认识不到宋本书也还存在着一些错误，无原则地去迁就它，这和玩古董，有什么不同？"①对于宋本文字，即使确知其误，也一仍其旧，固然保留了就可原貌，但仍然可能贻误后人。由此，笔者原先关于《新唐书》之误源于未读张九龄《开凿大庾岭序》的推测也不一定完全符合实际。当然，校勘旧史，是以保存旧貌为依归，还是以求真求实为指南，也是一个可以讨论的问题。如果证据确凿，而旧史有误，尽管旧史源流清楚，可不可以改正过来？值得研究。笔者认为，至少可以在校勘记中标示出来，以引起后人注意。如中华书局版将"十七"改为"十六"，既属于以误改误，又未在校记中说明。包含《新唐书》在内的百衲本二十四史本有校记，但百衲本《新唐书》中亦未出校记，也带来麻烦。好在商务印书馆2004年4月正式分别出版了《百衲本二十四史校勘记》中各史的校勘记，弥补了这一遗憾，确实嘉惠学林，是史学界一件盛事，值得赞扬！

据王绍曾《新唐书校勘记整理说明》："《新唐书校勘记》即用配补宋本为底本，以清乾隆武英殿本为对校本，而以嘉业堂所藏闽刻大字本、明北监本、明汲古阁本、日本照小字本等为参校本，分别简称为大、北、汲、小。凡校勘记内未注大本者，均系大字本阙卷，不再逐一注明。"②由此可见，张元济先生等校勘《新唐书》，采用的是以史校史的方法，其体例确定后，即使知道张九龄《曲江集》的存在，但因未将史书之外的文集纳入参校范围，则即使读过张九龄《开凿大庾岭路序》，实际上也无可能依据张九龄自述，把"开元十七年诏张九龄开"改为"开元四年诏张九龄开"。

---

① 张舜徽：《中国古代史籍校读法》，商务印书馆2009年版，第160—161页。
② 张元济著，王绍曾整理审定：《百衲本二十四史校勘记》，商务印书馆2004年版，第1页。

王绍曾先生还说："近人论校书之法，有死校，有活校。所谓死校者，据此本以校彼本，一行几字，钩乙如其书；一点一画，照录而不改，虽有误字，必存原文。顾千里广圻、黄荛圃丕烈所刻之书是也。所谓活校者，以群书所引，改其误字，补其阙文，又或错举他刻，择善而从；版归一式，卢抱经文弨、孙渊如星衍所刻之书是也。斯二者，非清代校勘学家之秘传，实两汉经师解经之家法。先生（张元济）校史，以死校为主，而参以活校，兼善卢、孙、顾、黄之长而交相为用。罗各本之异同，存各本之真面；而又斟酌是非，择善而从。此实集校勘家之大成，继卢孙、顾、黄之后而独辟蹊径。"[①] 王先生作为曾参与张元济校勘二十四史大役者，所言自然见地深刻，符合实际。虽然如此，所校仍存些微如张九龄开凿大庾岭路时间之瑕疵，亦在所难免之事也！

经过以上考索，现在似乎可以说，中华书局点校本《新唐书·地理志》关于张九龄开凿大庾岭路为"开元十七年"之误的源头，确实可能来源于宋祁、欧阳修所修的《新唐书》，极可能书成之后进献的初版中即存在此误。

中华书局版《新唐书·地理志》致误源头已明，清武英殿本致误之源头乃明北监本亦已明白。可见，今人纠结这两个版本何以一云"开元十七"，一云"开元十六"的症结，在于误以为自古以来《新唐书》只有一个流传系统，而其实《新唐书》是以多个系统版本流传的；也在于未曾认真阅读和研究1975年中华书局版的《出版说明》。

现在我们已经确知此二说皆误。至于致误之由，现在实在难以确定。推测可能由于编撰者未读过《张九龄集》(《曲江集》)，也就未曾读过张九龄《开凿大庾岭路序》一文。即使名望再高的学者，

---

① 张元济著，王绍曾整理审定：《百衲本二十四史校勘记·新唐书校勘记》上册，商务印书馆2004年版，第10—11页。

即使知道有此书，也不可能要求他们全都读过古人文集，这不仅当时如此，今天依然。何况欧阳修、宋祁等修书者官居高位，事务繁冗，不可能全力著述，作为主纂者，亦无力对全书文字作全面复核；也还可能他们也如乾隆版《南安府志》的主编者蒋有道一样，认为只有官位较高者，即掌握足够的人财物支配权力者才可能完成开凿大庾岭路这一当时的巨大工程。加上开元十五年（727）三月张九龄任洪州刺史，开元十八年（730）才离任，这个时间段与他们的预期大致相符，因此认为张九龄开凿大庾岭路的时间应该在开元十六年、十七年间。又因为张九龄修路时间是在冬季，而他开元十八年七月即已离任，该年不可能修路；而开元十五年刚刚莅任，诸事忙碌，亦无暇顾及修路之事，也在情理之中。由此，开凿大庾岭路的时间，只有在开元十六年（728）与开元十七年（729）之间。由张九龄在《开凿大庾岭路序》说他修路"冬十有一月""岁已农隙"，"役匪逾时"可知，古时修造事宜，既需请旨，又需不误农时，是有严格工期要求的。如工期为三个月，开工于开元十六年十一月，完工时已在第二年即开元十七年正月了。如此，则无论讲张九龄"开元十六年"或"开元十七年"开凿大庾岭路，均无大误。如无张九龄《开凿大庾岭路序》一文明确说开凿大庾岭路的时间是开元四年，则这个推测也自在情理之中，或者可成定论。同时也可能是他们所持的校勘思想、依据的校勘原则是以史校史，也就是以不同时期的同一书名的史书拿来互校，记录异文，择善而从；或者以成书更早的史书为依归，来确定取舍。至于其他书籍材料则不在参考之列。这或许就是《新唐书·地理志》编撰者致误之由吧！一家推测之言，未必准确，望各位方家指正。

附录

张九龄像

摘自《四部备要·集部·曲江集》,上海中华书局据祠堂本校刊。画像后附张岳题记:"曲江小像一幅。嘉靖甲辰夏,岳购得之吉永丰同姓人家。以示知画者,谓为吴道子真迹。道子与公同时,像右傍有中书省印,或公在中书时,为写此像,虽风度凝远,而凛然严峻,有不可犯之色,望之知为正人君子也。"

唐故尚书右丞相、赠荆州大都督、始兴公阴堂志铭并序[1]

太中大夫　守中书侍郎　集贤院学士　东海县开国男徐安贞撰

公姓张氏，讳九龄。其先范阳人，四代祖因官居此地。公诞受正性，体予自然，五行之气均，九德之美具，才位所底，不亦宜欤！盖所阙者，降年之数不延，苍生之望未足耳。源以秀才，没赠都督，历任典[2]诏翰，居连率，自中书令而迁端右，凡十八徙焉。序夫官次，存乎事迹，列于中原之碑，备诸良史之笔矣。公之生岁六十有三，以开元廿八年五月七日薨，廿九年三月三日迁窆于此。韶江环浸，浈山隐起，形胜之地，灵域在焉，神其安之，用永终古。

呜呼！嗣子拯号诉周逮，而谋远图，刻他山之石，志于玄室，人非谷变，知我公之墓于斯。

铭曰：

龟筮从兮宅其吉，山盘踞兮土坚实。呜呼！相国君之墓，与气运而齐毕。

---

[1] 录自翁方纲著，欧广勇、伍庆禄补注：《粤东金石略补注》，广东人民出版社2012年版，第446页；又见《曲江文物考古五十年》下册，中国评论学术出版社2008年版，第68、73—74页。

[2] 按墓碑文字，"典"字后或缺三个字。

张文献公本传[①]

张公九龄，字子寿，曾祖君政，韶州别驾，因家焉，今曲江人。政生剌令子胄，胄生索卢丞弘愈，愈生九龄。其夕母梦九鹤盘天而下，故名。幼聪慧，七岁知属文。年十三，上书广州刺史王方庆。嗟赏曰：此致远器也。会张说谪岭南，一见厚遇。弱冠乡试，考功郎沈佺期尤所激扬。景龙元年擢进士第二人，授校书郎。元宗在东

[①] 本文录自上海中华书局据祠堂本校刊之四库备要本《曲江集》。所谓祠堂本，应是清雍正十二年韶州张氏家族据成化本整理校定所刻。书首附有自明万历以来多次刊刻之序言。该书序言第一篇署名为"钦命广东承宣布政使武遂后学渠"，于雍正十二年所书。另有时知韶州事桐城姚孔锌、其前任"燕山后学袁安煜"所撰序文。还有署名为"浙西嘉禾宗裔宗栻"撰"文献公集书后"，署名为"番禺后学韩海"撰《张曲江公文集序》等。尤以韩海叙刊刻该书缘由为详。韩海云："公集自前朝丘文庄在馆阁群书中录出始有传，书国初东莱周公分枭南韶重刻于郡，然尚多残缺。今公之裔孙振文兄弟始出家藏善本，重剞劂之，举坠绪而振遗徽，岂徒以文章膏馥沾丐后贤哉！亦俾有志思以自镜立身，能如公欤？"可见这个祠堂本即此本。又据晁公武《郡斋读书志》卷第十七记"张九龄《曲江集》二十卷"，"集后有姚子彦所撰行状，吕温撰真赞，郑宗珍撰谥议，徐浩撰墓碑及《赠司徒敕》《辞》。"（见上海古籍出版社2011年版，下册，第839页），可见这篇本传，或为姚子彦所撰。又据孟二冬《登科记考补正》卷八，姚子彦为开元二十六年中文词雅丽科，又于开元二十九年中"明四子科"进士，与元载、靳能、冯子华同科（见《登科记考补正》上册，北京燕山出版社2003年版，第332、341—342页）。独孤及《唐故秘书监赠礼部尚书姚公墓志铭并序》记其云："有唐秘书监、永安县侯姚公讳子彦，字伯英……初举进士，又举词藻，皆升甲科。尉清苑、获嘉、永宁三县。开元二十九年诏立黄老学，亲问奥义，对策者五百余人，公与今相国河南元公载及广平宋少员等十人以条奏精辩，才冠等列授右拾遗内供奉，历左补阙"，又迁殿中侍御史、礼部员外郎、礼部郎中、知制诰、中书舍人、太常少卿等职。天宝之乱后任除拜太子右庶子、中书舍人、礼部侍郎、光禄卿、左散骑常侍、加银青光禄大夫、复知制诰、广德二年授秘书监。大历三年四月某日薨，寿七十有八"（见独孤及：《毘陵集》卷十一，上海古籍出版社1993年版，第84页），其初中进士则时间失载。陈振孙《直斋书录解题》卷十六则记姚子彦为"樊子彦"（陈振孙著，徐小蛮、顾美华点校《直斋书录解题》下，卷十六，第468页，上海古籍出版社2015年版），但新旧《唐书》无此人，唐代其他资料亦未见，当误。又，上海中华书局四库备要本《曲江集》无郑宗珍撰谥议文，或翻刻时有所删减。

宫，举文学士，以道侔伊吕科对策高第，迁左拾遗。时帝即位久未郊见，九龄上言："继统之主，首重郊祀，报所授也，陛下绍休圣绪，于今五载，未行大报，不可以训。"帝嘉纳之。随迁左辅（补）阙。龄精藻鉴，尝与选部品第人才，每厌众望。开元十年，迁司勋员外郎。张说为相，尤亲重之，称为后出词人之冠。寻擢中书舍人、内供奉，封曲江男。帝封泰山，说多引所亲及录事、主书官，超迁至五品。龄当草诏，谓说曰："官爵者，天下之公器，德望为先，勋旧次焉。今登封沛泽，千载一时，而清流不沾恩，胥吏独滥章黼，恐四方失望"，不听。俄为宇文融等所诋，几不免。龄亦改太常少卿，出为冀州刺史。以养母求罢改洪州都督，转桂州兼岭南按察选补使。明吏事，面决是非，口成案牍，狱无轻重，咸得其平。始说知集贤院，荐龄可备顾问。说卒，帝思其言，召为秘书少监、集贤院学士。帝临朝，见九龄风仪秀整，挺出百僚，顾左右曰："每见九龄，令人精神顿生。"会赐渤海诏，当草者不副帝意，乃以属龄，对御为文，无俟草稿诏成，大见赏曰："比以卿为文学之士，不知有王佐之才。他日相卿，当以经术济朕。"即擢工部侍郎、知制诰。尝曰："九龄文章独步本朝，朕日夜师之，不得其一二，真文场之元帅也！"帝于勤政殿作七宝山座，高七尺，诏诸学士讲经义，谈政务，胜者升焉。惟龄议论风生，得升此座。时论钦美。性至孝，幼居父丧，庭木连理。后屡乞归养，不许。移其弟九皋、九章官岭南近地，听给驿归觐。寻转中书侍郎，以母哀去。毁不胜衣。二十一年冬，夺哀征拜中书侍郎同平章事，明年迁中书令，封始兴伯。时天长节，百僚上寿，多献金宝，惟龄进《千秋金鉴录》。具陈前古兴衰，帝优异之。会范阳节度张守珪以斩可突干功，帝欲征为侍中，龄曰："宰相代天理物，惟贤是授，安可赏功？"帝曰："假其名，若何？"对曰："名器不可假。"遂止。吏部侍郎李林甫奏对称旨，欲相之。龄曰："宰相系国安危，陛下相林甫，恐异日为社稷忧。"不听。

林甫无学术，忌龄文行见重于帝，乃引牛仙客为尚书，与政事，龄奏曰"尚书古纳言，唐家多用旧相，不然选有德望者为之。"无何，欲赐仙客实封，龄又曰："汉法：非有功不封。唐遵汉法，太宗所制也。边将积谷帛，缮器械，固常职耳，何必裂土乎？"帝怒曰："岂以仙客寒士，嫌之耶？卿故素有阀阅哉？"龄顿首曰："臣荒陬孤生，陛下过听，以文学用臣。仙客擢胥吏，目不知书。韩信淮阴以壮夫，羞与绛灌伍。陛下必用仙客，臣实耻之。"帝滋不悦。翌日，林甫进曰："仙客宰相材也，何有于尚书哉！"帝意决用仙客。九龄既戾旨，因帝赐白羽扇，献赋自况，虽见优答，竟以尚书右丞相罢政事而相仙客，封陇西郡公。自是朝士多持禄养资矣。武惠妃谋陷太子，龄力持之。妃致语曰："公若相援，相位可长处。"龄作曰："宫帷安得有外言！"辄以闻，帝为动色。故九龄在相而太子不摇。所进皆正人，常荐周子谅为谏察御史，子谅论仙客，语延谶书，杖流瀼州，九龄坐贬荆州长史。在荆数载，益修忠悃。开元二十八年春乞归展墓曲江，五月遘疾，卒年六十有八。帝闻讣震悼，赠荆州大都督，谥文献。九龄文章冠一时，谔谔有大臣节，天下称曲江公而不名。自龄去后，公卿荐人，必曰"风度得如九龄否？"帝初爱龄学行，言听计从。后倦勤思逸，故龄上《金鉴录》，极言得失。虽阳嘉赏，内实嫌之。其友如严挺之、袁仁敬、梁升卿、卢怡、裴光庭、韩休，皆道义相交，始终不渝。初，安禄山以偏校入奏，气骄。龄谓裴光庭曰："乱幽州者，此人也。"及讨奚、契丹败，械送京师，龄奏状曰："穰苴出师，首诛庄贾，孙武教战，先戮宫妃嫔。守珪执法必行，禄山不宜贷死。"帝曲宥之。九龄曰："禄山丧师，不可不诛，且有逆相，弗诛必为后患。"帝曰："卿勿以王衍识石勒，枉害忠良。"卒不听。天宝末，禄山作乱，帝迁蜀，思其先见，辄流涕。下诏褒美，赠司徒，仍遣使曲江致祭，厚恤其家。子拯，有节行。恩荫伊阙令，不屈安贼，擢赞善大夫。孙藏器，本名仲容，补河南寿安尉，仕至校书郎。善楷书，与徐国公浩齐名。次仲举，岭南节度判官。次仲立，弘文生。所著《曲江集》诗赋十二卷，《千秋金鉴录》五卷，《讲经语录》二卷，《姓源谐谱》一卷，共二十卷，海内珍之。

吕温：张荆州画赞并序[1]

中书令始兴文献公，有唐之鲠亮臣也。开元二十二年后，玄宗春秋高矣！以太平自致，颇易天下综复，稍怠推纳，寖广君子，小人摩肩于朝，直声遂寝，邪气始胜，中兴之业衰焉！公于是以生人为身，社稷自任，抗微言而无所避，秉大节而不可夺。小必谏，大必诤，攀帝槛，历天阶，犯雷霆之威，不霁不止，日月几蚀，为公却明。虎而冠者，不敢猛视。群贤倚赖，天下仰息。懔懔乎千载之望矣！不虞天将启幽蓟之祸，俾奸臣乘衅以速致戎。诈成谗胜，圣不能保，褫我公衮，寘于侯服。身虽远而谏愈切，道既塞而诚弥坚。忧而不怨，终老南国。

于戏！功业见乎变，而其变有二：在否则通，在泰则穷。开元初，天子新出艰难，久愤荒政，乐与群下励精致理，于是乎否极之变，姚宋坐而乘之，举为时要，动中上意，天光照身，宇宙在手，势若舟楫相得，当洪流而鼓迅风，崇朝万里，不足怪也。开元末，天子倦于勤而安其安，高视穆清，沛然大满，于是乎有泰极之变。荆州起而扶之，举为时害，动咈上欲，日与谗党抗衡于交戟之中，势若微阳战阴，冲密云而吐丹气，欻辉而灭，又何叹乎！所痛者，逢一时，事一圣，践其迹，执其柄，而有可有不可，有成有不成。况乎差池草茅，沉落光耀者，复何言哉！复何言哉！

曹溪沙门灵澈虽脱离世务，而犹好正直，携其图像，因以示余，余观而感之，乃作铭曰：

唐有栋臣，往矣其邈。世传遗像，以觉后觉。德容恢晏，天骨

---

[1] 《吕衡州集》，四库唐人文集影印本，上海古籍出版社1993年版，第70页。

峻擢。波澄东溟,日照太岳。具瞻崇崇,起敬起忠。貌与神会,凛然生风。气蕴逆鳞,色形匪躬。当时曲直,如在胸中。鲲鳞初脱,激海以化。羊角中颓,摩天而下。无喜无愠,亦如此画。呜呼为臣,傲尔夙夜!

明韶州府、始兴县方志所见张九龄及其亲族资料汇集

韶州古方志，指的是韶州（现广东省韶关市）市域（含原南雄府及现韶关市所辖曲江、始兴）的古方志。我所掌握的这类地方志书，现有十种。即明嘉靖《南雄府志》、明嘉靖《始兴县志》、清康熙《韶州府志》、清康熙《曲江县志》、清乾隆《南雄府志》、清乾隆《始兴县志》、清道光《直隶南雄州志》、清同治《韶州府志》、清光绪《曲江县志》、民国《始兴县志》。

这些方志中记录了大量与张九龄及其亲族相关的材料。包括张九龄亲族的生平事迹、居所、墓地、碑铭以及张九龄兄弟后裔的大致情况，其中有些说法为正史所无。虽还需要进一步考证，但提供了研究的材料。韶州古方志中还有张九龄的诗文、后人对张九龄的评价与咏叹张九龄的诗文。应该说，这些对于研究张九龄，继承张九龄精神而言，都是非常有用的材料。考虑到清代方志较易见到，这里我把明代方志中这些材料汇集起来，减少后来的研究者翻检之劳，也为地方保护和开发利用张九龄及其家族的遗址遗迹提供依据。我想这应该是有意义的事情。

汇集整理这些文献，主要依据以下原则：

一是以方志编纂的时间为序排列抄写内容。

二是对每部方志的编写情况，均作必要介绍。

三是方志以部为单位，全部抄录完毕后再抄录下一部相关内容。

四是尽可能全面，凡涉及张九龄及其亲族的只言片语，即予以抄录。

五是前志已经记录的事项条文，在后志记录中如新的变化，则据后志全文抄录；内容如无变化，则作存目处理，但标明该条文在

后志中该条所处的位置。

六是对于张九龄诗文和后人所作的相关诗文，如前志已经著录，则对后志相同诗文只记诗文题目，并标明该诗文在后志中所处卷数，有页码的标明页码。

七是对于前志未予著录而后志予以著录的张九龄诗文，依后志全文抄录；对于后志著录的后人所作诗文，予以全文抄录。

嘉靖《南雄府志》

该志收于上海书店版《天一阁藏明代方志选刊续编》第66册，据明嘉靖刻本影印。

该志为吏部进士、郡人谭大初受时太守胡永成命于嘉靖壬寅冬十月[①]撰成。书前有《南雄府志序》文二篇，分别为赐进士通议大夫礼部右侍郎致仕、前两京都察院右副都御使、泰和欧阳铎和奉敕提督学校中顺大夫广东提刑按察司副使、前翰林院庶吉士、莆田林云同所作。该志后还附有宋知州孙崇嘉定庚辰志序、元教授曲江人黄慈孙至元丙子志序（缺）、明知府陈赐永乐甲辰志序、明训导朱昍正统丁卯志序、明知府江璞成化甲辰志序、明知府李吉正德丙子志序，及保昌知县张奎正德丙子志后序和知府胡永成、谭大初为本志所撰《后序》。其后代有修撰，可谓承接有序矣。

全书分为上下二卷。由图、纪、表、志、传组成。其凡例清晰，严谨，可见此志编写体例。

欧阳铎《南雄府志序》（节录）

嘉靖癸未，余领督学广东之命，仲冬之月，遵庾岭而南，道旁松数千章，甚奇古。相传张文献公手植。徘徊久之，抵雄

[①] 明嘉靖壬寅年，即嘉靖二十一年，1542年。

凌江，巳月上矣，舟遂夜发。明年孟夏，乃复至雄，视学有间，上政平楼，望巾山，挹金马，招威凤于东冈，占瑞龙之晴雨。壮哉！五岭之首一大奥区也。尽保昌始兴地，虽不能百里，然而襟百粤带群蛮，内通江汉，外控番夷，屹然南国之纪！考诸前志，秦汉略焉。唐至开元而后，梅关刊木，人文内昭，至于宋元，深矣。（第1-2页）

上卷

纪一

唐

玄宗开元四年丙辰，诏内供奉左拾遗张九龄开凿大庾岭新路。（第40页）

肃宗至德二年丁酉上皇遣中使祭始兴文献公张九龄。（第41页）

表二　选举

唐　进士　才识兼茂科

中宗景龙丁未　张九龄　见传（第131页）

岁贡

宋哲宗绍圣丁丑　张唐辅　九龄十世孙（第134页）

元　进士　至正二十四年甲辰　张洪　始兴人，九龄后。任监察御史（第142页）

始兴儒学　明洪武二十二年　张元用，九龄世孙，南海知县（第157页）

明永乐八年　张本敬，九龄之后（第161页）

志一　墓

唐张文献公墓：在（始兴）县南一百里清化乡。银青光禄御史大夫徐浩神道碑（第216页）

志一　故迹

文献公书堂：在清化乡，九龄未仕时建（第220页）

下卷

志二　亭

文献乡邦，迎春亭右，弘治辛亥，岭南兵备佥事袁庆祥重树文献公开凿岭路碑于此。

大学士丘浚碑阴：岭南自秦入中国，历两汉三国南北朝至于唐，八百八十八年。丞相文献公始钟光岳全气，生于曲江。时唐高宗咸亨四年癸酉也。公生七岁，知属文。十三以书干广州刺史王方庆。是时已为张燕公所知。年三十五登进士第，授校中书郎。盖公长于武后时，不欲仕进女主，即至中宗复辟之三年始出也。玄宗即位之初，又策道侔伊吕科，为左拾遗内供奉。开元四年承诏开大庾岭路。《唐书·地理志》谓开路在十七年，非也！公之气节文章，治功相业，著在信史，百世共知。自公生后，大庾以南，山烨有光。士生是邦，北仕于中州，不为海内士大夫所鄙夷者，以有公也！浚生岭海极南之徼，在公既薨六百八十年后，自知读书，即得韶郡所刻《千秋金鉴录》，已灼知其为伪。既而即史考之，史臣仅著其名，意其遗文必具，求之偏方下邑，无所谓《曲江集》者。年二十七游大学，褊求之两京藏书，亦无。三十四登进士第选，读书中秘，见《曲江集》列名馆阁群书目中。求诸掌故，凡积十有六寒暑，至成化巳（引注：应为"己"）丑（1469）始得之。乃并与余襄公《武溪集》手自录出。是岁丁内艰，南还道韶适乡，友涂曈景旻倅是郡，因留刻于郡斋。公之遗文至是始传。窃睹集中有公《开大庾岭路序》，而苏诜之铭，意当时必有碑刻，岁久磨灭，每遇士夫官广南，势力可为者，辄浼其伐石镌文，复当时之旧，诺之而食言者多矣。今上即位之三年，岭北袁君庆祥由秋官奉敕提督韶雄兵备，临行复申前语，君曰："诺"。又明年，以书抵予，谓得碑石于英山，磨砻已就，将求善书者录公序文及苏氏之铭刻诸阳。属予一言以识其阴。

于乎！天地大势起自西北而趋于东南，大庾岭分衡岳之一支东出，横亘江广之间，自北之南以极于海岛，奇材珍货出焉。战国以来，未始通中国也。秦时始谪徙中原民戍五岭。汉武帝遣将分路下南粤，楼船将军杨仆出豫章、下浈水，疑即此途。然序文谓"岭东废路，人苦峻极，"意者大岭迤东，旧别有一途。公既登朝，始建议开兹路。既开然后五岭以南之人才出，财货通。中朝之声教日远，遐陬之风俗日变，公之功于是为大。后之人循途履迹，息肩古松之阴，与目新亭之下，读遗文，想风度，岂徒若晋人望岘山而思羊叔子哉！万世之后亦有过洛水而歌大禹若昔人者矣！虽然公之功固大而著矣，然使千载之下，往来者临公遗迹而知开凿之功，盖亦有来顿（引注：应为"赖"）于斯碑之重建焉。金事君之功亦不可不纪也！（第 238—241 页）

志下　路

大庾岭路险绝不可登陟，唐开元丙辰内供奉张九龄奉诏开凿新路，斫两崖而中通之。九龄记……。（后著录张九龄《开凿大庾岭新路序》与苏诜铭文全文，见第 252—253 页）

志下　乡贤祠

文献公祠二：一在儒学讲堂东。宋嘉熙己亥教授翁甫㓃（引注：同"创"）。

自记曰：唐丞相始兴县伯赠司徒张文献公有祠在南雄州学。甫谨按图志：公生始兴清化乡，县有丞相户，公子孙在焉。十世孙唐辅元祐间尝贵矣。唐无雄州，始兴县隶曲江。故天下谓曲江公云祠在讲堂之东偏且狭。有像古甚殆敝。甫至拜祠瞻像，退而叹曰：非所以严公也！与学子谋辟宫稍广之。命工更摹公像而柜其故，既奉乃奠。谂于众曰：公忠于君，孝于亲，其教化在人心，功烈在典册。无以记为也。然人可学而能也，其不可学而能者，识安禄山必反，请诛之以绝后患。此公之天资有过人者。唐有国三百年，开元天宝之际，其盛极矣！渔阳发难，海内糜起，涷瑭沸羹，迄于唐末。明皇不以一胡人首易天下，岂非腥德彰闻之验？天欲蓁禄山以啄唐，□乎虽公其若之何？自古儒人之卫世，其投机也，后而契效也。远知者畏愚者，忽不幸如公言而不用，天下受其明惠极害，然后拊膺顿足，悔恨而追思之。幸而用人，不过曰劝。唐室诛一胡雏耳，何足载哉！亦孰知治乱得失之所终归重于彼哉！因是知儒者以一言福生民、利后世者固有矣！世犹以儒言为狂，为讋，为不竑事情，此甫之所谓重叹也。甫来典教是邦，获奉公祀而亲其遗风，故乐为此邦人道公故。（第294—295页）

宝祐丙辰教授赵若铦迁学西。

若铦记（引注：或赵若铦有记之意）

国朝命有司岁仲春择日致祭。宣德甲辰通判郑建、正统丁卯知府述修、成化丙申璞迁大中书院西。弘治戊申林符迁七松堂，嘉靖癸未黄伟迁关王庙，丙申伍箕迁率性社学，即旧东岳庙。

一在梅岭云峰寺。至元至正丁酉达鲁花赤密里沙建。

宣文阁监书博士、金华王余庆记

国朝成化癸卯知府江璞迁寺后。

翰林学士江朝宗记。

翰林学士张以宁诗：儿时曾诵八哀诗，遗诰相传自昔时。空料白头祠下拜，曲江烟雨读唐碑。

（江）璞诗：翠华西出鹤南飞，在国犹安去国危。讨逆若从先辈见，磨崖何有颂功碑！君臣遇合原非易，世代兴亡可尽知！唯有旧时金鉴在，至今留作哲人规。

正德壬申知府张嵿修

布政使吴廷举诗：庾关红翠斗鲜新，采采梅花迎送神。八百年来祠下过，爱公谁是继公人？

庾岭新营丞相祠，两年三度拜公时。明堂正合千年栋，手植高松未厌迟。

岭海于公百世师，云封我得拜新祠。玉环恩爱生无策，金鉴谋猷始见奇。斧凿贤劳径见稳，往来尸祝礼文宜。老松挺挺风霜道，想象明堂正色时。

尚书湛若水诗：文献凿庾岭，功与九河同。河凿免鱼鳖，岭凿免兵锋。无险不负固，割据无奸雄。广民永安堵，要领保善终。岂唯保善终，风气亦渐通，文运日以昌，中土争污隆。有功弘王化，无田俎豆空。家徒千顷者，过此无报容。

郡人王文钦四言：

依依瞻衮，陟彼荒陬。慕公生平，文行俱优。守庐祥应，紫芝白鸠。入相玄宗，汲引名流。慨公忠孝，独步谁俦？

翘翘瞻衮，凤慕名公。道侔伊吕，科第声隆。轻缣素练，词翰之宗。嘉猷入告，大节孤忠。江南首相，发轫谁同？

亭亭瞻衮，于彼云端。衮绣辉煌，威仪伟观。饶彼良工，莫状心丹。唯岭之松，挺挺岁寒。公之节操，可以等看。

遥遥瞻衮，于彼高冈。衮衣何在？唯德之香。凿山通粤，松荫道旁。公之德教，华夷肃将。矧公乡人，谁不齐庄？

赫赫瞻衮，于彼山巅。衮衣章甫，称我乡贤。风度峭直，望之凛然。述古兴衰，金鉴一编。羯胡之乱，明炳几先。

明明瞻衮，逝想斯人，斯人已矣，风声日新。在唐风采，屡见批鳞。谁令相业，弗究四春？公出甫入，之乱攸分。

迟迟瞻衮，百世垂休。开元相业，黼黻皇猷。献忠忤旨，肆谪荆州。鸿飞邈矣，芳声悠悠。宸思遗直，赍祭家丘。

肃肃瞻衮，载拜祠前。公如有见，令闻千年。光前振后，世德绵延。乡十大夫，薰公之贤。逸驾迥矣，缅想茫然。

右瞻衮八章章十句。（第297—298页）

嘉靖辛丑按察使临海侯缄《谒祠喜交南归□诗》：开元相业岭南祠，从此胡尘向内吹。正气迥随花萼谢，英风长系草茅思。中书腹剑容仙客，戚里金刀护禄儿。一曲霓裳兵四海，九原可作岂胜悲。

霜风满路尽无尘，圣王恩深自至仁。边围兵戈归督府，南夷声教属王人。苞茅不染猩红血，梅树先含萼绿春。按辔庾关谒先哲，万方送喜往来频。（第298页）

唐张文献公祠在儒学讲堂东
宋十大夫祠在讲堂西俱宋嘉定乙卯县令赵彦偓枊（创）

主簿张庚记：绘像立祠，思贤也。立祠于学，风励后人也。夫天之生贤，固不数而谓之贤者，必孝于事亲，忠于事君。临大节而不可夺。朝廷必为轻重，天下系其安危。虽其人已殁，其事寖久，闻其名，想其人，百世之下如将见之。则夫扶持正论，兴起人心，舍斯人吾将安仰？粤唯有唐丞相文献公，生于始兴之律水，始隶曲江。公先封始兴伯，开元后天下称曲江公而不名。律水在始兴邑之南，其地石峭水清，风气爽豁，意公钟山川之秀，风度醖藉，故以文章勋节著名。膏馥沾溉，气类感召，至于我宋，是邑人才辈出，许致许牧（嘉靖《始兴县志》作彦博），父子同显；邓戒邓闢，兄弟联芳。谭焕（嘉靖《始兴县志》为许牧，当以州志为实）以八行居甲科，邓酢由万言至秘阁。跻华显而登仕版者，有十大夫之称。同时还乡，闾里荣之。虽庠序教育使然，亦遗风余烈所及。有如文献公之文章勋业，载在史册者（引注：嘉靖《始兴县志》无"者"），如（引注：嘉靖《始兴县志》作"若"）其青天白日，人皆知之。是祠之立，姑叙其尤大彰明者。公七岁能属文，十三以书干王方庆，已有致远之称。应道侔伊吕科，授（引注：嘉靖《始兴县志》作"受"）左拾遗，丞相张燕公（引注：嘉靖《始兴县志》作"说"，应以州志为妥）荐之可备顾问，寻迁中书。以母丧居制，不胜哀毁，孝诚所格，紫芝产（引注：嘉靖《始兴县志》作"生"）坐侧，白鹤巢于木（引注：嘉靖《始兴县志》"于木巢"）。天子思得贤相，夺哀拜同平章事。自是言论不绝，抑守珪之滥赏，罢仙客之实封，察胡雏之逆相。犯颜逆耳，不避权要。虽贬谪于外，以文史自娱，未始戚戚婴望。迨渔阳之变，天子在蜀，思公之忠，为之泣下。遣使祭于韶。厚币恤其家。已噬脐矣！呜呼！公之诚孝可以动天地，精忠可以贯日月，奈何朝有指鹿之奸，国弃婴□（引注：嘉靖《始兴县志》作"鳞"）之士。辛抱逢干之忠于地下，良可悲也！

曲江与南雄俱有祠而始兴阙尔不立。乙卯之春，令佐诣学，与职事诸生语曰：昔文翁守蜀，吏民为立祠，自是蜀人多好文雅；韩文公谪守潮阳，潮人师事之，至今文风为之愈盛。况文献公生于是邦，而十大夫皆先达名士，可不绘像立祠而使后人起敬起慕也（引注：嘉靖《始兴县志》作"起敬慕耶"）？于是合辞称善。邑宰赵侯彦偃首为之倡，庚继赞其事，职事陈南翼各任责宣力（引注：嘉靖《始兴县志》本句作"诸执事咸任责宣力"），由是乡老闻而作兴，父庆其子，长励其幼，聚金鸠财，乃相讲堂之东，偈（引注：嘉靖《始兴县志》无"偈"）为文献祠，于右为十大夫祠。不阅月而已。貌像丹青，俨然山立，几筵陈列，高下有序。笾豆既嘉，衿佩翼趋。合以燕乡，来观济济。莫不慨想遗风而愿学焉！

呜呼！自唐至宋，寥寥千百（引注：嘉靖《始兴县志》无"百"）载，是邑岂无令佐之贤，乡曲之英，奉祠致敬，而愍愍至于今日（引注：嘉靖《始兴县志》为"至今"）？若赵侯可谓知所先务，其用心贤矣哉！今既落成，职事诸生来言（引注：嘉靖《始兴县志》无"来言"二字），愿刻诸石，属庚为记，屡辞不获已（引注：嘉靖《始兴县志》为"辞未获已"）。采摭公之行事，书于前矣。然赵侯勉励诸生之心，迨不止是也。昔阳城为国子司业，引诸生而告之曰：凡学者所以学，为忠为孝也。诸生肄业学校，平日讲明论辩，无非有用之学，岂特工于言辞章句之末哉！要必有以为之本者。夫子曰：事亲孝，故（引注：嘉靖《始兴县志》无"故"）忠可移于君。而（引注：嘉靖《始兴县志》无"而"）《礼》经亦曰（引注：嘉靖《始兴县志》作"礼曰"）：忠臣以事其君，孝子以事其亲（嘉靖《始兴县志》两句为忠主以事君，孝子以事亲）。其本一也。司业与文献俱以忠孝立身，卒为唐之名臣。能因是而考，二公之行事，究二公之用心，好学力行，其（引注：嘉靖《始兴县志》为"期"）无愧于为子与臣（引注：嘉靖《始兴县志》作"为臣子"）之节。异时弹冠王朝，直节凛凛，开元遗范，轨迹可遵。乃赵侯立祠之本意。并书以勉后人云。（第310—314页）

国朝正统丁卯训导黄绶修（久废）嘉靖甲申知县高辅即文献公书堂遗址构祠八楹，置祭田一十八亩。

监察御史庐陵黄国用记：盱江高侯世助，筮仕始兴逾二年，政成民裕可议制。乃按图志，慨然怀古曰：维古在昔，维兹邑僻。维山川明丽，用笃生闻，人胜兹邑，张文献公其人也，史谓生有荣号，没见奉祀。而乡先生没，可祭于社，公不当祭法与？今累阅世纪，实乏专祠。实为邑缺典。实遗小子责。遂询诸老长，得公书堂遗址没为寺者。辟地去秽，撤故宇而新之。构堂八楹，设主其中，以岁春秋仲月祀侯。虑曰："祠须需世世祀也，弗需今可祀也。"乃节缩，与隶金二十两，贸民田八亩，割废寺田一十亩，岁赋之以供祠费。白于邦君，伍公翼之弗尼。提学欧阳公实尸之，谓侯曰："兹举宜传。传奚若托诸石永也。"时国用待罪莲塘，高侯将公命檄，为识之。

尝读唐史，有感于君臣遭际之难矣。公自左拾遗以至为中书令，中间为姚元之之疏，千秋金鉴之献，与夫奏开梅关岭路，议复水屯，其学政有如此者。沮守珪仙客之拜相，知禄山林甫异日必为社稷忧，其明哲有如此者。而取其大焉者，如不奉废三子之诏，叱官奴牛贵儿之请，其言曰："太子天下本，本不可轻摇"。凛然万世之防也！论者谓其识高而见明，虑远而忧大，为唐家一代大臣，岂疑词哉！奈何明皇信任未久而摈斥之？旋继兹非大，有所陷溺其心者，不尔焉矣！及其薨也，间关蜀道，追思公之先见，遣使吊祭，立祠曲江，铸铁胎以祀之，繄亦晚矣！信夫！上下之交，良维艰哉！公去今历千三百余年所，而高侯仰止景行之心，乃惓惓然。兹固崇德象贤，翊我皇风，载礼笃远，式甄民俗。仕于此邑者，宜业师焉；士于此邑者，德业师焉，风俗有不厚哉！桐乡之祀朱邑，罗池之祀子厚，其知是宜也夫！独念昔狄梁公之祀，李邕记之焉，宿以为愧。顾余荒落，何敢为公役哉！虽然，公当时得贬荆州者，以荐御史周子谅故也。愚无以俟命岭表，亦以朋友之谊尔。平生大致，安敢望公后尘？而偶尔一节，庶几公之影响。兹记固不敢辞。高侯名辅，助其宇。江西广昌人。以年贡起家。其在邑也，尝新文庙，表贞媛，清册籍，等田赋，足以厌士民之心，沛誉于当道。他日固当有纪之者。兹可略。若其祭田丘段，佃人姓名，俱当书于碑阴，以训夫来者。（第314—316页）

志下　乡贤祠在启圣公祠右。祀唐丞相张九龄、殿中监张九皋、伊阙令张拯、宋韶州签判丘必明。（第322页）

始兴县儒学：随县治迁徙不常。嘉定志：在县东（教授朱仲河记）。元治：在郭头。毁于兵。天历间郑康斗迁县西，即今地。庐陵刘岳申记（略）元统间县尹杨奋坚创堂庑仪门。元际兵毁。皇明洪武辛未知县颜孝先、教谕汪仕博重创。正统丙辰知县翟琳修、丁未提学佥事彭琉塞前后路、壬戌知县韦义增创号房、景泰癸酉知县欧琳修堂斋、天顺己卯知县苗实修殿庑、成化甲辰知府江璞、弘治丁巳知县夏舜修、嘉靖丙戌知县高辅辟而新之。（第326—328页）

都御史大庾刘节记：嘉靖六年四月八日，始兴县学重修告成，生员彭贵执状晋曰：始兴创邑在昔，创学在昔。逮国初首建焉，圮坏久矣。比者重建修为大成殿，崇祀素王，配哲咸具，东西为庑，列享诸贤。前为戟门，又前为棂星门。庙后为明伦堂。博士弟子升而讲学焉。东西为斋，博士弟子分而肄业焉。最前为门，曰儒学堂。后为博士廨宇，后为诸弟子息舍。祠祀乡贤，张文献公附焉。（后略，第328—329页）

乡贤祠在庙门右。祀唐文献公张九龄、宋文襄公余靖、朝散大夫谭焕、皇明都御史陈德文。俱嘉靖丁酉知县何亨祥创。按文献公生于清化乡律水上，宋时县有丞相户，至今子孙家焉。书堂丘墓俱存，其曰曲江公者，唐无雄州，始兴隶曲江也。今清化属始兴，则文献公固始兴人矣。宋嘉定乙卯县令赵彦偃创文献公祠于儒学讲堂东，创士大夫祠于讲堂西。主簿张庚记之。士大夫中无所谓余安道者，则余固韶人耳。祭非其地，神其吐之。（后略，第331—332页）

志下　殊选　元

张搏霄，襄阳人。至顺五年路总管。持身廉介，政尚宽平。有修学功，既去，民立碑颂之。

《学录》：公古汴襄邑人。名搏霄。少为淮西宪史，以才贡补，累迁堂掾。调怀孟理推，复迁大都别驾，以能政著。来治雄，识大体，初谒学宫，顾弗称，辟两庑，刊饬从祀百有五，朔望升堂，亲领教官弟子讲授经术，喻以学规，复锈梓唐张文献公实录。常举其大忠大节，从容勉诸生。二月望，劝农于郊，躬执诸侯来图，豳风之诗，为百姓劝。（后略，第354—355页）

志下　传二　乡贤

古称乡先生没，可祭于社。谓其进有益于时，退有闻于后也。名臣如张，尚矣！其他智以谋，直以谏，惠以牧，廉以风，文足以润身，行足以善俗，绍烈嗣，闻镜观而善，固一乡之士也！君子其无求备云。（第377页）

唐　张九龄，字子寿，始兴人也。七岁知属文，十三以书干广州刺史王方庆，叹曰："是必致远器。"弱冠举进士，擢校书郎。以道侔伊吕科策高第。迁左拾遗，开元四年奉诏开梅岭路。改司勋员外郎。时张说为宰相，亲重之。与通谱系，因荐公可备顾问。帝思其言，迁中书舍人，召为集贤院学士。会撰渤海诏书称旨，迁中书侍郎，以母丧解。寻夺哀拜同中书门下平章事。上千秋节，王公贵人皆献宝镜，公独上《千秋金鉴录》五卷，述帝王兴衰以为鉴戒。太子以索甲事闻，上震怒，谓其不臣。公从容曰："元良国本，不可动摇。"武惠妃因离间，欲立己子，使中谒者私谓公曰："若有废也，必有兴焉。"公叱去之。太子得无动。张守珪以斩突厥功，帝欲以为侍郎，又将以牛仙客为尚书，并逆鳞固争不奉诏。平卢将安禄山入朝奏事，见于庙堂，以为必乱中原。上曰："卿毋以王夷甫识思勒。"无何用兵为虏所败，张守珪请按军令，公曰："守珪所言不虚，禄山不宜免死。"上竟不从。公既戾旨，又虑李林甫中伤，因慈白羽扇，乃献赋以自况。帝虽优诏答，卒罢政事。及周子谅劾奏牛仙客得罪，公坐举主，贬荆州长史。虽以直道黜，不戚戚婴望，唯文史自娱。久之封始兴伯。卒谥文献。公性孝友，居父母丧，哀毁骨立，木生连理，庭产紫芝。为相亦唯直道自守。彰善瘅恶，见义不回。帝每用人，必曰："有九龄风度乎？"后在蜀思其忠，为泣下。且遣中使于曲江祭之。厚恤其家。开元后天下称曲江公而不名。所著有文集十卷，《姓源谱韵》一卷。建中元年，德宗贤其风烈，复赠司徒。详见唐书本传。（第377—381页）

张九皋，九龄仲弟。历宋、襄、广三州刺史，采访节度经略等使，皆有治绩。不尚威严，入为殿中监，有声称。长子张抗，为侍御史，气高能直谏，季子授，皆历显仕。（第381页）

张九章，九龄季弟。历温、吉、曹三州刺史，鸿胪卿。天宝五载为岭南经略节度使。好为民兴利，务在富之百姓。归之，户口倍增。后为义王府长史。九皋、九章性皆孝友。九龄知制诰，表乞归养母，诏不许。以九皋、九章为岭南刺史，岁时听给驿归省，孝养备至。后居丧，皆毁不胜衣。终丧哀慕如初。（第382—383页）

张拯，九龄子。有节行。为伊阙令，禄山陷河洛，遣人入伊阙，以官诱降，拯拒使者，骂曰："恨不斩尔羯贼！吾文献后也！死则死，去则去，何以官为？"贼平，擢太子赞善大夫。子藏器，寿安县尉。（第382页）

张仲方，九皋孙。御史抗子也。擢进士宏词，为集贤校理。御史中丞吕温表为御史。温劾宰相李吉甫不实坐斥。仲方以温党出补金州刺史，入为度支郎中。吉甫卒，太常谥敬宪，仲方挟怨驳吉甫谥，贬遂州司马。敬宗立，为谏议大夫。谏造竞渡舟及幸华清宫，请贷库令崔发辱黄门死罪，言甚切直，为关大体，帝皆纳之。李训之变，文宗召仲方京兆尹，时族夷将相，颅足旁午，皆密使识其尸，俄许收葬，故骼骸不乱。封曲江伯。卒赠礼部尚书。谥曰成。（第382—383页）

注：元志曰：九皋尝节度剑南，一子留成都，宋丞相浚其后也。浚子栻为南轩先生。今考文公撰《张丞相行状》，谓九皋徙家长安，生子抗，历六代至璘，仕僖宗，为国子祭酒。从幸蜀，因居成都。生子庭坚，庭坚之子封沂国公，即丞相之曾大父也。与元志异。（第383—384页）

宋嘉定庚辰志序　知州孙崇：南雄斗大州，得文献人物之英，章相典刑之旧，州之名遂显。（第433页）

《嘉靖始兴县志》

按照该志方登《叙》所述，该志成于嘉靖丙申孟春之时。为当时知县罗田汪庆舟主持纂修，是始兴立县后首部县志。篇首还附有吉安泰和府学生欧阳治所作的《始兴县志引》一文。上卷末还附有袁宗与《始兴县志后序》和知县汪庆舟《叙新修志后》。全志分上、下两卷。上卷叙其建制沿革、疆域距至、郡名、形胜、城池、风俗、山川、陂塘、制官、公署、街坊、乡都、坛遗、祠庙书院、寺观、桥梁、铺舍、土产、户口、贡赋。下卷分为宦绩、科贡、人物、忠节、碑记、题咏、杂志。总的看来，篇幅较小，记事较为简略。初创之作，大率如此。印成书较早，属于首创，仍当珍视。该志见上海书店影印本《天一阁藏明代方志选刊续编》第66册。

始兴县志叙　方登

罗田三里汪君尹始兴未朞，政通人和，膺奖都台，暇日诘诸父老，知是邑旧尝无志，喟然曰："敝矣哉！以曲江公钟灵之地，而弗志，可乎！"遂礼聘邑大学生袁宗与暨唐春、黄炳捃摭成帙将寿诸梓。（第461页）

卷上　坛遗

张文献公祠：在儒学庙东。嘉定乙卯，县令赵彦倔建，主簿张唐（引注：应为"庚"）记。正统丁卯训导黄绶重建。（第489页）

文献公书院：县南一百里清化乡。唐开元初，文献公求显

时建也。其地山环水秀，花木长春，又有瀑布泉景，曰书堂瀑布。（第489—490页）

叙新修志后　汪庆舟

庆舟承乏，拜令始兴。始兴称古邑也，而民疾异焉。盖文献不足故也。然文与献，国家之首务也。不修文则为吏悫，不兴贤则为吏俗。夫以悫俗之见而重异疾之化，愈见其难为矣！故庆舟越兹踰暮，凡夫恪职奉公，补偏捄敝，非以好名为也。学校之兴，每毕力于所得为。而兹志之修实赖诸贤之辅……庆舟唯幸其成已矣！盖志文献张公宋十大夫所以存邑之名者也。志山川胜概题咏碑铭，所以昭邑之美者也。（第507—508页）

卷下　宦绩

宋知县　赵彦偃，嘉定巳（引注：应为"乙"）卯修张文献公宋十大夫祠于学宫。宋主簿张庚　嘉定巳（引注：应为"乙"）卯作二祠碑记。（第510页）

卷下　人物志

唐　张九龄，字子寿，清化乡人。祖公瑾，由范阳令充侍御史。后进相，以功图形凌烟阁。父宗振。子寿七岁知属文。擢进士，调校书郎。以道侔伊吕科策高第，为左拾遗。性直多建明。开元四年奏开梅岭路，迁左补缺，改司勋员外郎。迁中书舍人，出洪州刺史。张说荐其可备顾问，召为秘书少监、集贤院学士。迁工部侍郎、知制诰、复迁中书侍郎同平章事。始议河南开水屯，兼河南道屯田使。以文雅为上所知。李林甫忌之。会帝欲以牛仙客为尚书，九龄执不可。帝不悦。林甫谮之。帝由是用仙客。九龄既忤旨，遂为林甫所危，以尚书左丞罢政事。九龄荐周子谅为监察御史，谅劾奏仙客，其语援谶书，帝贬之。坐举非其人，左迁荆州长史。后封始兴伯。还展墓，病卒，年六十三。赠荆州大都督。谥曰：文献。初，千秋节，群臣并献宝鉴，九龄上世监十章，号《千秋金鉴录》。安禄山以范阳编校入奏，气骄蹇，九龄谓裴光庭曰："乱幽州者此胡雏也。"及讨奚契丹，败绩，张守珪执如京师，九龄署其状曰："穰苴出师而诛庄贾；孙武习战，犹戮宫嫔。守珪军令若行，禄山不容免死。"帝不许，赦之。九龄曰："禄山狼子野心，有逆相，宜即事诛之，以杜后患。"帝曰："卿无以王衍知石勒而害忠良。"卒不用。帝后在蜀，思其忠，为泣下。遣使祭于韶州。厚币恤其家。称曲江公不名。所著有文集十卷，《姓源谱韵》一卷。后德宗贤其风烈，赠司徒。传谓公韶州曲江人，盖时未置雄州，地所隶也。（第518—519页）

张九皋　九龄仲弟也。历宋、襄、广三州刺史，采访节度经略等使，皆著治绩，不尚威严，入为殿中监。有声□（引注：按《南雄州志》，此处为"称"字）（第519—520页）

张九章　九龄季弟也。历温、吉、曹三州刺史，鸿胪卿。天宝五年为岭南经略节度使。为民兴利，百姓归之，户口倍增。兄弟俱天性孝友。初，九龄知制诰，表乞归养，屡诏不许。以九章九皋为岭南刺史，四时听给驿省家，孝养备至。丧居皆毁不胜衣，哀慕终身。（第520页）

张拯　九龄子也。有节行。为伊阙令。禄山自河洛遣人以官诱降，拯指使者骂曰："恨不斩尔羯贼！吾文献后也！死则死，去则去，何以官为！"贼平擢太子赞书。子藏器，寿安县

尉。(第520页)

张抗　九皋长子也。为侍御史,直气谏诤。(第520页)

张授　九皋季子也。节度剑南,一子留成都。宋丞相张浚其后也。子栻,为南轩先生。(第520页)

张仲方　张□(第520页)

余靖　天圣间集贤校理。学记云:始兴在唐有张子寿,在宋有余安道。至今天下知有始兴者,二贤力也。(第520页)

张唐辅　元祐间显,九龄十世孙。(第521页)

志下　忠节
张九龄　开元名臣。尝抑李林甫,请诛安禄山。唐鼎翻沸,克相调和。忠贞之操,謇谔之言。著有《千秋金鉴录》,至今可式。(第522页)

志下　碑记
张文献公十大夫祠记　张庚(引注:亦见嘉靖《南雄州志》,略有异文,此处略)(第523—529页)

张九龄研究的几点感受

张九龄,广东韶州曲江人。字子寿,谥文献,故称文献公。他生于唐高宗仪凤三年(678),死于唐开元二十八年(740)。张九龄曾经担任过唐玄宗的宰相,是唐代玄宗时期十分重要的政治家,一些历史学家还称他为"有唐人物第一"(屈大均语),是"岭海千年第一相",认为岭南文献自张九龄始,可见推崇之高。

他还是唐朝初年重要的诗人,属于唐诗从初唐诗风向盛唐诗风转化时期的代表性诗人之一,是这个过渡时期的重要诗人。他的许多诗作,脍炙人口。如《望月怀远》:"海上生明月,天涯共此时。情人怨遥夜,竟夕起相思。灭烛怜光满,披衣觉露滋。不堪盈手赠,还寝梦佳期。"《春江晚景》:"江林多秀发,云日复相鲜。征路那逢此,春心益渺然。兴来只自得,佳气莫能传。薄暮津亭下,馀花满客船。"《赋得自君之出矣》:"自君之出矣,不复理残机。思君如满月,夜夜减清辉。"张九龄还有《感遇》系列诗歌。其中《感遇·其一》:"兰叶春葳蕤,桂华秋皎洁。欣欣此生意,自尔为佳节。谁知林栖者,闻风坐相悦。草木有本心,何求美人折?"还有《湖口望庐山瀑布水》:"万丈红泉落,迢迢半紫氛。奔流下杂树,洒落出重云。日照虹霓似,天清风雨闻。灵山多秀色,空水共氤氲。"还有几首诗经常被选入各种选本,有的还进入中学教材。可见作为一位重要诗人,张九龄是当之无愧的。

张九龄还是当时文坛的领袖,唐玄宗称他是"文场元帅",朝廷诸多制诰,都出于他之手,有"大手笔"之称。他还十分重视对于人才的推荐和提拔。他曾提携过王维、孟浩然等重要诗人。王维和孟浩然都有诗和张九龄唱和。王维还深深记住了张九龄提携的

"旧恩"。

无论在朝廷还是在地方任职,他都尽忠职守,政绩突出。尤其是他反对唐玄宗改立太子;他主张在利用黄河淤泥地种植水稻,以减轻江河漕运的困难,从根本上解决京师的粮食问题;他还反对重用武人进入朝廷担任要职;他主张杀掉还是一个边将的安禄山,以抑制边将为自己建功立业而挑起战争,而导致边疆不稳,同时他也认为安禄山面带反相,今后可能造反,杀了可以根绝后患;等等。尤其是主张杀掉安禄山一事,深深印在唐玄宗头脑中。当十几年后安禄山果然兴兵造反之时,唐玄宗被迫逃到四川。在那里,唐玄宗深深后悔没有听从张九龄的意见除掉安禄山,以致遗祸今日。他悔恨之余,就派人到韶关曲江祭祀张九龄。后世的历史学家也认为张九龄的主张具有远见卓识,有识人之明,因此认为唐朝的由盛转衰,就根源于唐玄宗对张九龄的贬谪。

张九龄的立朝风度也让人向往。尽管他已被唐玄宗贬出朝廷到地方任职,但是他的风度却仍然留在唐玄宗的记忆里。每当有人推荐新的宰相人选时,唐玄宗总要问,"他的风度和张九龄相比怎么样啊?"似乎张九龄的风度就成了唐玄宗选人用人的一个重要标准了。

在张九龄家乡韶州曲江,也就是今天的韶关市内,后人就根据唐玄宗此言,建立了一座纪念张九龄的楼台,名字就叫"风度楼"。可惜这个风度楼在抗日战争中被日军飞机炸毁了!近几年韶关正在呼吁重建风度楼,以纪念这位出生于韶关的历史伟人,但是直到今天,尚未真正提上日程。

总之,张九龄是我国历史上一位十分重要的人物。一些历史学家还把他称为唐代的第一流人物,著名的宰相。

一、缘起:我为什么研究张九龄?

对于这样一位历史人物,我当然充满着敬意。但是充满敬意不是研究他的原因。我研究张九龄的动因是什么？其实不是因为张九龄是我国古代文学史上一位重要的诗人，不是因为他的政治功绩，他的识人之明，等等。有人问我，那是不是因为你也姓张呀？研究姓张的历史文化名人，为家族增光添彩呀！这事儿当然也可以算是一个理由，但不是直接原因。那么直接原因是什么呢？

　　记得十多年前，一次在深圳市盐田区考察，晚上就餐时，大家都谈到一个历史现象，就是毛主席和黄炎培的"窑洞对"。从历史上看，一个王朝兴起时总是朝气勃勃，但是经过一段时间，就开始走下坡路。如果这期间有那么一位英明的君主采取一系列英明政策，纠正长期形成的弊政，这个王朝就能延长，但是如果没有这样一位人物出现，那么这个王朝就会很快走向崩溃，以致亡国。这个历史现象反复出现，所以黄炎培老先生就把这个现象概括为历史的"周期律"。谈论间，我忽然想起以前读书，看到唐玄宗这样一位前期很有作为的君王，因为安史之乱，兴盛的唐王朝转向了衰落。而据史家所言，唐朝由盛转衰的征兆早在唐玄宗贬黜张九龄时就显现出来了。因此我就想，何不研究一下张九龄与唐玄宗的关系呢？于是我说，我要写一本张九龄的传记，重点研究一下张九龄与唐玄宗的关系，研究一下唐玄宗对于张九龄的贬黜对于安史之乱的发生究竟有何关系？如果说唐王朝后来是灭亡于藩镇割据、朋党干政和宦官乱政，那么在唐玄宗时期，唐王朝这样一个兴盛大国何以因此走向衰落？唐玄宗在这里究竟是一种怎样的角色，起到了什么样的作用？唐玄宗的作为为后来唐王朝的灭亡究竟埋下了哪些种子？

　　我这些想法得到了当时不少与会人士的赞赏，有领导同志说，历史的经验值得注意，这也可为我们今天提供一些借鉴。大家都说希望尽快成书。这就给了我很大的压力，其实也是一种动力。话一旦说出去了，我自然就开始准备材料了。但是那时我尚未从一线工作岗位上退下来，不敢说是日理万机，但事务也是非常繁冗的。所以一直未曾开始着笔写作。直到三年前我从一线岗位退下了，政协的职务此前就没有了，自己能够把握的时间多起来了，于是就开始考虑如何写作《张九龄传》的问题。

二、从什么地方开始研究？

写作《张九龄传》，应该是一个比较大的工程。这一点我是有所认识的。写传记我也有些体会。约30年前，我曾写作出版过《艾芜评传》，25年前又改为《艾芜传》出版。我知道写作传记的艰辛。何况这次要写的《张九龄传》是一位综合性人物的传记，传主既是文学家，更是政治家，而且是一位活跃在最高层的政治家，写作的难度自然更大一些。因此我也高度重视，反复思考后，觉得还是要按照传记写作的惯例，把张九龄的一生事迹先列出来，搞出一个年谱性质的东西，然后在把这些材料记录的事实与当时历史的背景结合起来，分章分节地列出个提纲来，再开始正式进入写作。到了这个时候，我才发现，史书上关于张九龄的记载虽然有一些，可供参考的张九龄年谱也有几种，但是要写一本传记，还是远远不够的。以前虽然写过传记，但是那是现代作家的传记，不需要对于现代生活做过多的介绍。而写张九龄则不同，需要把张九龄置于特定的历史背景之下，才能符合历史的真实。但是那个时候的规章制度、人文风俗、政治环境、地理环境、周边形势以及人们的心态等等，可不是一下子就能吃透的。因此，为张九龄立传，必须对于这些问题有一个比较大致的了解。否则，写出来的人物是立不起来的，甚至还可能把人物写成一个四不像的怪物来。

这里举几个例子。熊飞教授在他的那本《张九龄大传》中说，有材料说张九龄十三岁时，广州都督是王方庆，他就"献书路左"，得到赞赏。王方庆赞扬他"此子必能致远"。所谓"献书"的具体内容是什么呢？没有具体记载。但是熊飞分析说，张九龄所献的书，是一篇文章，在文章中，一定是针对武则天篡唐一事提出批评，体现出他的真知灼见来。所以受到王方庆的赞扬。这就有点以今例古了。试想，从王方庆方面想，他是武则天十分赞赏的朝中大官，当过宰相，到岭南担任广州都督，也是出于武则天对他的信任，这样一位人物，怎么能容忍针对武则天的批评呢？他的政治身份决定了他不可能允许他治下的子民去妄议朝政、攻击当今皇帝，更不会对于这样的议论加以赞扬了！从张九龄的角度讲，当时张九龄年甫十三，"献书路左"的行为，不可能是他自己决定的，一定有他父亲和其他家人的策划支持，甚至还有地方官府的支持。那些人也是饱读诗书，有的还有从政的经历，对朝廷的规矩是熟悉的。他们绝对不会让张九龄去向广州都督献书议论朝政，尤其是妄议武则天这位女皇帝，那可是杀头之罪呀！一般献书，主要是展示自己的才华和对于儒家经典的熟悉，对于那些久居山林的隐士而言，有时会针对朝政中一些重大的举措提出一些建议。一旦被看重，就会得到皇帝的青睐，一般会授予一个官职。绝对不会冒着巨大风险去议论当时十分敏感的政治问题。因为那无异于找死呀！但是那是科举不通的文人通向官场的一条路，一般都是成年人所为。张九龄当时年龄不大，他完全可以循着科举之路走下去，献书只是为了展示自己的才华，引起朝廷高官的关注，借以提高其知名度，今后也还可能受到提携。其目的，我看说到这里就可以了，如果硬要展现其远见卓识而拔高其政治站位，就只能漏洞百出，遗人笑柄了。

再比如，熊飞说张九龄参加唐中宗神龙三年的制举考试入仕后，任征仕郎行秘书省校书郎职务。这次制科考试的题目是：材勘经邦科。熊飞认为："但他却怎么也高兴不起来。为什么呢？因为他应的是'材勘经邦科'的考试，'材勘经邦'，用现在的话说，就是才能能够胜任经邦济世。当时当政者并没有因他有经邦济世之才，就马上授给他施展这种才能的相应官职。恰恰相反，现在吏部让他担任的却是一个普通科目均可授予的闲官——征仕郎行秘书省校书郎的职务。征仕郎正八品下阶，这是张九龄的散阶；秘书省校书郎正九品上阶，是他的职事，即在秘书省上班，任秘书省校书郎。这使他大失所望。"熊飞还强调："张九龄对朝廷授给他的秘书省校书郎这个职务是很不满意的。"他还征引张九龄《与李侍御书》中说的"误登射策之科，忝职藏书之阁"来证明自己的说法，还举张九龄的《赠澧阳韦明府》诗来证明："君有百炼刃，堪断七重犀。谁开太阿匣，持割武城鸡。竟与尚书佩，还应天子提。何时遇操宰，当使玉如泥"。他认为这是张九龄借他人酒杯浇自己的块垒。

首先，对于张九龄对授予自己的这个职务是否满意的问题，熊飞先生是有点"望文生义"了。"材堪经邦科"是当时制科考试的一个科目，确实是侧重于考察应考者安邦治国的能力的。在这个科目考试中中举了，表明你确实具有了基本的知识基础。但是有知识并不等于就有能力，能力还需要到实际工作中去锻炼。中举以后授予什么官职，取决于两个方面的因素。一是皇帝的看法，二是制度性规定。一般的情况是，普通进士及第，一般都授予正九品下阶的职事，而对张九龄的职事所授的正九品上阶，还有一个正八品下阶的散阶。可见他已经与普通进士很不同了。不是说照顾他，而是说制科中举在授予官职时，已经考虑到这是皇帝亲自命题、亲自主持的考试这一因素了。所以张九龄不可能不满意。就担任的职务来说，虽然秘书省校书郎是一个校书的职务，官不算大，但是因为在秘书省，那可是一个清望之地呀！不少人都是从这个位子上很快晋升的。一些人甚至十几年间就升到宰辅之位的。在这样一个位置上，张九龄怎么会不满意呢？如果说张九龄不满意于"未授予相应的官职"，那相应官职是什么？"安邦济世"的官职，那不是宰相吗？起码也应该是哪个部的侍郎、尚书吧？一个刚刚入仕的青年，会产生这样的想法？我相信张九龄那时不可能那么狂妄！

至于熊飞所举"误登射策之科,忝列藏书之阁",那明明是一句带有自谦与自夸的交织的看似谦虚的话嘛!还有引用的那首诗,那是赞扬韦明府有才干,当个县令,很快就会升迁,居于大任。怎么也不能解读为张九龄自己有不满情绪呀!可见,熊飞提出这些问题,是由于忽略当时制度、望文生义而解读不准的。这些解读是不符合张九龄当时的实际思想,也不符合当时科举、任官制度规定的。在熟悉那个时代的研究者看来,这样把今天人们的一些认识强加在张九龄身上,是很不符合实际的。

要解决这一系列的问题,只有去读书,把书读熟了,读透了,才能进入到那个时代环境中,才可能把人物的心理琢磨清楚,才可能找到人物行为的真实可信的动机。但是应该读什么书?我的认识是,尽可能把与研究对象相关的历史记载、政治制度、法律制度的书籍读完,还要重视古今与研究对象相关的地理著作、地方志,这是很有好处的。这个好处,就是通过读书,对研究对象所处的社会环境的方方面面有一个较为全面、生动、完整的认识和了解。因此,我对张九龄的研究,就从这里开始,也就是从与张九龄相关的历史、社会背景入手来研究。首先就是读书,读新旧《唐书》,读记载当时朝廷人物、政治制度、科举制度的书籍;读能够找到的一切唐人、宋人笔记著述,沉浸在历史中;还读唐以后一直到现在我能够收集到的关于张九龄研究的所有著述,收集材料,然后比较鉴别,确定有用的材料,感到有些把握了,才写入传记中。

三、我研究的内容是什么?

就这样,我开始了传记的写作。我根据收集到的关于张九龄的生平经历材料整理出来,编成一个年谱性质的东西,再据此分出章节,在征求一些人的意见后,正式进入了传记的写作。开始比较顺利。但写到张九龄参加科举考试时,写不下去了。原因是一旦进入写作，就发现关于张九龄的生平事迹，以前的材料记载不详，因此后人解读起来分歧很大，各说各的，莫衷一是。我写这个传记，该依据哪一家的说法呢？为什么听他的呢？

举几个例子。比如，关于张九龄参加科举考试的时间。现在的说法，主要有三种，一种是武后神功元年（697），一种是长安二年（702），一种是唐中宗景龙元年（707）。几种说法，各有各的依据来历。这需要辨析清楚吧？

再比如，根据现在还可以看到的徐松的《登科记》和后人的考证，张九龄是长安二年进士及第的。按照科举制度的规定，进士及第就可以当官了，也就是进入仕途了。这是当时一般士人梦寐以求的理想啊，当然就应该高高兴兴地去当官了吧。但是张九龄却没有去当官，什么原因？不知道，新旧《唐书》都没有说。但是关于那次科举的主考官沈佺期却有明确记载。

又比如，张九龄进士及第时，主考官是沈佺期。沈佺期是初唐十分重要的诗人，唐代的近体格律诗就是在他和宋之问等一帮文人手里定型的。他当主考官时，职务是吏部员外郎。新旧《唐书》中的沈佺期传记，说他"考功受贿"以致"谤议上闻"，被流放岭南。而他当主考官唯此一次。于是后来的研究者就分析说，张九龄之所以进士及第后未当官，是因为主考官沈佺期"考功受贿"，"谤议上闻"，导致那次科举考试的结果作废了。那就需要搞清楚，一是张九龄那届的考据考试结果是否作废？二是沈佺期是否"考功受贿"？三是所谓的"谤议上闻"是怎么样一回事情？四是沈佺期流放岭南真是因为"考功受贿"吗？等等。

又如，徐浩所撰《张九龄神道碑》载："弱冠乡试，进士考功郎沈佺期尤所激扬，一举高第。时有下等谤议上闻。中书令李公，当代词宗，诏令重试，再拔其萃，擢秘书省校书郎。应道侔伊吕科对策第二等，迁左拾遗。"就是说，张九龄确实参加了重试，那么，真是如此吗？是什么性质的重试？为什么参加重试？这些问题也需要弄明白。

这样，我的写作计划就不得不有所改变了，也就是说，原来要写一本人物传记，而且是政治人物的传记，目的是弄清一个重大政治问题，到现在，首先必须研究张九龄相关的一系列问题，这就变成了历史问题的研究了。而且，不解决这样几个问题，写《张九龄传》是没多大意义的。至少，研究是没有什么突破的。因此，以上系列问题就成为我写《张九龄传》必须解决的问题。

必须解决问题，这个决心容易下；能不能解决问题，则是需要付出艰巨的努力的。有些时候，即使付出努力也还是解决不了。首先我把张九龄这个时期的经历及其相关问题做了一个全面的梳理。主要是，张九龄在什么时候进士及第的？张九龄为什么在进士及第后未入仕？张九龄的座主沈佺期是否受贿？当时所谓"浮议上闻"究竟是怎么回事？沈佺期因何被流放岭南，而且还被流放到现在属于越南的驩州？由此入手，一个问题一个问题加以解决，这就形成了张九龄及其相关人物研究的一个完整的系列论文了。就是《张九龄进士中举时间考辨》《张九龄进士及第"重试"问题正误》《张九龄"丁父忧"准确时间考辨——兼及初唐授官泛滥问题》《沈佺期"考功受赇"问题考辨》《沈佺期"考功受赇"谤议案真相探源》《沈佺期流放驩州真实原因考析》《张九龄之父张弘愈生平事迹考》，还可以生发出《武则天晚期朝廷政治势力的分布》《沈佺期在珠英学士中的地位问题》等等文章。这些文章收集起来，大约有十几万字了，可以编成《张九龄沈佺期研究》一书了。事实上，一些出版机构的朋友也认为，这个研究很有价值，很有意义，已经同意出版了。

四、几点感受

通过这几年对张九龄的研究，我有几点认识感受，和大家分享一下。

　　第一，不迷信权威。要善于从现有结论中寻疑。一般地说，文学、历史研究中已成的结论，大都来源于现存的史书、史料，或者是前人研究的结论，都具有一定的权威性。如果不是专题研究，如写点赏析文章，讲讲课呀，一般情况下也就采信了前人的说法。但是开展专题研究，就不能仅仅依靠前人根据当时能掌握的材料和限于当时的认识水平而得出的结论了。要具有不迷信权威的意识，在研究中，大家都是平等的，你能够看到的材料，我也能够看到，没必要迷信谁，何况后来人还可能看到前人未曾见到的材料呢！比如，古代人没有看到过张九龄的墓志铭，都说张九龄活到68岁，而正是20世纪70年代韶关曲江出土了张九龄的墓志铭（张九龄墓阴堂志铭），是张九龄同时代人徐安贞写的，下葬的时候一并放进去的，这个权威性是无可动摇的。这才确定张九龄实际只活了63岁。再看以前研究刘禹锡的人都说他的《竹枝词》十一首写于鼎州（即现在的湖南常德），但是一直到"文革"中因为评法批儒，上海人民出版社出版了从日本引回来的《刘禹锡集》这个完整的版本，发现刘禹锡自己说《竹枝词》作于夔州（今重庆的奉节），这就是后来人做学问的优势所在。

　　要在看似已经没有问题的地方发现问题。在看似已经解决了的问题中发现新的问题，就是在现有基础上去寻疑，提出疑问，提出问题。在学术研究中，先要有疑，沿着这个"疑"去释疑，就容易寻找到问题。提出问题，是解决问题的前提。而这个"有疑"，先要"生疑"。生疑，需要掌握材料，需要对比考证，人们说提出问题是解决问题的前提，所以提出问题十分重要。比如，张九龄进士及第的时间问题，那三种说法都是比较有权威的人提出来的。但是却又如此不同，那么，不同的权威，究竟哪家是对的呢？这就要比较权威人士提出的结论的依据了，看看哪个使用的材料最为可靠，哪个的论证最有说服力。在此基础上更加辨析，看看有无新材料的发现，再看看旧材料中有无被忽略的地方，能不能有新的解释？这样就可能有所发现。很多人都说张九龄武后神功元年进士及第，该年是 697 年，看来看去，其依据是唐代徐浩所作《张九龄神道碑》的一句话，"弱冠乡试，进士考功郎沈佺期尤所激扬，一举高第"。弱冠就是 20 岁。张九龄生于 678 年，到神功元年（697），正好 20 岁，所以定为张九龄神功元年进士及第。可见神功元年张九龄进士及第并无过硬的材料证明，是推测出来的。但是后人大都取此说，连傅璇琮先生也曾持此说。张九龄长安二年进士及第一说，最早出自于北宋人晁公武的《郡斋读书志》，北宋王溥编的《唐会要》说张九龄长安三年（703）进士及第，但是按照这书编辑体例，应该是长安二年（702）之误。以后清代的徐松贬《登科记考》，遍搜唐五代关于登科记的材料，经过考证，也确认张九龄长安二年进士及第。这些都是历史研究的重要著作，作者也是权威人士。还有就是景龙元年张九龄进士及第说。查景龙元年就是神龙三年九月改元而来，因此神龙三年就是景龙元年，都是 707 年。张九龄是年参加唐中宗举办的"材勘经邦科"制科考试中举。因此，这个说法其实是一致的。但是，景龙元年张九龄参加的并不是普通科举考试，而是制举，所以说张九龄本年进士及第是不对的。这样就是把张九龄参加的由中宗皇帝主持的制科考试误为由考功员外郎主持的科举考试了。

　　由此看来，张九龄参加的科举考试及第应该是长安二年（702），这没有疑问。我们说过，现在已经去世的前唐代文学研究会会长、著名文史研究大家傅璇琮先生也写过《唐代诗人考略·张九龄》说张九龄是神功元年进士及第，但是在他所正式出版的《唐代文学丛考》一书中并未收入这篇文章，且后来他和陶敏共同担任主编的《唐五代文学编年史》初盛唐卷中已采用长安二年之说。这说明傅先生其实是已经纠正了自己对这一问题的看法了。

第二，以破案的方式去解决问题：公安部门的破案和学术考证有相同之处。就是都要重证据，都要确定证据的科学性和合法性。当然也有区别，最重要的是，现在公安人员破案是以国家公权力去破，学术难题的破案则是个体劳动。同时，现在公安人员破案有现代科学技术可以依靠，而学术上的破案，公安人员的很多破案手段是用不上的。

现在就说学术考证上的破案吧。学术考证讲证据，就是充分掌握材料。证据材料的掌握、对比、互证、辨析。一是尽可能穷尽材料。张九龄长安二年考试结果现在人说作废了，甚至中国社会科学院一位专家说，可能是因为张九龄20来岁就考中进士，那时考中进士确实是很难的，不是有"五十少进士"之说吗？20来岁的中进士，又出生于岭南边远地区，所以引起怀疑，认为张九龄行贿了。这就把问题复杂化了。这个怀疑其实毫无根据，只是从关于沈佺期"考功受赇"的历史记载中推想出来的，是无中生有的，把张九龄的清白给玷污了。说那次科举考试作废，遍查现有材料均无此记载，可见作废之说也仅是推测；而且《新唐书·选举志》说当年及次年举人大量授官，十分泛滥，可见当年考试结果并未作废，不仅未作废，反而是大量授官。所以材料很重要，之所以现在人说是作废，那是望文生义的推测，是以今天的政策去推测古代的事件。

二是辨析真伪。古人写作文，尤其是由些编纂地方志的人，其实态度并不是很认真，往往道听途说甚至捏造事实。比如，杜甫说张九龄出生的时候，其母夜梦九只凤凰盘桓于庭中，这是为了增加张九龄的神奇而编造的，但是杜甫信以为真了。

又如，韶关的民间传说，张九龄很小的时候到韶关的南华寺游玩，在这个名山胜景之中，张九龄被迷住了，看得津津有味。忽报韶州府太守率州衙官员进香朝拜。殿前香客赶忙回避。张九龄把进寺前折的桃花藏于袖中，若无其事地看着太守随从摆弄供品，没有一点害怕的样子。太守见九龄活泼天真十分可爱,想试试他的才气如何。便问:"你莫非想吃供果?我出个对子,若对上,就给你供果吃。"张九龄信口道:"好呀。"太守早已看见九龄袖藏桃花,就出了个上联"白面书生袖里暗藏春色"。九龄立即回应道:"黄堂太守胸中明察秋毫。"太守思忖,这小孩真是个神童,再考考他。又出一对"一位童子,攀龙攀凤攀丹桂",张九龄猛一抬头,正对面前三尊大佛像,触景生情,便应"三尊大佛,坐狮坐象坐莲花。"太守与随从无不惊叹:此子日后定非等闲之辈。

张九龄拿着太守赏给的供果去后面玩,被一和尚看见,以为他偷吃供果。九龄说是太守赏赐的,和尚不信:"凭什么说太守给你的?"九龄诉说原委。和尚好生奇怪,便让九龄说太守出的对子。九龄念出太守上联,和尚又问:"那你又是怎应对的?"九龄灵机一动,便说我对的下联是:"满寺和尚,偷猪偷狗偷青菜。"和尚一听下联,心头一惊,便拔脚要追太守去说个明白。

这个故事很有些意味。但是很可能是民间文人根据新旧《唐书》张九龄传记中"七岁知属文"和《大正藏》第五十一册所载大鉴即惠能对于张九龄的称赞的记载而编排演义的。《大正藏》说,大鉴和尚一见幼年时代的张九龄即赞誉说他是一位奇童,将来必成大器。既然得到名播海内的六祖惠能的赞赏,当然张九龄的名声也就跟着大起来了。后人以此为依据,编排一些故事,也就是自然的事情了。

但是唐时风气,即使一个官员要试一下小童的才情,也不会以考对联的方式来进行的。因为对联一体,始于五代的后蜀孟昶,不可能在早于后蜀数百年的唐代就如此流行。我认为以对联考试才情急智,应该是明清时代的风气。后来在明代江盈科的《谈丛》找到了依据。该书记载:"于忠肃公(谦)年八九岁以神童名,一侍御饮寺中,招忠肃至,出句云:'三尊大佛,坐狮坐象坐莲花。'公对曰:'一介书生,攀凤攀龙攀桂子'。侍御大奇赏之,命一挥使抱之出,挥使问曰：'适所对云何，乃尔见称？'公云：'他出的是三尊大佛，坐狮坐象坐莲花。'挥使又问：'尔何以对？'遂改答曰：'一个小军，偷鸡偷狗偷觅菜。'应基敏妙，莫可端倪，非天赋安能然哉！"[①]可见，传说中张九龄的这个故事，实在是从这里抄出来，以移花接木、改头换面手法进行了再创造。当然也有可能是江盈科把张九龄的传说故事改编为于谦的故事，现已难于确考了。

三是追根溯源。如张九龄长安二年中举后，既然当年大量授官，那为什么张九龄未得一官半职，反而回到韶关家乡呢？这个问题引起关注后，研究的结论是张九龄父亲去世了，他要回乡"丁忧"。有此问题还引发出了另一问题，即张九龄之父什么时候死的呢？综合分析，应该其去世时间应在张九龄入京参加贡举后。按照当时制度，参加贡举的士子，每年十月份要在京城集中，到户部交验身份凭证，办理互保手续后，才能参加考试。根据这些材料，可以推测，张九龄之父应该是死于长安三年（703）正月，也就是说，张九龄考试时尚不知其父已去世，中举后才得到消息。那时授官，中进士是资格考试，至于到哪里当官，则还需要参加吏部主持的"释褐试"，这个考试，要靠身、言、书、判四个方面的内容，带有面试性质。张九龄他既要丁忧，自然无法参加考试，未授官就正常了。

四是互证。研究古人，最苦的是没有材料。当然一些人物正史上是有传记的，但是这些传记对于其一生而言，还是简略的。有些人地位不高，由其家人委托朋友写了传记，但也很简单。而且还有个为尊者讳的问题，尽量拔高；或者隐恶扬善，真实性就受损了。还有就是张九龄本人有文集，可以补充史料不足。还可以在与他有交往的人的传记和文集中寻找材料，与之比对，既可补充事实，还可以通过互证对比，确定事实真相。比如，对于沈佺期当主考官时

---

① 江盈科：《雪涛小说（外四种）》，上海古籍出版社2000年版，第102页。

是否受贿的问题，就是从多个人物的传记中找到相关材料排比互证，搞清了事实真相的。

五是确认事实，得出结论。要根据材料说话，有几分材料说几分话，没有充分的材料、绝对把握，不要把话说满说死了，要留有一定的余地。关于沈佺期，当时所谓"浮议上闻"的事件，其实不是指他主持的那次科举考试，而是指他主持的关于官员的年终考核。吏部的考功司，有主官叫考功郎中，还有副职，叫考功员外郎。员外郎的责任除了主持科举考试之外，还有就是要主持"冬集"考试中对于地方官员的考核。在这个方面出了问题，不公正，所以"浮议上闻"。新旧《唐书》"崔玄暐传"中记载了这个事。崔当时任吏部侍郎，也就是副部长，是主管此事的最高长官了。但是当时受到武则天宠爱的二张因为要在这次考核中做手脚，就在"冬集"之前把崔玄暐调走了，于是吏部也就是当时的"天官"一些"书令史们"很高兴，可以受贿了！高兴之余，他们甚至"设斋相庆"。这是武则天告诉崔玄暐的。武则天让崔玄暐再回吏部担任侍郎职务，清查此事也是很自然的事情了。但是，沈佺期在这个事件中有什么责任呢？当时还没有充分材料，所以在此后一两年中还不断被提拔。因此再确定沈佺期的责任之时，要有分寸，要研究这其中的原因。

第三，穷尽问题。就是把张九龄某一具体事件相关问题梳理出来。梳理出相关的问题树，就是在研究中要把所面对的问题做一个全面的梳理，看看究竟需要解决哪些问题。当然这有一个逐步深化的过程，别指望一蹴而就。很多问题是在研究过程中逐步发现、逐步完善的。我搞张九龄研究，最先是从张九龄何时参加科举考试入手的，这问题搞清楚后，发现他中举后居然没有做官，而是返回了韶关曲江了。我就想，这是为什么？潜伏在这里面的原因何在？历史上没有记载。我从顾建国《张九龄年谱》中得到启发，他说可能是因为张九龄父亲去世了，他要回来"丁忧"，我就沿着这样一个思路去研究。从《唐六典》中找到了根据，就是在那个时代，无论何人，只要家中长辈去世，必须及时报告，有官职的必须立即辞官回家"丁忧"守制。我还查阅了古代的"丁忧"制度规定了"丁忧"的时间，一般规定三年，但是实际上是以九个月代替一年的。再结合张九龄再次参加制科考试的时间来研究，就把这个问题基本上搞清楚了。徐浩《张九龄神道碑》说张九龄"弱冠乡试，进士考功郎沈佺期尤所激扬，一举高第。时有下等谤议上闻。中书令李公，当代词宗，诏令重试，再拔其萃，擢秘书省校书郎。应道侔伊吕科对策第二等，迁左拾遗。"这个时间长度是很长的。包含了张九龄丰富的人生经历。这里说"时有下等谤议上闻"，这是怎么回事？"时有下等"，谁是"下等"，这是什么性质的问题？是什么样的"谤议"？"上闻"就是皇帝知道了，当时的皇帝是武则天，知道后有什么举措？被议者又有什么责任，受到什么处罚？就沿着这个线索追下去，终于解决了问题。再结合其他资料说"中书令李公，当代词宗，诏令重试，再拔其萃，擢秘书省校书郎"，这里的问题很多，尤其是"诏令重试"，什么性质的"重试"？内容是什么？然后再考虑既然张九龄已中进士，肯定是因为"丁忧"而未入仕，考试结果并未被取消，那还重试什么内容？再考虑，新旧《唐书》都说沈佺期因为"考功受赇"而流放岭南，而"考功"正是主持科举考试的官员考功员外郎或考功郎中，那么在这个"时有下等，谤议上闻"事件中，沈佺期先作为考功员外郎，后作为考功郎中，有什么责任？再考虑唐代初年官场的实际情况，买官卖官盛行，武则天是什么态度、采取何种措施？沈佺期因"考功受赇"案发入狱是在长安四年（704），被贬岭南发生在长安五年亦即神龙元年（705），这个案发，是怎样"发"的？而且沈佺期在长安二年主持科举考试后两年间官位升迁迅速，并未受到"谤议上闻"事件的影响，原因何在？也可证和那次考科举考试没什么关系，等等。再由此挖下去，还挖出来张易之、张昌宗兄弟来，挖出宰相李迥秀来，最后挖到了武则天了。就是二张兄弟何以如此猖獗？仅仅因为他们是武则天的面首吗？他们真是武则天的面首吗？这就形成了一系列问题了，是一个问题链、问题树，把这个问题链搞清了，这个研究就算完成了，就显得很有意思了。

第四，对网络的利用和准确性把握。我们现在是网络时代，我们的研究应该借助网络的帮助，这个没什么问题。现在网络发达，很多古籍都上了网络，利用网络可以帮助我们尽快查找资料。就张九龄这个研究来说，网络就帮了我不少忙。主要是利用新旧《唐书》以及其他书籍的网络版，可以更加快捷有效地寻找资料、收集资料。收到事半功倍的效果。比如我查阅新旧《唐书》，就是把与沈佺期、张九龄同时代人，包括张说、张柬之、宋之问、武则天、唐中宗、韦后、张易之、张昌宗、崔玄暐、桓彦范、敬晖等百余人物的传记在网络上快速浏览一遍，从中发现了不少线索，再具体查阅文字版的新旧《唐书》和《资治通鉴》《唐会要》《册府元龟》《登科记考》《唐人轶事汇编》等等书籍，去比对查证，确实证实了的材料才加以使用。但是一定要注意，网络是个工具，可以运用这个工具为我们的研究目的服务，但是绝对不能完全信任和依赖网络。必须将通过网络收集到的资料与文字版的古籍加以认真核对，确保材料的准确性、可靠性。现在，因为录入人员的工作态度、文化水平都会影响电子书的网络版文字录入的质量，甚至因为录入者的不认真，新增诸多错误，即使作者自己用电脑写作，也难保证引文不出错误，这点我个人也有体会。如果未加核对，就一定会将错就错，发生许多本来不应该发生的错误。古人说过，尽信书不如无书，现在换过来说，尽信网不如无网。这是非常重要的一个信条，大家一定要注意，千万不能偷懒，不能把网络作为一种完全可靠的依赖，那样的话，必然会被网络异化。

第五，要坐得住。坐得住，首先要静下心来。范文澜先生提倡做学问"要坐冷板凳，吃冷猪头肉"。南京大学有个叫韩儒林的老师据此写了副对联"板凳需坐十年冷，文章不写一句空"，说的都是这个意思。当然韩先生这对联有点绝对化，不写一句空，太难了。文章都是一句一句连接起来，有些地方讲究起承转合的连接，哪能每句都是干货、硬货？板凳需坐十年冷，有些老先生一辈子都踏踏实实做学问，没什么惊天动地之举，也没什么重大社会影响，但是学问是扎扎实实的。可见做学术研究，不仅是十年的问题，而是一辈子的事情。但是今天拿这个来要求大家，显然是不现实的。现在的考核制度你过不了，奖金就少，收入减少可是件大事呀！除非你家有万贯，或者是腰缠十万贯，可以不去考虑这个收入问题。还有就是评职称问题，没有论文不行。这说明我们的考核制度要改。因为不改就会导致大家去追名逐利，追求眼前的利益，不利于真正的学术研究，也拿不出什么真正具有创新性的东西来。所以，我们还是要提倡"坐冷板凳"的精神，要树立质量意识。不要过分着急去发表文章，不要因为急于成名而凑数，要控制自己的虚荣心。不要为了某种现实需要去重复别人的观点，对于老课题要有新角度，新发现，新观点，或者在前人研究基础上开出新面。要确立诚信意识，不能利欲熏心，为了发文章去改头换面，获取稿酬，抄袭人家的东西是可耻行为。现在学界还存在较为严重的抄袭行为，这是一个学风问题、诚信问题，也是一个法律问题。今天学术界也正在清理这样的问题，将抄袭行为也记入诚信档案，以净化学术风气。所以我们要高度警惕这样问题的发生。

2018 年 6 月 19 日

主要参考征引书目

1. 顾迁注译:《尚书》,中州古籍出版社2010年版。

2. 孔安国传、陆德明音义、孔颖达正义:《尚书注疏》,吉林人民出版社2002年版。

3. 郑康成注、陆德明音义、贾公彦正义:《周礼注疏》,吉林人民出版社2002年版。

4. 彭林注释:《仪礼》,中州古籍出版社2011年版。

5. 戴圣:《礼记》,辽宁教育出版社1997年版。

6.《史记》,《二十五史》第1册,上海古籍出版社、上海书店1986年版。

7.《后汉书》,《二十五史》第2册,上海古籍出版社、上海书店1986年版。

8.《三国志》,《二十五史》第2册,上海古籍出版社、上海书店1986年版。

9.《晋书》,《二十五史》第2册,上海古籍出版社、上海书店1986年版。

10.《隋书》,《二十五史》第5册,上海古籍出版社、上海书店1986年版。

11.《旧唐书》,《二十五史》第5册,上海古籍出版社、上海书店 1986 年版。

12.《旧唐书》，中华书局 1975 年版。

13.《新唐书》，《二十五史》第 6 册，上海古籍出版社、上海书店 1986 年版。

14.《新唐书》，中华书局 1975 年版。

15.《百衲本新唐书》，国家图书出版社，2014 年版。

16.《宋史》，《二十五史》第 7、8 册，上海古籍出版社、上海书店 1986 年版。

17.《明史》，《二十五史》第 10 册，上海古籍出版社、上海书店 1986 年版。

18. 王溥：《唐会要》，上海古籍出版社 2006 年版。

19. 李林甫等注，陈仲夫点校：《唐六典》，中华书局 1992 年版。

20. 杜佑：《通典》，中华书局 1988 年版。

21. 长孙无忌著，岳纯之点校：《唐律疏议》，上海古籍出版社 2013 年版。

22. 司马光：《资治通鉴》，吉林人民出版社 2005 年版。

23. 宋敏求编：《唐大诏令集》，中华书局 2008 年版。

24. 李希泌主编：《唐大诏令集补编》，上海古籍出版社 2003 年版。

25. 郦道元：《水经注》，岳麓书社，1995 年版。

26. 李吉甫：《元和郡县志》，中华书局 1983 年版。

27. 王象之：《舆地纪胜》，中华书局 1992 年版。

28. 王存：《元丰九域志》，中华书局 1984 年版。

29. 乐史：《宋本太平寰宇记》，中华书局 2000 年版。

30. 祝穆：《方舆胜览》，中华书局 2003 年版。

31. 徐坚辑：《初学记》，中华书局 1980 年版。

32. 王钦若等编纂，周勋初等校订：《册府元龟》，凤凰出版社

2006 年版。

33. 李昉等撰:《太平御览》,上海古籍出版社 2008 年版。

34. 李昉等辑:《文苑英华》,中华书局 1966 年版。

35. 李昉:《太平广记》,中华书局 1961 年版。

36. 徐松撰,孟二冬补正:《登科记考补正》,北京燕山出版社 2003 版。

37. 王鸣盛:《十七史商榷》,凤凰出版社 2008 年版。

38. 顾祖禹:《读史方舆纪要》,中华书局 2005 年版。

39. 武平一、韦述撰,陶敏辑校:《景龙文馆记 集贤注记》,中华书局 2015 年版。

40. 连波、查洪德校注:《沈佺期诗集校注》,中州古籍出版社 1991 年版。

41. 沈佺期、宋之问撰,陶敏、易淑琼校注:《沈佺期宋之问集校注》,中华书局 2001 年版。

42. 张九龄撰,熊飞校注:《张九龄集校注》,中华书局 2008 年版。

43. 张说著,熊飞校注:《张说集校注》,中华书局 2013 年版。

44. 欧阳修著,李逸安点校:《欧阳修全集》,中华书局 2003 年版。

45. 余靖撰:《武溪集》,四库全书影印本。

46. 王定保撰,陶绍清校证:《唐摭言校证》,中华书局 2021 年版。

47. 刘餗、张鷟著,赵守俨点校:《隋唐嘉话 朝野佥载》,中华书局 1979 年版。

48. 刘肃撰:《大唐新语》,中华书局 2004 年版。

49. 王仁裕等撰:《开元天宝遗事十种》(含《次柳氏旧闻》《明皇杂录》《开天传信记》《开元天宝遗事》《开元升平源》《高力士外

传》《长恨歌传》《杨太真外传》《李林甫外传》《梅妃传》），上海古籍出版社1985年版。

50. 计有功辑撰：《唐诗纪事》，上海古籍出版社2008年版。

51. 陆游：《老学庵笔记》，中华书局1979年版。

52. 晁公武撰，孙猛校证：《郡斋读书志校证》，上海古籍出版社2011年版。

53. 周勋初主编：《唐人轶事汇编》，上海古籍出版社2006年版。

54. 《中华大典》工作委员会，《中华大典》编纂委员会编纂：《中华大典·文学典·隋唐五代文学分典》，江苏古籍出版社2000年版。

55. 明万历《重修南安府志》，书目文献出版社1991年版。

56. 谭大初：《嘉靖南雄府志》，《天一阁藏明代方志选刊续编》第66册，上海书店出版社1990年版。

57. 乾隆《南安府大庾县志》。

58. 乾隆南安知府蒋友道《南安府志》。

59. 黄鸣珂修，石景芬纂：《南安府志》，同治七年刊本，成文出版社1975年版。

60. 咸丰《大庾县续志》。

61. 谭其骧主编：《中国历史地图》，中国地图出版社1982年版

62. 《中国分省系列地图·广东》，中国地图出版社2020年版。

63. 《中国分省系列地图·广西》，中国地图出版社2020年版。

64. 陈飞：《唐代试策考述》，中华书局2002年版。

65. 陈洪彝：《中华交通史话》，中华书局2013年版。

66. 陈伟明：《唐五代岭南交通路线考》，《学术研究》1987年第1期。

67. 陈友冰主编：《新时期中国古典文学研究述论》，商务印书馆2008年版。

68. 杜晓勤:《隋唐五代文学研究》,北京出版社2001年版。

69. 方诗铭编:《中国历史纪年表》,上海辞书出版社1980年版。

70. 傅璇琮:《唐代诗人丛考》,中华书局1980年版。

71. 傅璇琮:《唐代科举与文学》,陕西人民出版社2003年版。

72. 傅璇琮主编:《唐才子传校笺》,中华书局1987年版。

73. 傅璇琮主编:《唐五代文学编年史》"初盛唐卷",辽海出版社1998年版。

74. 顾建国:《张九龄年谱》,中国社会科学出版社2005年版。

75. 顾建国:《张九龄研究》,中华书局2007年版。

76. 郭预衡主编:《中国古代文学史长编》"隋唐五代卷",首都师范大学出版社2000年版。

77. 何格恩:《张九龄年谱》,《岭南学报》1935年第四卷,第1期。

78. 黄燕妮:《宋代〈文苑英华〉校勘研究》,巴蜀书社2017年版。

79. 蒋祖缘、方志钦:《简明广东史》,广东人民出版社1993年版。

80. 赖井洋:《乌迳古道与珠玑文化》,暨南大学出版社2015年版。

81. 赖瑞和:《唐代基层文官》,中华书局2005年版。

82. 李斌成等:《隋唐五代社会生活史》,中国社会科学出版社1998年版。

83. 李福长:《唐代学士与文人政治》,齐鲁书社2005年版。

84. 李锦全:《岭海千年第一相——张九龄》,广东人民出版社2005年版。

85. 梁瑞:《唐代流贬官研究》,中州古籍出版社2015年版。

86. 廖文:《张九龄传》,华南理工大学出版社2011年版。

87. 刘海峰、李兵:《中国科举史》,东方出版中心 2004 年版。

88. 罗荣燊:《浈凌氏族》,《南雄文史资料第三十三辑》,2002 年 5 月。

89. 吕思勉:《中国社会史》,上海古籍出版社 2007 年版。

90. 万曼:《唐集叙录》,河南大学出版社 2008 年版。

91. 王镝非、黄志辉:《张九龄评传》,珠海出版社 2008 年版。

92. 王镝非:《张九龄》,珠海出版社 2008 年版。

93. 王镝非主编:《张九龄研究论文集》,广东高等教育出版社 1990 年版。

94. 王培南主编:《一带一路广东通览》,广东经济出版社 2016 年版。

95. 温汝适《曲江集考证》、《张曲江年谱》,徐氏南州书楼藏本。

96. 翁方纲著,欧广勇、伍庆禄补注:《粤东金石略补注》,广东人民出版社 2012 年版。

97. 巫育明主编:《张九龄学术研究论文集》上下册,珠海出版社 2009 年版。

98. 中国唐代文学学会等编:《唐代文学研究年鉴》(2015),广西师范大学出版社 2015 年版。

99. 中国唐代文学学会等编:《唐代文学研究年鉴》(2016),广西师范大学出版社 2016 年版。

100. 吴缜:《新唐书纠谬》,四川大学出版社 2014 年版。

101. 新兴县地方志编纂委员会:《新州县志·限前人物补遗》,广东人民出版社 2012 年版。

102. 熊飞:《近十年张九龄研究的新进展》,《咸宁学院学报》,2006 年第 26 卷第 2 期。

103. 熊飞:《张九龄大传》,暨南大学出版社 2013 年版。

104. 熊飞:《张九龄年谱新编》,香港教育出版社 2005 年版。

105. 许道勋、赵克尧:《唐玄宗传》,人民出版社 2015 年版。

106. 杨承祖:《唐张子寿先生九龄年谱》,台湾商务印书馆 1980 年版。

107. 詹宗祐:《点校本两唐书校勘汇释》,中华书局 2012 年版。

108. 张元济著,王绍增整理审定:《百衲本二十四史校勘记·新唐书校勘记》,商务印书馆 2004 年版。

109. 赵庶洋:《〈新唐书·地理志〉研究》,凤凰出版社 2015 年版。

110. 中国唐代文学学会等编:《唐代文学研究》第十六辑,广西师范大学出版社 2016 年版。

后记

　　《张九龄研究》终于杀青，有些相关的话还想再说说。首先是，我做张九龄研究，并非是由于认为自己专业足以胜任。恰恰相反，我虽曾较长时期在高校工作，但从事的教学任务却是中国现当代文学，尽管读书期间喜欢古典文学，对于古代文学的研究也曾初步涉入，大学期间与同学一起搞过唐代诗人孟浩然诗歌注释，从教后与人合作注释过晚唐诗人雍陶的诗歌，并由上海古籍出版社于1989年出版，但实话实说，仍然是个门外汉。学殖浅陋，不足以谈研究二字。所幸读书以来对于古代文学的爱好尚存，一直未曾断过。所以就想到要在这个方面下点功夫，做点探索。既不为评职称，也无需应付考核；既不为稿费，更无沽名钓誉之想。

　　目标既定，想到身在广东，可以在广东的历史文学人物身上着手，做点力所能及的工作。于是就锁定了唐代张九龄这位出生于广东韶关的历史人物作为研究对象。当然，也可能是张九龄那几首著名的诗歌作品如"海上生明月，天涯共此时"，吸引了我的注意。更由于出生于僻远岭南的张九龄的人生经历引起了我的兴趣。他何以走出岭南，参加科举考试，从而进入官场，竟然位居宰相之职，参与了唐玄宗开元盛世的整个过程，发挥过名留青史的巨大作用？又为何他的去职，竟成为一个盛世转折的标志性的事件，这中间究竟蕴含着何种秘密？对于我们今天是否还有一些启迪？等等。这些问题进一步触发了我的研究动机，强化了研究兴趣。而当我接触到张九龄的相关材料和研究现状后，既觉得这是一座宝库，但也感到由于资料不足，在他身上还蕴藏着前人未曾破解的疑点，比如"考功受赇""谤议上闻"案究竟真相如何，究竟与他有无关系？再比如张九龄开凿大庾岭路的标准如何，为何艰巨，为何围绕此事的各种开凿时间的误说为何产生？等等。其实都是待解之谜，却都没人去深入探究。但一千三百多年过去了，资料缺乏，要搞清这些问题，难度确实很大。如果想写一本有点意思的《张九龄传》，那材料就远远不够了。因此，我决定从张九龄生平事迹的考证入手，既弄清历史真相与历史细节，也为传记写作积累一定资料，加深对张九龄的历史意义的认识。现在呈现在大家面前的这部书稿，就是我十来年坚持张九龄研究探索的点滴成果。现在呈现给大家，请批评指正。

我之所以坚持以张九龄为研究对象，而且持之以恒，还由于我的近四十年的老友，商务印书馆的苑容宏先生的大力支持和鼓励，经过他也得到了商务印书馆领导于殿利、李平、顾青等先生的大力支持和肯定。我的一些领导、同事和身边的朋友们，也很关心研究进展。广东省人民政府参事室文化教育组的同事们一直关注着研究的情况。即使考察出差途中，他们也总是不厌其烦地听我关于张九龄考证的些许收获喋喋不休；一些文章写成之后，他们也提出很好的意见与质疑。这种质疑问难，使我得到诸多启发，避免许多错误。还有些远在外地的朋友也关注着我的研究情况，提供了不少支持。比如，天津的李建强先生，就在我需要各地地方志的时候，及时地提供各种网络版的地方志，使我占有更加扎实的资料，得出更加可信可靠的结论。我曾经供职的深圳职业技术学院领导为我提供了写作环境，《文化育人》编辑部办公室的同志们也关心着本课题研究。商务印书馆的《文化育人》、广东省人民政府参事室主办的《岭南文史》杂志、《广东省社会主义学院学报》、《深圳职业技术学院学报》等书刊的主编、编辑们为我的一些文章提供发表平台。还有西南民族大学文学院原院长徐希平教授,在疫情暴发之初,在大年三十之时,利用在青城山避疫的时间,为本书作序,使本书增色不少。在这本小书即将出版之际,凝思骋怀,确实应该向他们致以深深的谢意!

这里还要感谢我的家人,他们容忍我作为一名退休人员,不在家中种花养草、打扫清洁、分担家务、含饴弄孙,享受天伦之乐,却偏要如在职上班一样朝七晚五,随着学校班车上下班,有点缺乏自知之明,所为何来?如此种种,他们都既理解也很支持,尤其是我的夫人潘峰云女士,既要上班,又要操持家务,揽去大量家务活,使我得以潜心于故纸堆中摸爬滚打,不知老之早至,自得其乐!

此外,还要感谢广州港湾液化气公司张绍雄先生。作为张九龄后裔的他,一直关注着本书的写作,支持本书的出版。需要感谢的还有许多,请恕我不能一一列名于此了。

能够读到本书的诸君,或者可以看出本人的研究兴趣在于对于张九龄生平事迹的细微处进行审视。我所关注的,正是其他研究者所忽略的方面。我认为,宏观的历史事件正由诸多历史细节所构成,忽视历史细节可能使我们错过诸多有趣的历史真实现象,从而使本来十分丰富的历史进程变得空洞无味。对于人物历史的研究而言,可能把握细节的真实,是人物研究十分重要的基础。对于宏大的历史和具体人物的历史,真实性非常重要。离开了具体的、细部的真实,可能无法构建起真实的历史大厦,更可能无法构建宏观的历史叙事构架。只有既把握了人物所处时代历史的宏观框架,又掌握了人物历史的真实细节,这个人物才是真实的、立体的,可以让人感受到他的呼吸。这个大历史也才可能是复杂的、多方面的,从而是真实的、可以相信的。我们一直强调要求真务实,我愿意就此做一些尝试。但是对于张九龄这样一个距今已逾千年的历史人物，要探索其生活历史的真实，又何其难哉！今天的我们也只有凭借他们留下的诗文来感受他们的气息和性格；凭借其他历史文献来对他们进行研究考证，来辨析他们的活动轨迹；再加上对与其相关的事件、人物进行综合性的研究对比，来证实人物所涉事件的因果联系；借助各地地方志所记载的与之相关活动成果来讨论他们政绩和贡献。总之，与古人沟通，与历史对话，只能是间接的。我们无法触摸真实的历史，亦无法直接感知张九龄的音容笑貌、行为动态、思想脉络，唯一的选择是读书、读史、读张九龄自己的作品，把他置于那个具体的社会历史环境中，由此去感受他的心灵与今人相通的东西。对其中的问题，我的办法是发现一个问题就多问几个"为什么"，层层诘问，穷追到底，找到经得起推敲、自以为最为可靠的答案。这里，文献资料的占有和敏锐的逻辑推理判断，都显得十分重要。可以说，穷尽资料正是诸多学者的希冀与追求，因为这是研究结论精准可信的基本前提。我当然也是努力占有各类文献资料，力图深思熟虑进行考证对比，但古典文献浩如烟海，以个人微小之力，加上限于研究条件，占有的资料仍然是有限的。而且思维能力、考证功夫不足，结论也难尽如人意。这是我这类非主流、非专业研究者无可奈何之事啊！

本书研究的成绩如何，当然有赖于读者评判。但是作为作者，我对于该书的缺点与不足也还是心中有数的。因为人物历史细节的考证，需繁复引据，那就可能产生琐碎之感，读之不能畅其所欲，使人产生厌倦之感。而且各章节之间，或存在一些重复，这或许是由于本书由各专题考证文章集合而成，有些不足实难避免。同时，一些结论也仅仅是一家之言，是否可成为共识，需要学界判断。

关于本书的编排，也需要做个交代。本书共有五章，大都集中对张九龄某个方面的问题进行研究考证，最后附有附录。其中，第一章是"近年来张九龄生平事迹研究概述";第二章是"张九龄父母生平事迹略考";第三章是"张九龄与科举考试";第四章是"长安二年科举疑案考辨";第五章是"张九龄开凿大庾岭路问题考辨"。每章收入专题考证文章数量不一,并均在章首以"提要"概述,以使读者对这个部分各篇内容有一个大致了解,便于各取所需,按兴趣选择而读。应该说明的是,第四章中有三篇文章与我的《沈佺期行实考辨》一书内容多有重合,但我尽量避免全录《沈佺期行实考辨》原文,有些认识还有新的发展。之所以如此,不是故意拿来凑数,而是为了全书较为完整,读本书者未必就会读《沈佺期行实考辨》,此举或者可以省却读者的翻检之劳。何况张九龄于长安二年科举得中,而此次知贡举者正是当时十分著名的文人沈佺期。沈佺期于长安四年因"考功受赇"案入狱,并被流放驩州。因此,后来的人们也总是认为张九龄进士及第后未及时入仕授官,就是因为主考官沈佺期"考功受赇"案的影响。如此看来,沈佺期的"考功受赇"案于张九龄而言,是有着撇不清的关系。就沈佺期而言,他是直接当事人,又是"考功受赇"案责任的直接承担者,如不将此事件的前因后果考证明白,则张九龄的清誉必然受损,而沈佺期也会延续这不白之冤。所以我认为,与《沈佺期行实考辨》的几篇内容大致相近的文章与张九龄参加科举考试紧密相关,也是本书不可缺少的内容,作为本书的一个组成部分,不仅是可以的,也是必须的。

应该说明,我写《沈佺期行实考辨》并非初衷。那实在是张九龄研究的副产物。收在本书中的三篇与沈佺期相关的考证文章,其实都是张九龄研究的重要组成部分。研究张九龄到长安二年(702)进士及第问题时,"考功受赇"案实在是一个绕不过的一道坎儿。不说清楚就没法确定张九龄究竟在长安二年考据考试中是否涉入"考功受赇"案。到后来关于沈佺期的材料积累多了,就形成一部专著,单独出版了而已!

  本人才疏学浅，功力不足，读书不广，考证不细，思虑欠周。在本不属于自己熟悉的领域里耕耘，虽亦可称勤勉，但结果实难达到预期，本不该有更高的期待。但我所做的工作实际上是斜枝旁出，多是边边角角、零零碎碎的研究，不能与专家们的研究相提并论。关于本书的所有批评，均该由我承担。此处预先向读者致歉!

  已经絮语良久，耽误大家时间，真诚表示歉意，并期待各位方家批评指正。

  谨此说明，余者不赘!

张效民

2021 年 6 月 1 日写于深圳南山西丽湖畔，

2021 年 11 月 5 日改，

2022 年 1 月 19 日改定，

2022 年 4 月 22 日校定。

图书在版编目(CIP)数据

张九龄研究：长安二年科举及开凿大庾岭路考辨 / 张效民著. — 北京：商务印书馆，2022
ISBN 978-7-100-21679-1

Ⅰ. ①张⋯ Ⅱ. ①张⋯ Ⅲ. ①张九龄（673-740）—人物研究 Ⅳ. ①K827=42

中国版本图书馆CIP数据核字(2022)第171452号

权利保留，侵权必究。

张九龄研究：长安二年科举及开凿大庾岭路考辨
张效民 著

商 务 印 书 馆 出 版
（北京王府井大街36号 邮政编码100710）
商 务 印 书 馆 发 行
艺堂印刷（天津）有限公司印刷
ISBN 978-7-100-21679-1

2022年9月第1版	开本710×1000	1/16
2022年9月第1次印刷	印张20¼	

定价：98.00元